2016 绿色交通发展报告

Green Transportation Development Report

中华人民共和国交通运输部 ◎ 编著

人民交通出版社股份有限公司
China Communications Press Co.,Ltd.

内 容 提 要

《2016绿色交通发展报告》汇集了2016年交通运输行业绿色发展的相关信息，从行业部署和地方行动两方面入手，突出绿色交通发展典型示范，展望"十三五"期绿色交通发展的形势与任务，是一本"总结工作、发布信息、推广宣传、交流经验、传播知识"的报告，更是交通运输行业绿色发展的检验书，有助于推进交通运输行业绿色发展。

图书在版编目(CIP)数据

2016绿色交通发展报告／中华人民共和国交通运输部编著.—北京：人民交通出版社股份有限公司，2019.4

ISBN 978-7-114-15487-4

Ⅰ.①2… Ⅱ.①中… Ⅲ.①交通运输业—绿色经济—研究报告—中国—2016 Ⅳ.①F512.3

中国版本图书馆CIP数据核字(2019)第072640号

书　　名：**2016绿色交通发展报告**
著 作 者：中华人民共和国交通运输部
责任编辑：韩亚楠　朱明周
责任校对：张　贺
责任印制：张　凯
出版发行：人民交通出版社股份有限公司
地　　址：(100011) 北京市朝阳区安定门外外馆斜街3号
网　　址：http：//www.ccpress.com.cn
销售电话：(010) 59757973
总 经 销：人民交通出版社股份有限公司发行部
经　　销：各地新华书店
印　　刷：北京虎彩文化传播有限公司
开　　本：880×1230　1/16
印　　张：11.5
字　　数：262千
版　　次：2019年4月　第1版
印　　次：2019年4月　第1次印刷
书　　号：ISBN 978-7-114-15487-4
定　　价：100.00元
(有印刷、装订质量问题的图书由本公司负责调换)

参 编 单 位

北京市交通委员会、山西省交通运输厅、黑龙江省交通运输厅、上海市交通委员会、江苏省交通运输厅、浙江省交通运输厅、福建省交通运输厅、江西省交通运输厅、湖南省交通运输厅、广东省交通运输厅、广西壮族自治区交通运输厅、重庆市交通局、四川省交通运输厅、贵州省交通运输厅、云南省交通运输厅、甘肃省交通运输厅、青海省交通运输厅、宁夏回族自治区交通运输厅、新疆维吾尔自治区交通运输厅,交通运输部长江航务管理局、交通运输部珠江航务管理局

编 写 组

组　长：欧阳斌　方　海

副组长：王　双　凤振华　郭　杰

成　员：张海颖　陈书雪　王婉佼　陈建营　刘　芳　曹子龙
张　毅　毕清华　卞雪航　李忠奎　田春林　樊东方
孙志超　董　静　褚春超　张　琦　费文鹏　喻　洁
刘宝双　马武昌　王雪成　周亚林　蔡秀荣　严义斌
王宝春　余　静　梁晓杰　高爱颖　马　博　马睿君
李　胤　李燕霞　李　琼　赵新惠　尚文豪

前　言

2016年,交通运输行业全面落实党中央、国务院关于加强生态文明建设、推动绿色发展、强化节能减排和环境保护工作的决策部署,加快转变交通运输发展方式、调整优化交通运输结构,推动供给侧结构性改革,提升绿色理念,强化科技创新,健全体制机制,深化试点示范,用好激励政策,加强能力建设,加大宣传交流,绿色交通运输体系建设取得显著成效。

《2016绿色交通发展报告》汇集了交通运输行业绿色发展的相关信息,是一本“总结工作、发布信息、推广宣传、交流经验、传播知识”的报告,更是年度交通运输绿色发展的检验书,有助于推进交通运输行业绿色发展。

目　　录

综　述　篇

行业部署篇

地方行动篇

典型示范篇

附　　录

综 述 篇

2016年,面对复杂严峻的国内外环境和艰巨繁重的改革发展稳定任务,交通运输行业坚决贯彻习近平总书记系列重要讲话精神和治国理政新理念新思想新战略,全面落实党中央、国务院关于加强生态文明建设、推动绿色发展的总体部署,把绿色交通作为加快转变交通运输发展方式、推进交通运输供给侧结构性改革的重要抓手和关键举措,不断提升绿色理念,强化科技创新,完善体制机制,深化试点示范,加强能力建设,绿色交通运输体系建设取得了新成效,成为现代综合交通运输体系建设的重要亮点。

交通运输行业单位运输周转量能耗与二氧化碳排放量进一步下降。根据交通运输部《2016年交通运输行业发展统计公报》125家公路水路运输企业监测,2016年城市公交企业百车公里单耗48.5千克标准煤,比2015年下降0.9%;公路班线客运企业百车公里单耗29.7千克标准煤,比2015年下降1.5%;公路专业货运企业每百吨公里单耗1.8千克标准煤,比2015年下降4.0%;远洋和沿海货运企业每千吨海里单耗5.0千克标准煤,比2015年下降4.9%;港口企业每万吨单耗2.5吨标准煤,比2015年下降3.0%。根据环境保护部《2017年中国机动车污染防治年报》数据,2016年全国机动车保有量达2.95亿辆,比2015年增长8.1%,但排放污染物初步核算为4472.5万吨,比2015年削减了1.3%。

一、推动形成绿色交通发展方式

一是推进现代综合交通运输体系建设。编制了《"十三五"现代综合交通运输体系发展规划》,印发了公路、水运等14个专项规划,加强统筹协调,充分发挥绿色交通在交通运输现代化中的先行引领作用,优化完善铁路、公路、水运等规划布局,避免交通运输结构性能力过剩和资源浪费,充分发挥不同运输方式的比较优势和组合效率。

二是优化运输组织模式,实现绿色、高效、便捷发展。深入实施甩挂运输、多式联运等绿色运输组织模式,推进铁水、公铁、陆空等联运模式有序发展。积极推进水水中转、江海联运、江海直达。与15个国家签署了16个双边及多边道路、过境运输和运输便利化协定,73个公路和水路口岸开通了356条国际道路客货运输线路,中欧班列往返穿梭于广袤的亚欧大陆。严格执行客车实载率低于70%的线路不投放新运力的政策,定期监测全国100个主要城市重点客运站运力投入和出站上座率情况。联程联运发展迅速,客运服务便捷化、个性化水平不断提高。在城市客运方面,全面落实公交优先发展战略,开展了公交都市建设示范工程,公共汽电车和轨道交通年客运量超900亿人次,定制公交、商务快巴、社区巴士等多元化公交服务便利了城乡居民出行。

三是推进运输装备标准化、清洁化。严格执行营运车辆燃料消耗量准入制度,淘汰黄标车117万辆,运输装备专业化、标准化和大型化水平不断提升。继续推动内河船型标准化工作。联合财政部发布了《关于〈船舶报废拆解和船型标准化补助资金管理办法〉的补充通知》,鼓励单壳液货危险品船拆解改造、内河船舶生活污水防污染改造以及船舶应用液化天然气(LNG)动力,引导内河船舶运力结构合理调整,内河货运船舶平均吨位超过800吨,高等级航道通航水域船型标准化率达到50%。继续推进LNG动力船舶试点工作,发布水运行业应用液化天然气第二批9个试点示范项目。加强公交领域新能源和清洁能源运输工具应用。截至2016年底,全国天然气公共汽电车营运车辆占比达30.5%,交通运输装备逐步实现绿色升级。

四是加强科技创新驱动与交通融合发展。国家发展改革委、交通运输部联合印发了《推进"互联网+"便捷交通 促进智能交通发展的实施方案》,促进交通运输与互联网深度融合,推动交通运输智能化发展。22个省份初步实现了省域道路客运联网售票,110个城市实现一卡通互联互通。"互联网+"交通运输发展迅速,加强物联网、云计算、大数据、移动互联等先进信息技术在物流领域的应用,无车承运、网约车、分时租赁等新业态蓬勃兴起,提高了交通运输运作水平与运行效率。

五是持续深入推进绿色交通示范创建,推动城市交通、公路、港口形成绿色发展方式。10个绿色交通城市项目、6个绿色公路项目、4个绿色港口项目完成考核,总共产生节能量约11.72万吨标准煤、替代燃料量约54.77万吨标准油。厦门、重庆、杭州、北京、无锡、武汉等6个城市,河南三淅高速公路、成渝高速公路复线(重庆境)、江西昌樟高速公路改扩建工程、京港澳(京石段、石安段)高速公路、云南麻昭高速公路等5条高速公路,天津港、广州港、青岛港等3个港口分别荣获"绿色交通城市""绿色公路""绿色港口"荣誉称号。继续有序推进绿色交通试点示范,取得了积极进展。印发了《关于实施绿色公路建设的指导意见》,实施了三批绿色公路建设典型示范工程。

二、打好交通运输污染防治攻坚战

一是探索实施船舶排放控制区制度。根据《珠三角、长三角、环渤海(京津冀)水域船舶排放控制区实施方案》,制定了《船舶排放控制区监督管理指南》,规范了海事执法行为;推动建立船舶排放控制区部际协调机制,长三角排放控制区两省一市建立了监管执法协作机制,已于2016年4月1日提前启动实施,要求船舶在长三角水域排放控制区核心港口靠岸停泊期间使用硫含量不高于0.5%(质量分数)的燃油;深圳市已于2016年10月1日提前启动实施。

二是大力推进靠港船舶使用岸电。结合大气污染防治要求,与财政部联合发布了岸电设施设备补助政策、技术指南,安排车辆购置税资金以奖励方式支持加快港口岸电设施设备建设和船舶受电设施设备改造项目。继续开展交通运输节能减排技术筛选及推广工作。组织北京、天津、江苏、广东等地实施了I/M制度试点工作,研究京津冀试点示范I/M制度的可行性方案。

三是加强港口船舶污染物接收转运处置工作。积极推进船舶污染物接收设施建设及其与城市公共转运、处置设施的衔接,印发了《关于开展港口船舶污染物接收处置有关工作的通知》(交办水函〔2016〕308号),发布了《港口和船舶污染物接收转运及处置设施建设方案编制指南》(交办水函〔2016〕976号),明确了建设方案编制工作的总体安排、时间节点,以及建设方案的编制原则、范围和主要内容。

四是加强船舶污染应急能力建设。海事管理机构继续推动省、市两级《防治船舶及其有关作业活动污染海洋环境应急能力建设规划》和《船舶及其有关作业活动污染事故应急预案》的发布和实施。各海事管理机构组织开展了港口、码头等单位防治船舶污染海洋环境能力监督检查、应急计划制订和备案情况普查,督促港口经营人有效落实船舶污染主体责任。开展了船舶危化品事故应急处置能力建设示范项目。

三、加强交通运输生态保护与修复

一是加强交通运输生态保护。严格遵循主体功能区和生态保护红线等空间管控要求，将生态保护理念贯穿于基础设施规划、建设、运营和养护全过程，推进交通基础设施科学选线选址，严格保护耕地，合理有序开发利用土地、岸线等线位资源。重点推进生态选线选址，依法绕避自然保护区、饮用水水源保护区等环境敏感区，降低了交通基础设施建设和运营对生态环境的影响。最大化地利用沿线自然资源进行景观设计，“永临结合”集约节约临时用地。严格落实水土保持措施，加强植被保护与恢复。加强航道生态保护，印发了《全国航道管理与养护发展纲要（2016—2020年）》，制定了生态航道和绿色养护相关技术标准，支持有条件地区率先开展生态航道建设和绿色养护试点，引导航道养护绿色循环发展。研究和倡导使用环保型疏浚设备，减少施工作业污染，促进疏浚土综合利用，积极采用生态护岸技术，构建环境友好、美观和谐的绿色航道。推进岸电和LNG、太阳能等清洁能源在航道养护设施设备中的应用。

二是开展交通运输生态修复。在“十二五”公路水路生态修复试点工作的基础上，针对早期建设中由于理念、资金和技术原因导致需进一步修复生态环境的交通运输基础设施，开展生态修复。重点在高寒高海拔地区、水源涵养生态功能区、水土流失重点治理区的国省道改扩建项目推进公路边坡和取弃土场植被恢复。在环渤海、长三角、珠三角等港口集中区域开展港口生态修复，在长江干线航道、西江航道等高等级航道开展航道生态修复，改善港口及航道区域生态环境质量。

四、提升绿色交通运输治理能力

一是加强组织领导，强化顶层设计。交通运输部认真贯彻落实中共中央、国务院《关于加快推进生态文明建设的意见》、国务院《“十三五”控制温室气体排放工作方案》等文件要求，制定发布了《交通运输节能环保“十三五”发展规划》《推进交通运输生态文明建设实施方案》和《交通运输行业“十三五”控制温室气体排放工作实施方案》，为推进“十三五”时期交通运输行业生态文明建设提供了重要的指导。

二是大力推进绿色交通制度和标准建设。启动了《公路水路交通实施中华人民共和国节约能源法管理办法》的研究修订工作，形成了《公路水路交通运输节约能源管理办法（草案）》。完善交通运输能耗和环境监测统计制度。修订了《交通运输能耗监测统计报表制度》和《交通运输行业公路、水路环境统计报表制度》。开展了绿色交通发展框架及指标体系、沿海港口和船舶大气污染物统计指标及核算方法、内河主要污染排放物排放指标体系及核算方法等研究。印发了《绿色交通标准体系（2016）》，共包括标准221项。发布了《公路服务区污水再生利用》《混合动力城市客车技术条件》等13项行业标准。

三是加强绿色交通文化培育。全行业以“绿色交通引领交通运输现代化发展”为主线，与国家发展改革委等部门联合组织开展了2016年全国节能宣传周和全国低碳日活动，杨传堂部长发表《践行绿色发展理念，建设美丽中国》的署名文章，戴东昌副部长主持召开了交通运输节能减排和环境保护工作电视电话会。大力宣传绿色交通示范工程,宣传交流交通运输能效、清洁能源利用、绿色交通省(城市、公路、港口)等试点示范工作建设成果,宣传推广行业节能减排示范项目等。组织开展2016年"公交出行宣传周"活动。在全社会营造绿色交通发展的良好氛围,积极引导形成绿色消费与绿色出行方式。

四是开展绿色交通国际交流与合作。积极参加《联合国气候变化框架公约》和国际海事组织(IMO)框架下的海运温室气体减排谈判;推进中美战略与经济对话框架下的"绿色港口与船舶"、中德绿色物流等合作;在APEC框架下提出了"亚太绿色港口奖励计划(GPAS)",积极开展中美"零排放公交车"项目。完成了全球环境基金项目"中国交通运输行业应对气候变化技术需求评估"和"中国城市群综合交通发展"等相关工作。

行业部署篇

2016年，交通运输行业深入贯彻落实党中央、国务院关于加强生态文明建设、推动绿色发展、节能减排与控制温室气体排放工作部署，大力推进交通运输领域生态文明建设，强化理念意识，健全体制机制，深化试点示范，用好激励政策，夯实能力基础，加大宣传交流，节能环保监管能力和服务水平不断提升，绿色交通运输体系建设取得明显成效。

一、加强组织领导，强化顶层设计

（一）印发《交通运输节能环保"十三五"发展规划》

2016年5月，交通运输部印发了《交通运输节能环保"十三五"发展规划》（交规划发〔2016〕94号）（以下简称《规划》），提出要把绿色发展理念融入交通运输发展的各方面和全过程，着力提升交通运输生态环境保护品质，突出理念创新、科技创新、管理创新和体制机制创新，有效发挥政府引导作用，充分发挥企业主体作用，加强公众绿色交通文化培育，加快建成绿色交通运输体系。《规划》是指导"十三五"时期交通运输绿色发展的纲领性文件，将为推进交通运输行业生态文明建设发挥重要的基础性指导作用。

《规划》明确了6方面17项主要任务，要求各级交通运输部门完善制度建设，拓展资金来源，加强科技创新，培育绿色文化，强化合作机制，全力保障绿色交通运输体系建设。到2020年，适应全面建成小康社会要求的绿色交通运输体系建设取得显著进展。行业能源利用效率不断提高，能源消费结构得到明显改善；生态环保取得明显成效，国家各项污染防治行动要求得到全面落实，污染事故应急处置能力进一步加强；资源节约集约与循环利用水平全面提升；行业节能环保管理体制机制更加完善，监管与服务能力显著增强。

根据《规划》，"十三五"期间，继续推进交通运输结构调整，提升交通运输装备能效水平，优化交通运输能源消费结构，深化节能降碳制度创新与技术应用。加强新建交通基础设施生态保护，继续推进已建基础设施生态修复工程。加强行业大气污染防治工作，组织开展行业水污染防治，进一步提升污染事故应急能力。推进资源节约集约利用，加强资源综合循环利用。健全绿色交通制度和标准体系，强化行业节能环保管理，加强节能环保统计监测。在服务国家发展重大战略方面，《规划》提出支撑京津冀一体化绿色交通发展，推进长江经济带绿色综合立体交通走廊建设，构建"一带一路"交通运输绿色发展管理体系。

（二）组织召开交通运输节能减排和环境保护工作电视电话会议

2016年6月，交通运输部组织召开交通运输节能减排和环境保护工作电视电话会议，总结交流"十二五"期绿色交通发展成效经验，部署"十三五"期交通运输节能环保重点工作。戴东昌副部长出席会议并指出，要牢固树立和贯彻落实五大发展理念，高举生态文明旗帜，准确把握应对气候变化新目标和国家污染防治计划新要求，勇于担当、求真务实，深入推进交通运输绿色循环低碳发展，推进"十三五"交通运输节能环保工作开好局、起好步。

戴东昌指出，"十三五"期，要准确把握交通运输节能环保工作的新要求、新思路、新任务、新挑战和新机遇，切实抓好四方面工作。**一是**绿色引领，优化综合运输结构。**二是**夯实基础，加强绿色交通规划和决策体系建设、监管和服务能力建设等,加大宣传力度,提升绿色交通治理能力。**三是**典型引路,开展绿色交通示范工程,继续开展绿色交通省、城市、公路、港口等示范,推动绿色交通智能示范建设,推进绿色检测和维修示范。**四是**突出重点,深入推进交通运输节能降耗,强化基础设施生态保护,全面开展污染综合防治,推进资源节约循环利用,构建重大战略区域绿色交通走廊。同时,要加强领导、协同推进,强化监督、落实责任,创新政策、加大投入,开展交流、倡导合作,确保"十三五"期交通运输节能环保工作取得实效。

会上,江苏、重庆、陕西等省(市)交通运输厅(委)和长江航务管理局参会代表做了经验交流。交通运输部机关有关司局、在京部属单位及有关中央交通运输企业负责同志在主会场参加会议,各省(自治区、直辖市)、新疆生产建设兵团交通运输部门、京外有关部属单位负责同志在分会场参加会议。

(三)印发《关于实施绿色公路建设的指导意见》

2016年7月,交通运输部印发《关于实施绿色公路建设的指导意见》(交办公路〔2016〕93号),指出绿色公路建设坚持可持续发展、统筹协调、创新驱动、因地制宜的原则,明确到"十三五"末绿色公路建设理念深入人心,全国建成一批绿色公路示范工程,形成一套可复制、可推广的经验。《指导意见》提出了五大建设任务:任务一——统筹资源利用,实现集约节约;任务二——加强生态保护,注重自然和谐;任务三——着眼周期成本,强化建养并重;任务四——实施创新驱动,实现科学高效;任务五——完善标准规范,推动示范引领。同时,针对公路建设实际,开展了绿色公路示范工程建设,推出"零弃方、少借方""实施改扩建工程绿色升级""积极应用建筑信息模型(BIM)新技术""推进绿色服务区建设""拓展公路旅游功能"等五个专项行动,以行动促转型,以行动促落实。

下一步,交通运输部将结合试点示范项目和专项行动,完善绿色公路建设综合评价制度和相关评价指标,加强与相关部门的协调,充分调动各地积极性,开展绿色公路文化宣传,及时总结和推广经验,全面推进绿色公路建设。

二、完善制度建设,提升监管水平

(一)印发《绿色交通标准体系(2016)》

交通运输部一贯重视绿色交通标准化工作,近年来在公路、水运领域制修订了多项环境保护、节能减排标准,这些标准在交通基础设施建设、公路运输、水路运输等各领域均有涉及,对推广应用先进的节能环保产品、技术发挥了重要作用,一定程度上降低了环境影响,提高了能源利用效率,改善了交通运输能源结构,促进了交通基础设施建管养运的绿色化。

2016年12月,交通运输部办公厅印发了《绿色交通标准体系(2016)》,要求行业内各单位高度重视绿色交通领域的标准化工作,及时反馈标准体系实施过程中的意见。《绿色交通标准体系(2016)》综合考虑了《交通运输节能环保"十三五"发展规划》的节能环保主要任务、《交通运输标准化"十三五"发展规划》节能环保重点领域标准制修订的技术分类,并参考了环境保护部标准体系,针对公路水路交通运输节能环保工作的技术和管理的标准化需求,共包括标准221项,其中基础标准3项,节能降碳标准48项,生态保护标准14项,污染防治标准52项,资源循环利用标准14项,监测、评定与监管标准 54 项,国家节能环保相关标准 36 项。

(二)研究制定《推进交通运输生态文明建设实施方案》

交通运输部研究制定了《推进交通运输生态文明建设实施方案》(以下简称《方案》),方案阐述了交通运输生态文明建设的总体要求、目标及基本原则,从优化交通运输结构、加强生态保护和污染综合防治、推进资源节约循环利用、强化生态文明综合治理能力四个方面,提出了推进交通运输生态文明建设的 15 项重点任务,并制定了强化组织领导、多渠道筹措资金、加强宣传教育等 3 项保障措施。《方案》的制定是交通运输行业贯彻落实党中央、国务院生态文明建设要求的必要举措,对于统筹推进行业生态文明建设、支撑全面建成小康社会发展要求具有重要意义,已于 2017 年正式印发。

(三)研究制定《交通运输行业"十三五"控制温室气体排放工作实施方案》

2016 年 10 月,国务院印发了《国务院关于印发"十三五"控制温室气体排放工作方案的通知》(国发〔2016〕61 号),全面部署未来五年我国控制温室气体排放和深化低碳发展的各项工作任务。为贯彻落实国务院有关任务安排,加快推进交通运输绿色低碳发展,支撑《巴黎协定》国家履约工作开展,实现 2030 年可持续发展议程目标,推动我国二氧化碳排放量 2030 年左右达到峰值并争取尽早达峰,顺利实现交通运输节能环保"十三五"发展规划目标,交通运输部组织编制了《交通运输行业"十三五"控制温室气体排放工作实施方案》,提出了交通运输行业"十三五"控制温室气体排放工作的总体要求和主要目标,明确了减排降碳的重点领域,拟定了示范创建与专项工作的具体部署,提出了相应的保障措施及重点任务部内分工。

三、深化试点示范,强化体系建设

(一)组织开展绿色交通区域性主题性项目验收工作

交通运输部组织开展了交通运输节能减排区域性主题性项目的审核工作,包括 10 个绿色交通城市项目、6 个绿色公路项目、4 个绿色港口项目。其中,厦门市、重庆市、杭州市,宁宣高速公路、河南三淅高速公路、成渝高速公路复线(重庆境)、江西昌樟高速公路改扩建工程、京港澳(京石段、石安段)高速公路,连云港、天津港、广州港、青岛港考核等级为优秀;北京市、无锡市、武汉市,云南麻昭高速公路考核等级为良好;其他项目单位考核等级为合格。考核等级良好以上的项目单位相应获得"绿色交通城市""绿色公路""绿色港口"荣誉称号。

(二)开展绿色公路建设典型示范工程建设

按照《关于实施绿色公路建设的指导意见》中打造示范工程的任务部署,要求以绿色公路建设专项行动为依托,继续推进试点示范,打造公路建设新亮点。各省级交通运输主管部门应结合已有工作创建 1~2 个绿色公路示范工程,丰富绿色公路新内涵,强化绿色公路设计、建设、运营等环节的指导,组织开展绿色公路建设专项技术咨询,及时总结经验,以点带面,实现全行业绿色公路快速发展。

2016 年交通运输部办公厅《关于开展绿色公路建设典型示范工程建设的通知》,公布了绿色公路建设第一批典型示范工程项目，全国8个具有一定社会影响、路网功能明确、沿线区域自然环境特点突出、工程具有代表性的公路建设项目入选。

（三）公路甩挂运输试点工作有序推进

2016年1月，交通运输部办公厅印发《关于做好2016年度公路甩挂运输试点专项资金申报工作的通知》（交办函运〔2015〕1057号）。为做好2016年度公路甩挂运输试点专项资金申报工作，有序推进公路甩挂运输试点工作开展，财政部、交通运输部、商务部联合印发了《车辆购置税收入补助地方资金管理暂行办法》（财建〔2014〕654号），明确了申报专项资金的项目范围、验收审查要求及申报材料要求。

2016年4月，交通运输部办公厅印发《关于增补交通运输行业甩挂运输专家库专家名单的通知》（交办运〔2016〕47号）。随着甩挂运输试点范围逐步扩大，试点项目逐步增多，项目审查论证、工作督导等任务也越来越重，为更好地发挥行业专家在推进甩挂运输发展中的支撑作用，促进道路货运行业的转型升级，交通运输部决定增补部分专家进入专家库。在各单位推荐的基础上，经评选研究，确定增补选聘杨松发等85名同志列入专家库。

（四）公交都市建设全面推进

2016年12月，为进一步贯彻落实《国务院关于城市优先发展公共交通的指导意见》（国发〔2012〕64号）等有关文件精神，按照《城市公共交通"十三五"发展纲要》（交运发〔2016〕126号）的有关部署，交通运输部办公厅印发了《关于全面推进公交都市建设等有关事项的通知》（交办运〔2016〕157号）（以下简称《通知》），决定"十三五"期重点面向全国地市级以上城市推进公交都市建设，力争到"十三五"末建成一批具有特色主题的公交都市城市。交通运输部将对公交都市创建城市内相关综合客运枢纽建设给予支持。《通知》从创建主题、申报条件、申报程序、动态推进公交都市建设及工作要求等五个方面对全面推进公交都市建设有关事项进行部署。

（五）珠三角、长三角、环渤海（京津冀）水域船舶排放控制区工作顺利启动

根据交通运输部出台的《珠三角、长三角、环渤海（京津冀）水域船舶排放控制区实施方案》，2016年，在珠三角、长三角、环渤海（京津冀）水域设立船舶排放控制区，通过控制在排放控制区内航行、停泊、作业的船舶硫氧化物、氮氧化物和颗粒物排放，改善沿海和沿河区域特别是港口城市的环境空气质量，推进船舶节能减排和绿色航运发展。经初步测算，船舶排放控制区实施后，到2020年，珠三角、长三角、环渤海（京津冀）水域船舶硫氧化物和颗粒物排放将比2015年分别下降65%和30%。

2016年4月，在长三角区域率先实施减排，先行启动的长三角水域船舶排放控制区主要覆盖上海等16个城市周边水域及内河通航水域。控制区工作主要分两阶段实施：2016年4月1日起，要求船舶在核心港口靠岸停泊期间应使用硫含量不高于0.5%（质量分数）的燃油，鼓励船舶在靠岸停泊期间使用硫含量不高于0.1%（质量分数）的燃油，鼓励船舶进入排放控制区使用硫含量不高于0.5%（质量分数）的燃油；在评估第一阶段措施实施情况后，适时启动第二阶段管控措施。

（六）开展靠港船舶使用岸电项目专项资金补助工作

为落实《中华人民共和国大气污染防治法》、国务院《大气污染防治行动计划》和《水污染防治行

动计划》船舶港口污染防治工作任务,2016 年 2 月,财政部和交通运输部共同向国务院上报《关于“十三五”期间安排部分车购税资金用于交通科技教育信息化等事业发展的请示》(财建〔2016〕40 号),明确了 2016—2018 年继续从车购税资金中安排资金以奖励方式支持加快港口岸电设施设备和船舶受电实施设备改造(以下简称“靠港船舶使用岸电项目”)。

为做好靠港船舶使用岸电项目专项资金补助工作,交通运输部综合规划司会同部水运局通过实地调研,研究制定了靠港船舶使用岸电资金申请政策及技术文件。2016 年 7 月,印发了《交通运输部办公厅关于做好 2017 年度中央财政奖励资金支持靠港船舶使用岸电项目申请工作的预通知》(交办规划函〔2016〕835 号),修订了《靠港船舶使用岸电项目投资额核算技术细则》。

四、推动结构调整,把握关键环节

(一)加快调整道路运输结构

在道路运输方面,继续严格执行营运车辆燃料消耗量准入制度、客车实载率低于 70%的线路不投放新运力的政策,定期监测全国 100 个主要城市重点客运站运力投入和出站上座率情况;深入实施甩挂运输、多式联运等绿色运输组织模式,推进铁水、公铁、陆空等联运模式有序发展。

(二)加快调整水路运输结构

在水路运输方面,积极推进水水中转、江海联运、江海直达。继续推进内河船型标准化,引导内河船舶运力结构合理调整,内河货运船舶平均吨位超过 800 吨,高等级航道通航水域船型标准化率达到 50%。根据财政部发布《船舶报废拆解和船型标准化补助资金管理办法》的补充通知,延长了船舶报废拆解和船型标准化补助资金用于内河船拆解、改造和新建示范船的补助时间,继续推进 LNG 动力船舶试点工作,发布了水运行业应用液化天然气第二批试点示范项目,包括湖南东江湖客船应用 LNG 试点项目等 9 个项目。

(三)加快调整城市客运结构

在城市客运方面,开展了公交都市建设示范工程,组织公交出行宣传周活动,推广绿色出行理念;加强公交领域新能源和清洁能源运输工具应用,截至 2016 年底,全国天然气公共汽电车营运车辆占比达 30.5%。

五、加强宣传交流,营造绿色氛围

(一)组织开展 2016 年全国节能宣传周和全国低碳日活动

2016 年 6 月 12 日至 18 日是第 26 个全国节能宣传周,6 月 14 日为全国低碳日。本次全国节能宣传周活动的主题是“节能领跑　绿色发展”,全国低碳日活动主题为“绿色发展　低碳创新”,交通运输部门以“绿色交通　低碳出行”为主线组织开展节能低碳宣传活动。交通运输部发布了《关于组织开展交通运输行业2016年全国节能宣传周和全国低碳日活动的通知》(交办规划函〔2016〕557号),要求各级交通运输部门、单位,围绕国家和部节能宣传主题主线,结合行业特色和地域特征,深入开展交通运输行业节能降碳宣传教育,认真组织多种形式的实践活动,广泛动员交通运输职工、企事业单位共同参与。

各级交通运输部门大力开展绿色交通示范工程宣传,宣传交流交通运输能效、清洁能源利用、绿色交通省份(城市、公路、港口)等试点示范工作建设成果,宣传推广交通运输行业节能减排示范项目等。组织开展了"车、船、路、港"践行绿色交通活动,以"车、船、路、港"千家企业低碳交通运输专项行动的参与企业以及绿色交通项目实施单位为重点,利用多种媒体通过多种形式宣传交通运输低碳发展理念,推广节能减排技术和产品,引导社会公众绿色低碳出行。交通运输部门还开展了公共机构低碳体验活动。在部机关及交通运输企事业单位办公场所开展能源紧缺体验活动和绿色低碳出行活动,除信息机房等特殊单位和场所外,倡导办公区域空调、公共区域照明在全国低碳日停开一天,高层建筑电梯分段运行或隔层停开;倡导绿色低碳的办公模式和出行方式,减少一次性办公用品消耗,鼓励乘坐公共交通工具、骑自行车或步行上下班,在全国低碳日掀起节能降碳新高潮。

节能宣传周期间,交通运输部组织召开了交通运输节能减排和环境保护工作电视电话会,贯彻落实国务院节能减排和生态保护目标,总结交流"十二五"期绿色交通发展成效经验,部署"十三五"期交通运输节能减排降碳和生态环境保护工作。

(二)杨传堂部长发表《践行绿色发展理念,建设美丽中国》的署名文章

2016年6月,交通运输部党组书记、部长杨传堂发表关于交通运输行业践行绿色发展理念的署名文章《践行绿色发展理念,建设美丽中国》。杨传堂部长强调,交通运输是国家节能减排和应对气候变化的重点领域之一,交通运输应该且有条件做绿色发展的先行官。要通过制度设计、技术进步、结构调整等手段,促进资源集约节约循环高效利用,实现交通运输与经济社会和自然环境的协调发展,回应人民群众期盼。

(三)组织开展2016年公交出行宣传周活动

交通运输部自2013年起每年9月16日至22日组织开展公交出行宣传周活动。2016年公交出行宣传周活动的主题为"优选公交 绿色出行",活动时间为9月19日~25日。通过开展多样化的城市公共交通宣传活动,大力宣传公交优先发展政策,培育"优选公交、绿色出行"的城市公共交通文化,在全社会营造了解公交、关心公交、支持公交、选择公交的良好氛围,积极引导社会公众参与城市公共交通发展。

地方行动篇

一、北　　京

（一）节能降碳

1.提升交通运输用能效率

一是推动交通运输结构性节能减排。北京市全面落实公交优先战略，大力发展轨道交通、完善地面公交快速通勤网络、改善步行自行车出行环境并发展公共自行车。通过吸引公众使用绿色集约的公共交通出行，优化出行结构，降低人均能耗排放，推动交通运输结构性节能减排。截至2016年底，全市轨道交通运营里程574公里，轨道交通和地面公交年客运量分别达到36.6亿和36.9亿人次，中心城区绿色出行比例增至71%。

二是推动货运绿色发展和升级。联合环保、交管部门发布《北京市促进绿色货运发展的实施方案（2016—2020年）》，创新了行业政策，以节能减排为契机，促进货运行业绿色和可持续发展。2016年全市21家货运企业获评“绿色货运企业”。

三是提高能源精细化管控水平。北京市公交集团建立能源管控中心，实现重点场站水电气热计量数据、加油加气供油端计量数据和5000辆公交车CAN总线能耗数据实时采集，实现用能实时监测和动态分析；市地铁运营公司积极参与国际能效对标，能源利用率指标排名国际前列，建设能耗统计与监测平台，提高能源精细化管理水平。

2.优化交通运输用能结构

不断优化交通运输行业车型结构和能源结构。公交行业每年新增或更新车辆中70%以上是新能源和清洁能源车，每年新增租赁运营指标全部分配给新能源车型。2016年全市地面公交、出租、货运、客运、租赁等行业累计推广应用2.2万辆清洁能源和新能源车。出台新能源小客车指标单独配置及不限行政策，促进了在全市私人领域推广新能源小客车，实现了每年减少汽（柴）油消耗数亿升。

3.推广应用节能降碳技术

轨道交通、交通运输枢纽应用发光二极管（LED）灯具、变频电梯、变频空调、节能型水泵等节能设备以及车站热负荷优化系统等节能技术，年节电约2800万千瓦时。地面公交积极开展车身轻量化技术、车辆燃油加热技术和发动机智能恒温冷却技术示范应用，实现累计节油上亿元。开展节能型出租车示范，具有明显的节油效果。持续推动道路施工养护方面的节能环保材料使用，开展搅拌站环保改造、拌和设备使用清洁能源、高速公路绿色照明和驻地燃油锅炉升级等节能改造。

（二）污染防治

1.严格机动车总量调控

2014年起实施更为严格的小客车数量调控措施，严控燃油小汽车增长，增加了新能源车辆的配置指标数量，年增量减至15万辆，确保实现到2017年底机动车保有量控制在600万辆以内的目标。

2.优化行业车辆排放结构

交通运输行业黄标车全部退出营运市场，绿色货运车队达到5万辆；出租汽车强制报废年限由8

年改为6年,在用出租车定期更换三元催化净化装置,累计更换5万余辆;推进重型柴油车安装颗粒捕集器等减排装置,降低重型柴油车污染排放;率先于国标执行更加严格的机动车排放标准,累计示范797辆第六阶段排放标准柴油公交车。

3.大力发展公共交通

优化出行结构,推动交通结构性减排。加快轨道交通建设,构建地面公交快速通勤网络,完善城市道路、自行车道和步道系统,推广公共自行车服务。通过大力发展公共交通,中心城区绿色出行比例已达71%。

4.完善公共管理政策

完善并严格执行限行和外埠车辆管理政策。持续缓解交通拥堵,引导降低中心城区车辆使用强度。出台绿色货运政策,引导货运行业规模发展和降污减排。出台出租车强制报废和定期更换净化装置政策。

(三)生态环境保护

1.土壤和水资源生态环保

一是重视资源节约保护。土地资源节约方面,设计方案阶段进行多方位多角度选线,避让基本农田、耕地,优化调整城镇范围内横断面形式;山区公路通过调整路线平面和纵断面,避免高填深挖,减少公路占地,节约土地资源。水资源保护方面,每个项目开工前完成水影响评价批复,在设计中采取应急池、通过再生水厂取水等措施;编制施工阶段节水措施。

二是重视公路绿化工作。2016年,按照“精细管理,无痕服务”的要求,实施公路绿化工程187.32公里、绿化栽植面积62万平方米;实施绿化管护里程6152公里,在确保既有公路林木资源得到有效抚育管护的基础上,再加密新植绿化植被,推进绿化资源的及时性、有效性,保证了公路良好的绿化生态环境。

2.强化道路建设养护阶段的扬尘治理

一是落实施工单位扬尘污染防治责任和行业主管部门监督管理责任,形成了建设单位对扬尘污染防治工作总负责、施工单位对扬尘污染防治工作负主体责任的工作体系。

二是严格控制公路养护施工扬尘,要求施工工地按要求实现围挡、苫盖、喷淋和运输车辆清洗,做好“五个百分百”等工作;加强扬尘污染防治技术措施应用,各高速公路新改建施工工地按要求安装颗粒物在线监测和视频监控系统。

三是严格控制道路扬尘污染,加大市管普通公路清扫保洁力度,推广新工艺,增加作业频次,以机扫为主,人工作业为辅,切实降低公路积尘负荷;加大巡查检查力度,及时修复破损道路。

四是规范渣土车运输管理,要求施工现场建筑垃圾运输车辆达到“三不进、两不出”规定;要求施工单位办理建筑垃圾消纳许可证,与合法的建筑垃圾运输企业签订清运合同,使用达标车辆运输建筑垃圾。

(四)资源节约循环利用

在北京市郊区普通公路建设、养护工程中,面层使用热再生沥青混合料,基层根据实际情况采用冷再生沥青混合料，对于旧路铣刨的沥青混合料做到100%回收利用。一是推广应用沥青路面预防性养护技术，尽可能减少养护工程中旧路材料的产生；二是推广应用温拌沥青混凝土、热再生沥青混凝土、冷再生沥青混凝土等节能环保技术和筑路材料、旧路材料循环利用技术；三是结合工程实际，推广应用车辙填充技术、“白改黑”薄层罩面技术、长寿命路面技术等系列养护新技术、新材料、新工艺，提高养护技术水平，保障工程实施效果。2016年共回收废旧沥青材料56.8万吨，回收率96%，循环利用42.4万吨；使用温拌沥青等节能环保材料132万吨，达总用量的98%。

（五）绿色交通能力建设

1.加强绿色交通顶层谋划

一是发布了《北京市“十三五”时期绿色交通发展规划》。提出“一控、双降、四提升”目标，建设绿色零碳交通、绿色客货运输、绿色装备工具、绿色基础设施、绿色科技推广、绿色行为意识和绿色管理的“6+1”绿色低碳交通发展体系。

二是建立了机动车污染防控工作机制。落实清洁空气行动计划和机动车排放污染控制工作要求，建立机动车排放污染控制工作协调机制，加强机动车污染治理。

三是创新能耗统计核算机制。联合统计部门开展了交通节能减排统计指标体系相关体制机制创新，实施了《北京市交通行业能耗统计调查工作实施方案（2015—2017）》，有效支撑了北京市能耗考核工作。

四是构建节能减排标准体系。发布了公交、轨道、货运、出租行业等5项北京市节能地方标准，指导交通行业合理用能。

2.提高基础能力实现内涵促降

一是构建交通节能减排计量检测体系。实施《北京市交通行业能耗统计调查工作实施方案（2015—2017）》，创新交通行业能耗数据核算工作机制。研发了基于大数据的交通节能减排智能化检测分析技术，建设交通节能减排智能化监测平台，通过对海量高频多源异构数据的同步采集和快速处理，实现微观监测、宏观分析、政策评估及决策支持一体化。

二是建立国家能源计量中心（城市交通）。经交通运输部推荐，国家质量监督检验检疫总局批复，依托北京交通发展研究院建立“国家能源计量中心（城市交通）”。整合交通、计量资源，做好统筹谋划，支撑全国城市交通能源计量体系发展。应用新技术形成面向“人—车—路—环境”的智能化计量监测技术体系。

三是建立交通节能减排实验室。在新能源汽车、生态驾驶、移动源、交通能源计量、绿色物流运输、绿色交通基础设施等6个重点领域，建立了分布式架构的北京交通节能减排实验室，支持政府决策，服务行业企业。

四是建设新能源汽车大数据中心。接入40家66类TB级数据，实现了行业新能源车综合分析评价和精细化跟踪监测。

五是生态驾驶研发与应用。研发生态驾驶系列评价和矫正技术，推动节能和绿色驾驶在典型交通企业推广应用。

3.加强国际合作与宣传引导

一是积极开展国际交流与合作。举办了“大城市发展实践论坛2016—北京”和“大气污染治理背景下的交通可持续发展”国际研讨会等活动,分享区域交通协调、城市交通治理等热点问题的经验。

二是注重人才培养及培训研讨。充分利用北京市的科研优势,集合国内外先进综合交通管理理念和前沿技术,通过形式多样的交流与研讨,加强社会教育、注重人才培养。先后举办了“国际大城市绿色货运重点政策与北京发展实践”培训、“京津冀‘十三五’交通节能减排”研讨、“交通节能减排智能化监测技术与应用”高级研修班等活动。

三是加强公共宣传及教育引导。面向公众组织开展以绿色出行为主题的“922 无车日”“9 月缓堵月‘低碳交通、绿色出行’主题宣传活动”“节能环保低碳大篷车”“绿色出行　畅通北京”宣讲等各类宣传教育活动,利用微博、微信、手机 App 等新媒体传播绿色交通理念。

二、山　　西

(一)节能降碳

1.推广清洁能源交通运输装备应用和公交优先战略

印发了《2016 年电动汽车产业发展推广应用重点工作任务分解的通知》,出台了《山西省新能源公交车推广应用考核办法》,2016 年全省更新新能源公交车 5728 辆,更新电动出租车 9000 余辆。山西汽运集团持续开展以“气化山西客运通道”为主的天然气汽车加气站的建设与运营、双燃料汽车的改装业务和新能源绿色物流体系的建设。

2.推进集约高效运输组织网络建设

积极推进集约高效运输组织网络建设,推动传统货运行业向现代物流的转型跨越发展,着力鼓励货运企业优化运输组织方式,大力发展甩挂运输和集装箱运输等先进的运输方式,推进道路货运向规模化、集约化、节能化经营转变。山西省临汾兴荣汽车运输有限公司、山西晨光物流有限公司成为交通运输部第二批公路甩挂运输试点企业,山西汽运集团晋南公路物流有限公司成为交通运输部第三批公路甩挂运输试点企业,集约高效的交通运输组织网络建设初见成效。

3.加强政策引导和基础设施建设

2015 年 12 月 1 日起对山西省标注的甲醇重卡和燃气重卡新能源汽车在山西省境内减半征收高速公路车辆通行费。加快推进了山西省主干高速公路服务区城际间快速充电站建设工作,到 2016 年底基本完成了省内高速公路 19 对服务区电动汽车快速充电站及配套电气设施建设。加快推进全省高速公路服务区 LNG 加气站项目规划建设工作,正在建设省内高速公路 12 对服务区的 24 座 LNG 加气站。

(二)污染防治

1.大气污染防治

一是积极落实《山西省落实大气污染防治行动计划实施方案》,制定实施了山西省交通运输行业大气污染防治行动实施方案,成立了营运类黄标车淘汰工作领导组,印发了《关于认真做好 2016

年营运类黄标车淘汰工作的通知》。截至 2016 年底，山西省共注销黄标车 154351 辆，完成全年黄标车淘汰任务的 128.63%。全面完成了 2310 辆油罐车油气治理工作，实现了油罐车油气治理“全覆盖”。

二是开展了全省高速公路和普通干线公路路域环境集中整治活动。施工期间对公路建设项目拌和场站采用集中拌和，拌和设备加装了除尘设施。施工便道、场地及运输道路进行硬化处理，场内设置了洗车池或冲车台，运输车辆采取了覆盖措施，施工期间各合同段配备了洒水车。对开挖黄土边坡，积极采取边开挖边绿化措施，未及时绿化的边坡及弃土场，及时采取了覆盖措施。

三是加强高速公路运营期大气污染治理工作。印发了《关于加快推进高速公路服务区采暖“煤改电”试点工作的通知》（晋交科技函〔2016〕434 号），完成高速公路服务站区“煤改电”试点工程前期工作，准备对忻保高速公路 10 个站区、阳翼高速公路 2 个服务区的采暖设施进行更新改造。

2.水污染防治

印发了《关于下达 2016 年水污染防治工作任务的通知》和《山西省船舶与码头防污染工作实施方案》，成立了全省船舶与码头防污染工作领导小组及办公室。全面排查达强制报废船龄的交通运输船舶，对船舶改造任务编制清单逐一落实，通过加强内河运输船舶的防污结构和设备的设计图纸审核及检验，依法强制报废超过使用年限的船舶。组织开展了《水路交通污染防治与应急方案研究》课题研究工作。实施了高速公路服务区污水处理改造工程，截至 2016 年底，完成了清徐服务区、河津服务区、吴城服务区、晋中服务区等服务区的污水设施中水回用改造工程；正在实施改造官堡服务区、大营服务区、平遥服务区、保德服务区、灵丘服务区、王庄堡服务区等服务区污水处理设备。

3.噪声污染防治

对全省公路采取了建设声屏障、限速、禁鸣等措施来控制噪声污染，2016 年通过竣工环保验收的 11 条高速公路共设置声屏障 94 处，总长 25487 米。

（三）生态环境保护

在规划研究论证阶段，开展了规划环境影响评价和水土保持相关工作，尽量避绕自然保护区、风景名胜区、水源保护区、水土流失重点预防区和重点治理区、居民集中居住区等环境敏感区域。在项目工可阶段，根据公路沿线的环境状况和保护要求，完善各项环保水保措施和设施，并在设计中贯彻落实。环保措施不落实，不得通过评审。在施工单位进场之前，每个项目都要开展环境保护和水土保持知识培训。通过竣工环境保护专项验收对项目设计、建设中环境保护执行情况进行了全面梳理。

（四）资源节约循环利用

全省交通运输基础设施建设和运营过程中，积极推动了废旧路面、沥青等材料的再生综合利用，废旧钢材、水泥等主要建筑材料的循环利用。同时扩大对粉煤灰、煤矸石、废旧轮胎等废料、建筑垃圾在交通基础设施建设、运营中的处置和利用，在长邯高速改扩建工程声屏障建设中成功试点应用了粉煤灰陶粒新型吸声降噪材料，取得了良好的经济效益和环境效益。

截至 2016 年底，完成了清徐服务区、河津服务区、吴城服务区、晋中服务区等服务区的污水中水回用改造工程。正在实施改造官堡服务区、大营服务区、平遥服务区、保德服务区、灵丘服务区、王庄堡服务区等服务区污水处理设备。

（五）绿色交通能力建设

1.加强绿色交通规划顶层设计和制度建设

印发了《关于加快推进环保违法违规建设项目清理整改工作的通知》《山西省实施绿色公路建设和钢结构桥梁建设工作实施方案》《关于进一步控制燃煤污染改善公路沿线空气质量的通知》等一系列制度文件。

2.大力推进绿色低碳交通运输体系建设

在高速公路网规划编制及历次调整时，均编制了规划环境影响报告书并提交至省环境保护厅审查。在编制山西省“十三五”交通运输综合规划时，同步开展“十三五”交通运输环境保护规划。项目实施中按规定开展了建设项目环境影响评价、竣工环境保护验收及水土保持验收工作，认真落实环境保护“三同时”制度，加强公路建养、环境保护和生态文明建设的全过程管理，加大环境保护资金投入，加强生态保护和绿化美化工作，加快智能交通与信息化建设，完善省域公路交通出行信息服务系统，构建联网不停车收费体系。

三、黑　龙　江

（一）节能降碳

1.加快调整交通运输结构

一是通过路网结构完善、升级改造和航道改造，路网通畅率和航道通达率大幅提高；加快综合交通枢纽及其集疏运配套设施建设。公路网络化程度显著提升，高速公路实现跨越式发展，国省干线公路网络布局不断优化，枢纽场站建设稳步推进，港航基础设施布局与结构不断优化，干线航道建设不断提速，港口资源逐步整合，港航基础设施建设不断加强。

二是大力调整优化交通运输装备结构。2016 年推广应用新能源公交车 1517 辆（经财政部审核），占年度新增更换公交车总数 1658 辆的 91%，超额完成国家 2016 年下达的年度新增更换新能源公交车 15%的指标任务。水路运输方面，加快调整优化船舶运力结构。建造船舶选择节能易操控的船型，广泛使用节能材料，选择主机和各种设备节能产品；在航标灯具和航标器材加工制造过程中进一步广泛应用新技术、新工艺，如使用新型太阳能智能导标灯等，降低能耗。

2.全面落实公交优先发展战略

哈尔滨市被交通运输部批准为“公交都市”建设示范工程创建城市，正在加快建成以轨道交通为骨架，常规公交为主体，出租车为补充，自行车、步行等慢行交通为延伸的一体化都市公交体系。通过优化公交线网、发展城市轨道交通等措施，全省公交发展水平和服务质量进一步提升。

3.强化科技创新与智能交通建设

组织开展了《黑龙江省道路运输车辆能源消耗水平研究》等科研课题的研究。全省道路运输卫星定位系统(GPS)监管与服务平台、物流公共信息平台、公众出行信息服务系统已投入使用,不停车收费系统(ETC)覆盖率逐年提升。积极应用建筑信息模型(BIM)新技术,探索应用健康、安全和环境三位一体管理体系,稳步推进建设和运营期在线监测管理。推广应用节能降碳技术与产品,如节油添加剂、水源热泵、汽车模拟驾驶等。在交通基础设施建设养护中采用新结构、新工艺和新材料。推广应用温拌沥青等新技术,应用太阳能、风能等可再生能源。

4.加大资金投入,开展试点示范

累计争取哈尔滨市南岗公路客运站锅炉改造项目等9个项目补贴2819万元。组织24家企业参与全国"车、船、路、港"千家企业低碳交通运输专项行动。积极开展甩挂运输试点,积极支持龙运集团等9家运输企业申领节能减排资金1124万元。

5.强化政府监管

一是着力加强交通基础设施建设领域的节能降碳管理。严格执行交通固定资产投资项目节能评估和审查、规划与建设项目环境影响评价制度。切实加强运输市场监管,认真贯彻落实交通运输部有关运力调控要求,对所有新增班线运力的申请业务认真审核;运用各种先进技术和管理手段,进一步提高了营运车辆实载率、客座率和运输周转能力。

二是严格实施营运车辆燃料消耗量限值标准及准入制度。对企业新增、报废更新的车辆,严格按照燃料消耗量限值标准进行核查,从源头上严把业务办理的审核关,确保营运车辆的燃料消耗量符合标准。

三是加快淘汰营运黄标车。积极配合公安、环保等部门,制定"黄标车"淘汰计划。研究缩短公交车、出租车强制报废计划,及时更新节能环保车型,采取综合措施切实加强营运车辆的尾气治理,禁止尾气排放不达标的车辆进入划定的限行区域,通过分步扩大限行区域,逐步减少了城区机动车排气污染负荷。

四是深入落实国家加快新能源汽车推广应用政策。积极争取国家节能减排专项资金,对运输企业优先使用新能源汽车提供以奖代补资金,支持运输企业完成全省高速公路服务区、城市出口加油站、客货运场站的充电站和加气站升级改造工作;配套建设新建客货运场站的充电站和加气站。积极引导汽车维修企业转型升级,加快维修设备、设施的更新和改造,提升维修企业服务能力;加强汽车维修从业人员岗位培训。

(二)污染防治

1.公路建设加强对水源地和自然保护区的保护

通过对全省39个竣工、交工、在建的高速及一级公路项目进行梳理,穿越饮用水水源二级保护区10处,穿越自然保护区13处。这些项目按照《环境影响评价报告批复》要求,加强环保设计和施工管理,严格控制施工场界,临近水体、保护区路段及桥梁设置明显标识和防撞护栏,边沟做防渗处理,不可避免穿越时采用桥梁形式跨越,设置桥面径流水收集系统和沉淀池,制定突发环境事故应急预案。竣工项目已经过国、省环保部门环保验收合格并交付运营。

2.推广绿色除雪,降低融雪剂使用

在高速公路除雪中,积极推广使用机械设备除雪,融雪剂使用量已从过去的每年5000吨左右降低到目前的1500吨左右。融雪剂在极端天气、特殊路段(通行要求高、封闭时间短的路段)使用,从过去每公里平均撒布1~1.5吨,到现在的平均每公里撒布不足0.5吨,每年节约维护资金近百万元。

3.推进"四新技术"应用,提高养护环保水平

积极引进推广微表处、薄层罩面、雾封层、嵌入式封层等技术,开展沥青混凝土路面预防性养护工作,降低了养护成本,延长了使用寿命,降低了对环境的污染。

4.加强建设管理和参建单位人员教育、培训

把环保措施纳入施工及监理招标文件及合同内容,强化参建单位环保责任。加强项目建设日常环境管理,完善环境管理,在施工单位和建设单位分别设立环保工作人员和专职环保监理,负责施工期工程日常环保工作的协调及环保措施落实的监督管理。

5.努力推动水运环境保护相关工作落实

制定了《全省港口码头污染防治工作方案》,转发了《船舶与港口污染防治专项行动实施方案(2015—2020年)》《港口和船舶污染物接收转运及处置设施建设方案编制指南》《黑龙江水污染防治工作方案》等有关污染防治的文件,积极开展宣传贯彻和培训工作。编报了全省港口船舶污染防治评估报告,同时做好水环境监管工作。

6.加强绿色维修行业指导

督促全省1603家一类、二类汽车维修企业在废油、废液、废气、废水净化处理及循环利用,废蓄电池、废轮胎、废旧配件和垃圾等有害物质集中收集、处理等方面实现技术与设备的创新应用,减少污染,加快水环境污染的应急计划制定工作。

(三)生态环境保护

1.加强设计环保工作管理,落实环保设计理念及技术

在公路设计中,特别是在选取路线方案时,使路线尽量与地形相拟合,减少高填深挖,少占用林地或耕地,积极采用新技术、新工艺、新材料,减少对生态环境的破坏。

设计过程中严格执行项目《环境影响评价报告批复》内容,加强环境保护及景观工程设计,针对公路建设及运营期可能对周边环境造成的水环境污染、噪声污染、大气污染、影响野生动物栖息或迁移等制定了相应的设计方案。强化了公路沿线路侧、路基边坡坡面及互通区内的绿化景观设计。

2.强化施工过程环保管理,注重施工精细化、标准化

公路建设过程中,坚持"环保优先",并加大工程造价中环保的投入比例。项目建设期间,根据不同时间段采取相应措施贯彻落实节能环保工作。

3.严格环境保护专项验收,加强运营期环境保护

项目交工后,各建设单位聘请具有相应资质的单位对项目进行环境保护验收鉴定,并编制《环境保护验收调查报告》,申请环境保护部门进行专项验收。

在公路养护过程中,陆续实施了沥青路面冷再生、沥青路面微表处、沥青路面冷补料修补坑槽、硅酮胶路面裂缝灌封胶修补路面裂缝等养护工艺,最大限度减少工程废料。

4.注重边坡防护,防止水土流失

一是改变边坡防护采用硬防护的模式,因地制宜,大面积推广植物防护,边坡每年栽植紫穗槐

400余万株，栽植里程100余公里，每年可减少投入1000万元。二是对一些原有边坡滑塌不宜栽植植物的路段，以浆砌片石为主，并利用40%~70%的旧材料砂石，节约了资源、资金，减少了旧料堆砌存放。

5.加强港口及航道建设工程的生态环境保护

在项目施工过程中，严格执行建设项目环境影响评价制度和“三同时”制度。港口选址尽可能避绕环境脆弱、敏感地区，航道工程尽可能避开鱼类的天然产卵场、索饵场、越冬场，工程建设尽量采用生态环保、可重复利用的材料，减少自然资源的消耗。

6.加强对水资源生态环境的保护

目前，大部分船舶均配备了油水分离器和生活污水处理装置，有效地保护了水资源生态环境。

7.加强航道日常养护及航道疏浚施工生态环境保护

在实施航道日常养护及进行航道疏浚施工时，船舶疏浚的航线区域、抛泥区及施工区域尽可能避开鱼类的天然产卵场、索饵场、越冬场，有效地保护了鱼类的生存环境。

在实施航道疏浚作业的同时，采取新增植物措施，覆土后，选用速生草种对堆渣体进行植被恢复，以尽快起到固化表土、拦蓄地表汇水、增加降水入渗等水土保持效果；另外，将剥离的腐殖土用于项目陆域区域的绿化建设，在有效保护植被生态环境的同时，美化和改善了周边环境。

(四)资源节约循环利用

1.公路基础设施建设设计阶段合理运用技术指标

尽可能少占耕地，多利用旧路，减少高填深挖，合理利用土地资源。将占地界取土场的可耕种表土剥离用于绿化、取、弃土场植被恢复；重点加强取土场水土保持设计，边坡防护尽量选用植物防护，减少圬工防护数量；桥梁设计采用标准化设计，混凝土构件集中预制，减少预制场地临时占地。在有条件地区，路基填筑采用地产煤矸石、粉煤灰等工业废渣。

2.大力推广应用资源节约与循环利用技术

旧路沥青混凝土路面采用冷再生技术、热再生技术，水泥混凝土路面破拆后用于路基、桥涵防护工程；收费站、服务区利用风、光补充电能，采暖锅炉采用电力驱动，通过地埋式污水处理设备将污水处理为中水后排放。

3.发展水路交通运输循环经济

完善标准规范，倡导标准化设计、工厂化预制，提高再利用水平。加强港口、船舶的生产、生活污水综合处理能力。大力开展建设材料、废旧材料、疏浚土等资源的再生、循环和综合利用。挖锚地和进锚地航道建设和疏浚建设产生的弃土，均用于管理区场地回填，剩余则用于建设区基础建设回填。

(五)绿色交通能力建设

1.健全法规标准

研究编制了《黑龙江省公路水路交通运输节能减排“十三五”规划》，起草了《黑龙江省“十三五”绿色交通生态环境保护实施意见》和《黑龙江省交通运输行业节能减排工作实施方案》，制定印发了年度工作要点；开展了《营运车辆用油定额考核办法制定》等研究工作，相继制定、出台了《黑龙江省交通运输行业推动“十三五”节能减排综合性工作的实施意见》，制定印发了《黑龙江省新能源公交车推广应用考核实施细则》（黑交发〔2016〕280号）等政策文件，为实现交通运输现代化、全面建成生态省提供有力支撑。

2.加强组织领导

一是交通运输厅成立了节能减排工作领导小组，为做好节能减排工作提供了组织保障，加强与发改、财政、公安、环保、林业、科技、住建等部门的沟通协作，共同推进重点工作实施。二是在交通基础设施建设领域，始终坚持将节能降碳作为重要原则，形成了规划科学、布局合理、高效便捷的交通运输网络。三是在港口建设和改扩建过程中，增设节能降碳评估工作。

3.全面实施交通节能环保重点工作

组织开展公路改扩建项目的环境保护、公路养护新技术应用、营运车辆更新升级、港口环保措施落实、绿色公交、综合交通枢纽、绿色低碳场站、客货运输组织、城市公交调度、出租车管理、智能交通、公众出行服务信息系统等一系列“绿色交通”建设相关工作。

4.大力推进绿色公路主题性项目实施

大力推进沥青和水泥混凝土路面材料再生利用、废旧轮胎胶粉改性沥青筑路应用以及粉煤灰、矿渣、煤矸石等工业废料在公路建设工程中的应用。2017年建设的“国道丹东至阿勒泰公路吉黑省界（珲春）至东宁段改扩建工程项目”被列入交通运输部第三批绿色公路建设典型示范工程，目前已编制完成实施方案。积极推进落实大兴安岭风景道、东北边境风景道、东北林海雪原风景道涉及路段的建设实施。

5.不断深化交通运输节能环保宣传教育

利用报刊、广播、视频等媒体，多渠道、多方式宣传绿色循环低碳交通运输发展，组织开展经常性的环保培训教育、技术和经验交流，使绿色循环低碳发展成为全行业的自觉行动，培育黑龙江特色的绿色交通文化。

四、上　　海

（一）节能降碳

1.能源消耗情况

2016年，上海市交通运输行业能耗2402.0万吨标准煤，同比增长213.2万吨；对外交通能耗总量为2221.3万吨标准煤，同比上升约10.6%；公共交通能耗总量为180.7万吨标准煤，同比小幅上升；社会客车周转量达到13178万PCU公里，同比增长6.7%；个体机动交通能耗量662万吨标准煤，同比增长6.4%。

2.主要工作

一是大力推进交通企业节能技改。在水运方面，中海集运针对4250TEU/5669TEU的船舶主动注油器升级，气缸油消耗节约20%～50%；中外运开发的可变电控汽油缸注油系统可根据船舶航行时的发动机工作状态，改变注油量，节能9%；宝钢航运对船舶实行加装电加热装置，可减少燃油

12%，减少柴油 5.5%。港口码头方面，沪东集装箱码头有限公司推广轮胎吊起升配重节能装置，每万 TEU 作业量可以减少 2.8 吨二氧化碳排放。在道路运输方面，在上海市交通节能减排专项扶持资金的支持下，2016 年道路运输企业新增 LNG 外集卡 213 辆，截至 2016 年底，全市 LNG 外集卡已达 816 辆。

二是探索交通运输业碳交易机制。上海作为我国碳交易第一批试点省市之一，第一阶段碳交易试点企业中，交通领域企业共 18 家，其中航空企业 6 家，港口企业 9 家，机场 2 家，铁路站点 1 家，涉及排放量超过 850 万吨。2016 年，上海市发展改革委《关于印发〈上海市碳排放交易纳入配额管理的单位名单(2016 版)〉的通知》和《上海市水运行业温室气体排放核算与报告方法(试行)》的发布，使碳交易对全市重要的碳排放增长领域的控制更加完善，这也是在世界范围内首次运用碳交易政策工具对水运行业的碳排放进行控制的实践。

三是大力推广应用新能源汽车。发布《上海市鼓励购买和使用新能源汽车暂行办法(2016 年修订)》(沪府办发〔2016〕7 号)、《关于本市促进新能源汽车分时租赁业发展的指导意见》(沪府办〔2016〕13 号)、《关于支持新能源货运车推广应用的通知》(沪交科〔2016〕310 号)。2016 年全市新能源汽车实际推广 45060 辆，2013—2016 年累计推广 10.27 万辆。到 2016 年底，上海已经成为全球新能源汽车拥有量最大的城市。

四是统筹推进充电桩建设。发布《上海市电动汽车充电基础设施专项规划(2016—2020)》和《上海公共充电技术设施通用技术规范》，启动《电动汽车充电基础设施建设技术规范修订工作》。成立"上海电动汽车充电设施企业联盟"，建立全市统一的充电设施公共信息服务平台(联联充电)。在 2015 年已经建成各类充电桩 2.17 万个的基础上，2016 年新建公共充电桩 6000 个，超额完成了全年新建 4000 个公共充电桩的工作目标。

(二)污染防治

1.污染物情况

一是道路交通。机动车污染物排放得到有效控制，一氧化碳、碳氢化合物同比分别下降 17.9%、8.8%；氮氧化物有所反弹，同比增加 6.5%；颗粒物继续保持零增长，维持 0.7 万吨水平。污染物浓度指标呈现下降态势。

二是港口船舶。上海港船排放控制区自 2016 年 4 月 1 日提前实施以来，取得显著成效。根据大气监测统计数据显示，2016 年度长三角地区空气质量持续向好，硫含量变化尤为明显，其中，上海市平均为 15 微克/立方米，较 2015 年下降 11.8%。

2.主要工作

(1)绿色港口建设方面

一是大力推进船舶排放控制区建设。发布了《上海港实施船舶排放控制区工作方案》(沪府办〔2016〕7 号)。截至 2016 年底，外港区域共开展船舶排放控制区相关检查 2826 艘次，发现靠岸停泊期间未按规定使用低硫油行为 28 起；内河水域检查船舶 20074 艘次，发现违章数量 341 起，检测油样含硫量结果不符合要求的 65 起。

二是持续推进港区绿色能源替换工作。持续推进船舶岸电建设，上海已完成吴淞 1 套、洋山 2

套高压岸电设施建设任务，95%以上的内河码头已布设低压岸电供电设施，其中黄浦江游览码头已实现岸电设施全覆盖。提高港作机械和集装箱牵引车环保水平，完成港口剩余350辆高污染车淘汰。提高清洁能源替代比例，到2016年年底，完成投入港区LNG内集卡266辆、内河LNG货船60艘、内河电动货船1艘，降低港区作业车辆的污染物排放。同时，加快LNG加注设施布局，上海岸基式LNG加注站设计导则已通过专家评审，上海港LNG加气站规划已形成初稿。

三是继续加强码头扬尘防治工作。制定上海港散货码头堆场扬尘污染整治方案，外港码头降尘措施落实率达到80%，内港码头达到70%。

(2)高污染车和老旧车治理方面

2016年已采取的各项高污染车排放治理措施，可减少氮氧化物排放约1970吨，相当于机动车排放量的2.3%；减少PM2.5排放约100吨，相当于机动车排放量的1.5%；减少一氧化碳排放约4350吨，相当于机动车排放量的1.9%；减少碳氢化合物440吨，相当于机动车排放量的1.5%。具体措施如下：

一是持续扩大高污染车和老旧车限行范围。

二是交通行业率先加大对高污染车的环保治理力度。在公交方面，提前淘汰更新公交黄标车4000余辆；推进5000辆国Ⅲ公交车加装尾气净化装置；在货运车方面，提前淘汰1.1万辆集卡黄标车，制订集卡加装尾气净化装置的补贴办法，启动集卡加装尾气净化装置工作，2016年度完成1.09万辆国三集卡招标工作，并完成3000辆集卡尾气净化装置安装。

三是加强联合执法，推动区域联防联控。在全市各集中整治点开展联合执法行动。推广电子警察抓拍违规车辆，推动长三角区域实施黄标车限行和机动车环保数据共享，推进在全区域内启动高污染车辆限行措施，合力治理高污染车辆。

(三)资源节约及绿色交通能力建设

1.绿色智能的城市客运交通系统

一是大力发展公共交通。新辟公交线路150条，新辟“最后一公里线路”20条，新增1500个换乘停车场(P+R)停车设施。持续推进公交专用道建设，新增公交专用道25公里。推进高品质的中运量交通建设，截至2016年，完成71路中运量设施建设和车辆选型工作，继续推进松江有轨电车建设和奉贤快速公交研究设计工作。

二是提升慢行交通出行环境。发布了《上海街道设计导则》。为鼓励和规范共享单车行业发展，市交通委牵头启动了指导意见的研究编制工作。

三是进一步优化智能交通系统。研究编制了《关于全面深化本市地面公交行业信息化建设的行动计划(2016—2018)》和《关于加强交通出行信息发布体系建设的实施意见》。数据中心(一期)项目已初步实现了市交通委系统相关单位交换共享。完成上海公交、上海地铁和乐行上海等三个主要App的功能整合方案。建成西藏路公交优先示范工程创新应用车路无线通信技术，实现车载设备和路侧设备的实时信息交互。

2.节能减排综合能力建设

一是继续完善重点用能企业能耗报送制度。“重点用能单位能源利用状况和温室气体排放报送平台”功能进一步完善。交通重点用能企业按月报送能耗数据,市交通委委托第三方机构进行跟踪统计评估,并对超额企业实施能耗预警,实现能耗管理。

二是持续加强基础研究和技术创新。充分发挥市交通节能减排研究中心平台作用,引导研究机构开展重大政策研究和基础能力建设工作。围绕上海市机动车排放模型的深化应用,进一步完善政策评估功能。持续关注绿色交通方式,开展深化研究。

三是继续加强“四新技术”推广。为强化交通行业节能减排管理,交流推广交通领域先进节能新技术、新产品、新设备、新材料应用成果,根据上海市交通节能减排联席会议办公室工作部署,分领域组织交通领域节能减排示范项目经验交流推广活动,依据全行业技术覆盖、择优选择的原则,推广具有示范性、代表性和创新性的项目,开展形式多样的交通节能减排示范项目的学习、交流。

四是围绕重点工作,组织重大专题的宣传引导。以“上海无车日”及“低碳出行周活动”为载体,强化公交都市建设和绿色交通出行理念的宣传。通过电视台、报纸等全市主要媒体在显著版面(时段)进行绿色低碳交通报道,解读政策措施,加强舆论引导。

3.相关规划、政策法规及标准

为保障绿色交通各专项行动顺利开展,制定并颁布了多项相关规划以及政策法规和标准(表1),涵盖节能减排行动纲要、绿色港口建设行动、机动车污染治理、节能与新能源车辆推广行动、交通信息化、扬尘治理等方面。

上海市交通节能减排相关规划、政策法规及标准 表1

文件类型	文件名称及文号
相关规划	《上海市电动汽车充电基础设施专项规划(2016—2020年)》(2016年5月19日)
	《上海市综合交通“十三五”规划》(沪府发〔2016〕88号)
政策文件	《上海交通行业2016年度节能减排重点工作安排》(沪交科〔2016〕425号)
	《上海市鼓励购买和使用新能源汽车暂行办法(2016年修订)》(沪府办发〔2016〕7号)
	《上海市鼓励电动汽车充换电设施发展扶持办法》(沪府办发〔2016〕16号)
	《关于加快推进本市绿色货运发展的若干意见》(沪交科〔2016〕228号)
	《关于深入推进本市新能源公交车发展的实施意见》(沪交科〔2016〕298号)
	《关于支持新能源货运车推广应用的通知》(沪交科〔2016〕310号)
	《关于进一步加强本市电动汽车充电基础设施规划建设运营管理的通知》(2016年8月)
	《关于全面深化本市地面公交行业信息化建设的行动计划(2016—2018)》(沪交科〔2016〕264号)
	《关于加强交通出行信息发布体系建设的实施意见》(沪交科〔2016〕263号)
行业标准	《上海公共充电技术设施通用技术规范》
	《电动汽车充电基础设施建设技术规范》

4.资金保障

上海市交通委发布了《本市2016年节能减排专项资金安排计划(第六批)》,上海市交通节能减排专项扶持资金(第一批)共批准通过29个项目,补贴4144.1万元。为推广新能源公交车,2016年全市共补贴16.4亿元,其中购置补贴8.1亿元,运营补贴8.3亿元。为提高全市高速公路信息化建设,推广ETC使用,2016年共进行通行费优惠补贴2625万元。此外,还对车辆安装尾气净化装置、岸电设施建设、老旧船舶提前淘汰等工作安排了专项资金予以支持。

五、江　苏

（一）节能降碳

1.提升交通运输用能效率

2016年，全省交通运输行业能源强度进一步降低。其中：公路客运单位运输周转量能耗下降8.22%，公路货运单位运输周转量能耗下降6.47%，水路货运单位运输周转量能耗下降0.72%，港口生产单位吞吐量能耗下降3.53%。与基准情景下的能耗总量相比，2016年全行业实现节能51.89万吨标准煤。

2.优化交通运输用能结构

一是推广应用新能源汽车14408辆，建设充电桩15341个（直流桩5923个，交流桩9418个），均超额完成江苏省年初确定的目标任务。二是淘汰黄标车和老旧车辆28.6万辆，其中黄标车168588辆、老旧车117604辆，圆满完成了国家下达的任务。三是推进内河船型标准化，在全国率先提出9型内河集装箱标准船型主尺度系列标准；2016年批准拆解改造船舶624艘，完工306艘，累计达到9406艘，进度居长江水系14省市之首。四是积极推进LNG船舶动力改造及新能源应用，先后完成了2艘柴油—LNG双燃料动力船舶改造，新建了32艘LNG单燃料动力船舶投入运营。五是积极推进港口新能源和清洁能源的应用，南京港等省内主要沿海沿江港口新购或改造了一批天然气和新能源港口机械设备设施，南通港完成了2台门式集装箱轮胎起重机（RTG）“油改电”改造，沿江沿海港口累计完成109台RTG改造，改造率达95%以上，全省有2899台港口起重机采用电动起重装卸作业，码头电动起重机覆盖率达98.4%。

3.加强节能降碳科技研发和成果推广

一是积极推进排放控制区核心港区岸电建设、船载岸电系统改造和水上服务区岸电建设。目前，江苏沿江沿海港口已经完成投资9000多万元，建成9套高压岸电系统、约290套低压岸电系统，在内河港口建成约1900套小容量供电设施，其中2016年建成高压岸电6套、低压岸电45套、小容量岸电156套。实现主要港口30%以上的港作船舶、公务船舶靠泊使用岸电，20%以上的集装箱、客滚码头（无邮轮专业化码头）具备向船舶供应岸电的能力。无锡、盐城、苏州等市的8个水上服务区试点建设岸电互联互通项目，实现联网刷卡消费。

二是逐步建立高效、节能的船闸运行管理模式。完善苏北运河一票通，实现“零间隔”登记和“一票通”服务，改进船闸节能运行设施，为过往船舶提供了高效、安全的航行环境。

4.不断优化完善交通运输组织

一是南京、苏州国家“公交都市”建设快速推进，项目推进率分别达到93.2%和88%；常州、扬州、昆山等首批全省公交优先示范城市建设扎实推进；全省13个设区市均已经完成“掌上公交”手机App系统的开发和上线工作。全省新辟、优化公交线路209条，其中新辟74条，优化调整135条；新增城市轨道交通2条，淮安市现代有轨电车一期工程全长20.07公里，设23个站。

二是加快经济、高效货物运输体系和物流基地建设，建成苏中大宗物资（二期）和连云港港灌河港区堆沟港海河联运(一期)等综合货运枢纽。内河航道通达连云港、大丰等港区,铁路直达连云港、洋口等港区,形成了以连云港港、徐州港、南京港、镇江港和无锡内河港等为节点的多式联运通道。

5.积极推进绿色交通省区域性项目建设

依据财政部、交通运输部要求,组织完成绿色交通省区域性项目提前结算方案的调整,调整后共包括10类重点工程、74个重点支撑项目(含部奖励资金项目14个),要求各项目实施单位定期报送项目开展情况。截至2016年底,已有50多个重点支撑项目完成了建设任务(占总任务2/3以上)。无锡绿色交通城市区域性项目通过交通运输部组织的验收,被授予"绿色交通城市"称号。

(二)污染防治

1.大气污染防治工作

一是推进沿海沿江港口码头污染防治设施建设,新建散货码头100%建设防风抑尘设施或实现封闭储存。二是推进绿色汽修发展,进一步拓展绿色汽修创建的深度和广度,促进绿色汽修常态化、长效化,助力行业提质增效。三是加强汽车尾气排放污染治理,全省实施机动车污染物排放限值第五阶段排放标准。加快推进机动车检测与维修(I/M)制度,加强对在用机动车排放情况的监督抽测,及时督促治理达标。四是落实好工地防尘管理要求,对施工现场的扬尘控制进行有效管理,做好工地围挡、场地道路硬化、车辆出入清洗、裸土覆盖、洒水降尘等基础工作,确保扬尘防控处于可控状态。

2.水污染防治工作

一是开展了港口水污染专项行动。制定了《江苏省港口码头水污染防治行动计划实施方案》。

二是根据江苏省船舶生活污水排放和接收的现状,率先确立了采用对船舶安装生活污水处理装置实现达标排放的防污改造方式,并在国内率先研制成功了适合内河船舶生活污水的处理装置。

三是积极落实相关船舶限航工作。自2016年1月1日起,全面禁止以船体外板为液货舱周界的化学品船、600载重吨以上的油船进入江苏省"两横一纵两网十八线水域"航行。

四是加强危化品船舶动态实时监管。海事部门自主研制了VITS(船舶身份与轨迹识别)系统,为全省所有运输船舶免费进行安装,2016年全省已完成10000艘重点运输船舶的免费安装。

五是开展危险货物运输船舶专项检查。对到港危险货物运输船舶实施专项安全检查,重点检查船舶船员证书、消防设备、航行安全等内容,期间共检查船舶295艘次,发现问题、缺陷672项,均及时进行了整改,保障了危化品船舶的运输安全。

3.开展港口船舶污染物接收、转运、处置能力建设

根据《交通运输部办公厅关于开展港口船舶污染物接收处置有关工作的通知》(交办水函〔2016〕308号)等相关文件要求,南京、南通、常州市港口管理部门已委托第三方机构编制港口和船舶污染物接收、转运和处置能力评估及建设方案,连云港、盐城、苏州市港口管理部门开展了前期调研工作,其余各市正在积极推进相关工作,并开展广泛调研。

(三)生态环境保护

注重交通规划及建设项目的环境影响评价工作。各项交通运输规划同步进行环评规划编制,以规划

指导交通建设环保工作。在交通基础设施建设过程中严格遵守“三同时”原则，全面推行“绿色施工”，完善建设项目环保工作监督管理制度，同时加强与环保部门的沟通，形成了良好的互动合作关系。开展公路环境保护及污染现状调查，在公路设计、施工及运营阶段均采用环保对策，减小公路建设对沿线环境和居民的不利影响，使公路融入沿线自然环境和社会环境之中。在航道推广实施生态护岸技术。

（四）资源节约循环利用

1.加强港口岸线资源整合和高效利用

系统梳理与规划不符的小船厂、货主码头占用岸线，以及多占少用、占而不用等不合理使用岸线行为，制定整合方案报地方政府批准后加快实施。充分发挥市场机制作用，采用取缔、关停并转、运量转移等方法，积极推动码头能力利用率低、岸线资源利用效率低、对地方经济贡献低的“三低”码头整合。鼓励货主码头公用化，归并集中液体化工、大宗散货等同货类或功能类似的码头。同时，在港口岸线使用之前，充分论证同区域、同类型码头能力利用情况，严格控制码头能力过度超前和重复建设。

2.加强交通基础设施建设运营中资源循环再生利用

积极推进废旧沥青混合料、废旧水泥混凝土板块、废旧半刚性基层材料、废旧轮胎、建筑垃圾、粉煤灰、矿渣等在交通建设工程中的应用，在公路、航道等建设养护工程中实施弃土、弃石和混凝土综合利用。采用厂拌热再生沥青混合料的改造项目里程占扩建项目总里程的30%，厂拌热再生等节能减排、再生技术在大中修工程中的应用率达到40%以上，废旧沥青路面材料循环利用率达到90%。在航道工程建设中开展了相关航道工程土方综合利用研究，从土方综合利用效益的内涵出发，运用效益评价方法，对工程土方综合利用进行了经济效益、社会效益和生态效益全面、系统的核算与评估，不但节约了工程的开支，而且节省了大量的土地资源，航道整治工程中弃土综合利用率达到了50%。

3.积极推进码头及罐区油气回收

南京沿江油品化工码头18个泊位加装了油气回收装置，连云港、苏州新建油气化工码头基本实现了油气回收装置的全覆盖，京杭运河宿迁、淮安、扬州段各建设了1套码头油气回收装置。

（五）绿色交通能力建设

1.加强组织领导

成立了全省交通运输环境整治工作领导小组和交通干线沿线环境综合整治五项行动工作领导小组，召开了绿色循环低碳交通运输发展联席会议，制定出台对各设区市绿色交通运输发展工作《考核办法》和《实施细则》，编制下达了各设区市2016年绿色交通目标任务书，扎实推动绿色交通示范省份建设各项工作落实。

2.发挥规划政策引导作用

下发了《贯彻落实省委省政府“两减六治三提升”专项行动和中央环保督查组反馈意见整改的工作方案》《全省交通干线沿线环境综合整治五项行动方案》《长三角水域江苏省船舶排放控制区实施方案》《2016年江苏交通运输节能减排专项资金申报指南》，研究制定并出台了全省公路液化天然气加气站发展专项规划、《江苏省“十三五”电动汽车充电设施专项规划》等文件，加大规划、政策引导和支持力度。

3.继续加大节能减排资金投入

2016年省级交通运输节能减排专项资金共筛选出117项节能减排项目予以资金补助，内容涉及清洁能源类、运输组织领域示范项目、智能化类、绿色汽修类、港口类、公路工程类、绿色照明类、能力建设项目等，补助金额共计4928万元。经测算能带动有效投资额约3.2亿元，每年能产生节能量约3.24万吨标准煤，替代燃料量1.98万吨标准油。

4.注重加强节能低碳宣传和培训

在“全国低碳日”当天，以“活力展现　低碳出行”为主题，在玄武湖举办了“健步环湖走　绿色低碳行”活动。

六、浙　　江

（一）节能降碳

1.提升交通运输用能效率

一是大力发展综合交通运输，提升用能效率。优化省内联网高速公路布局，加快国省道干线公路建设。优化城市路网，促进城乡交通有机衔接。加强沿海港口和内河港口的融合发展，建成了全国最大海河联运码头。建立内河港口联盟，启动“海河通”项目建设，推动海河联运发展。加快建设铁路义乌站综合交通枢纽、衢州市综合客运站、丽水市客运中心等综合客运枢纽，促进客运零距离换乘；加快推进衢州工业新城物流园区等衔接两种以上运输方式的园区建设，推动多式联运发展，促进货运无缝衔接。

二是发展先进运输组织，提升用能效率。目前全省参与客运企业62家，接驳车辆达到400余辆，节能减排效果明显。积极推进货运无车承运人经营模式试点工作。深化大物流建设，推进物流园区、龙头企业和中小企业网络联盟发展，通过货车的集聚和基地的联盟降低空驶率，提高运输效率。继续推进甩挂运输发展，共推进了8个部级和19个省级甩挂试点项目，探索甩挂运输联盟建设。同时，大力推进物流行业信息化建设，大力推进国家交通物流公共信息平台浙江区域交换节点（宁波综合示范区）建设。

2.优化交通运输用能结构

一是积极发展清洁能源和新能源车辆。大力推广混合动力、天然气等新能源、清洁能源车辆。公交车辆方面，2016年全省共新增及更新公交车1293辆，其中新能源和清洁能源等节能环保型1234辆，占比95.4%；杭州市主城区公交车100%为节能环保型车辆。出租汽车方面，2016年全省共新增及更新出租车1183辆，其中节能环保型903辆，占比76.3%。公共自行车方面，实现公共自行车全省所有县（市、区）全覆盖，总量达31.5万辆。

二是持续优化港口船舶用能结构。浙江沿海和内河部分港口已成功实施了船舶岸电技术改造，且已对船舶提供岸电。截至2016年12月底，全省建成低压岸电设施287套，其中宁波舟山港宁波港域已建成投入使用高压岸电设施8套，船舶接岸电突破3500艘次，居全国领先地位；京杭运河水系加快推进岸电设施建设，与国家电网等签订战略协议，全面启动节能减排领域合作。大力推进

LNG 试点示范项目，交通运输部水运行业应用液化天然气第一批试点项目——舟山国际船舶 LNG 加注试点项目，于 2016 年 1 月开工建设，到 2016 年底项目总体进度完成 54.95%，累计总投资额达 28.6 亿元，工程预计 2018 年建成。

3.推广应用节能降碳技术

一是加强节能降碳技术推广应用。2016 年浙江省全省高速公路大中修实施里程 1124 公里，路面旧料回收率达 100%，循环利用率达 98%，其中就地热再生 21 万吨，厂拌热再生 15 万吨，全面完成年初目标任务。国省道大中修实施项目 122 个，实施里程（含预防性养护）1316 公里，路面旧料回收率达 95%，循环利用率达 86%，沥青路面冷再生 31 万吨，是年初目标任务 26 万吨的 119%。不断推进隧道 LED 灯等节能照明应用及智能控制工程。2016 年公路隧道 LED 灯总计使用 50678 套，超额完成年度目标任务。其中，国省道隧道改造使用 LED 节能灯具 18000 套，高速公路及普通国省道建成公路共使用 LED 节能灯具 30678 套，农村公路建成公路共使用 LED 节能灯具 2000 套。2016 年全省完成自发光节能安保工程 510 公里（农村公路），完成投资 1530 万元，完成率 105%。全省完成 116 条 ETC 车道建设，为年度计划的 112%，ETC 车道总数达 924 条，规模居全国前列。发行复合通行卡 40 万张，建成二义性识别系统 3 套。

二是加强节能环保技术科学研究。开展"3R"技术绿色维修技术应用研究在汽车维修行业的应用。重点开展"浙江道路的生态环境构建研究""工程废弃土方资源化利用技术综合应用研究""公路隧道 LED 照明光效与视觉功效研究"等项目研究，编制《公路蓄能型自发光交通标识设置技术规程》《沥青路面二次就地冷再生技术应用指南》《公路隧道照明节能控制应用技术规程》等交通运输循环经济与节能减排省级地方标准，组织开展交通运输行业标准化示范项目。完成国内首个"绿色航道评价指标体系研究"课题，编制了《绿色航道评价标准和考核办法》，全国第一套绿色航道评价指标体系基本建成。

（二）污染防治

1.全面落实大气污染防治计划

一是加强营运机动车管理，进一步加大营运黄标车淘汰力度。截至 2016 年底，淘汰营运黄标车 57901 辆，全面完成淘汰工作任务。此外还淘汰了 2006 年底前注册的老旧营运车 43779 辆。严格新增营运车辆和转入营运车辆环保准入，2016 年 4 月 1 日起，进口、销售和注册登记（含省外转入）的轻型汽油车、轻型柴油客车、重型柴油车（仅公交、环卫、邮政用途）等营运车辆须符合国五标准要求。

二是扎实推进浙江省船舶排放控制区实施工作。完成《浙江省船舶排放控制区实施方案》的编制工作。自 2016 年 4 月 1 日起和江苏、上海同步启动，宁波舟山港北仑、穿山等 10 个港区率先实施，明确区域内船舶靠泊期间使用硫含量≤0.5%的燃油等排放控制措施。继续推进干散货码头堆场建设防风抑尘设施或封闭存储，推进内河易扬尘码头和堆场路面硬化及简易喷淋设施改造，老塘山五期堆场综合抑尘系统已建成并投入使用。

2.不断提升水污染防治能力

制定出台《浙江省港航管理系统"五水共治"工作机制》《浙江省港航管理系统"五水共治"细化责任目标》，切实将"五水共治"各项工作落到实处。2016 年继续开展以运输船舶"不违规排放油污水”“船员不随意丢弃垃圾”“危险品船舶不泄漏”“推进船舶水到清洁能源应用”为内容的“三不一推”,努力打造绿色航运。加强船舶防污染行业监管,尤其是水域环境保护区,落实船舶水上服务区、航道沿线检查站码头垃圾箱配备和船舶垃圾回收上岸等工作。在干线航道沿线建设船舶油污水、生活污水和垃圾的收集及存储设施,开展散货码头粉尘污染治理。地方海事局辖区内10个油污水接收项目、400余个船舶生活垃圾(含业主码头)接收点已正常投入使用,新增的6艘油污水回收船舶也已投入使用,共回收船舶油污水3600余吨,接收运输船舶生活垃圾15万余艘次,1500余吨。

3.持续开展船舶污染综合防治

对辖区内现有的营运船舶实施油污水处理装置的配备和改造,免费发放船舶生活垃圾存储容器,保证船舶防污染的设备、器材符合国家有关标准。督促船舶配备和持有《垃圾记录簿》和《油类记录簿》等防污染文书,如实记录船舶污染物接收和送交情况,确保船舶航行过程中产生的污染物能得到有效处置。严厉查处船舶向水域排放油污水、倾倒船舶垃圾行为,打击船舶违规排放油污水、随意丢弃船舶垃圾的违章行为,派出督查组专项督查船舶水污染监管各项制度落实情况。2016年地方海事辖区共组织巡航1.2万余次,巡航总里程11万余海里,出动执法人员4万余人次。

(三)生态环境保护

一是选线定线时尽量避开生态敏感区域、生物栖息地。科学合理运用纵面、平面、横断面的技术指标,避免大填大挖,减少植被破坏,防止水土流失。

二是鼓励施工单位使用工厂化、预制化、定型化、装配化的设备设施。

三是严格落实“三同时”制度。全省公路建设项目的环评、水保执行率、环保“三同时”落实率均达到100%,公路建设项目对环境的影响得到有效控制。

四是有针对性地突破交通建设资源合理利用、生态环境保护的技术瓶颈,废旧沥青再生、路面结构耐久性、生态护坡、生态护岸、U形板桩护岸和桥梁顶升、内河疏浚弃泥处治、交通建设中土地的集约利用、岸线资源综合利用等重大关键技术得到有效开发和推广应用。

五是全面深入推进公路边和航道护岸的洁化、绿化和美化行动。

(四)资源节约循环利用

1.集约节约利用土地和港口岸线资源

在公路基础设施建设中,通过严格用地审查、提高各类既有交通设施的资源利用效率、推进交通线位资源合理利用、优化公路工程建设方案等手段实现对能源、土地和环境等资源的集约节约利用。在港航基础设施建设中,将节约能源资源要求贯彻到港航基础设施规划、设计、施工、运营、养护和管理全过程,努力降低能源消耗和排放水平。

2.推广节能环保技术提高资源综合利用率

一是推行隧道照明节能改造,推广沥青路面再生技术及可再生能源应用技术,加大对钢结构桥梁的推广力度,鼓励工程建设对建筑类、工业类废弃材料、疏浚土、机制沙等的合理利用。提高温拌、厂拌沥青的使用比例,并保证沥青质量和施工工艺。推进高速公路服务区生活污水治理。开展废弃公路的复垦复耕复绿,提高现有公路的绿化水平。

二是全面推广绿色维修技术应用，推进汽车烤漆房"油改电"，杭州市有烤漆房"油改电"近900台；宁波市累计70余家维修企业使用水性漆。大力推行驾培驾驶模拟器训练，以电代油，全省实现驾培模拟器教学100%覆盖。全面推进场地电动训练仪的应用，确保场地电动训练仪配置的覆盖率。持续巩固行业废机油定点回收工作，加强新技术(水性漆等)的推广应用，定期组织开展相关技术应用培训会议，进一步提升新技术在保护环境、提升效率等方面的作用。

3.运用绿色环保设备促进生产集约高效

引导航运企业进一步加强船舶节能技术改造，LNG船舶试点应用，推广经济航速、做好航行计划、合理配载等节能航行技术，在源头上把好设备的能耗关，引入能耗低、性能稳定、可靠性较好、与使用环境相适应的运输设备。推进港口绿色照明工程建设，推动港口岸电改造。

鼓励子午线轮胎、安装导流板、安装风扇离合器等汽车节能技术和产品的推广应用，降低附属设备能耗；开发和应用铝合金、镁合金、高强度钢、车用塑料等新型材料，通过减轻车身自重降低能耗。

(五)绿色交通能力建设

自2015年5月6日启动"绿色交通省"创建工作以来，浙江省交通运输行业紧紧围绕"打造绿色交通、建设美丽浙江"的主题，以6个绿色交通城市、4条绿色公路、2个绿色港口、3条绿色航道、6个绿色公交都市建设为重点，全面推进绿色交通项目实施，全年实现节能40万吨标准煤，替代能源30万吨标准油，减少CO_2排放122万吨；获得首批中央财政补助资金2.9亿元，落实省财政公共预算支持4020万元，有效带动了39个重点支撑项目投资200多亿元。

一是修订目标责任制考核办法和2016年绿色交通考核指标。修订了《浙江省绿色交通目标责任制考核办法》和2016年绿色交通考核指标。

二是完成杭州市绿色交通城市试点验收。杭州市以"优秀"等级被交通运输部授予"绿色交通城市"荣誉称号。

三是深入推进G20峰会环境保障工作。明确组织机构、强化组织领导，编制印发了《G20峰会浙江省交通运输环境质量保障工作方案》，分解落实工作内容，编制任务排查表，开展环境保障督查工作，将G20峰会交通保障工作纳入年度考核。

四是开展"全国节能宣传周"和"全国低碳日"活动。紧紧围绕"节能领跑、绿色发展"和"绿色发展、低碳创新"主题，通过全员参与，将生态文明建设融入本省交通运输行业的全方位和全过程中去。省级层面主要开展"绿色交通省"创建工作主题宣传、交通运输行业节能减排知识宣传、公共自行车主题宣传、"节能宣传大使"环西湖步行10公里等系列活动，共发放节能减排典型案例集500册，制作展板、海报20余张，并在全国低碳日当天开展能源紧缺体验活动，号召职工绿色办公、低碳出行。

七、福　　建

(一)节能降碳

1.优化交通运输结构，持续强化综合运输体系

2016年全省完成甩挂运输投资7.6亿元，全年新增牵引车2601辆、挂车1975辆，新增牵引车共

节油97万多升、减少碳排放量2600多吨;依托厦门港、湄洲湾港等港口,积极发展公、铁、水多式联运,积极探索接驳式甩挂运输、混合式甩挂和列车式甩挂等模式。

2.推进装备绿色升级,促进交通运输低碳发展

一是新增、更新新能源公交车1867辆,全省新能源公交车总数达5072辆,累计发放新能源公交车省级补助资金1亿元。全省实际淘汰营运黄标车14307辆,超额完成年度任务30.86%。目前全省有国家级甩挂运输试点企业9家、省级14家,全省牵引车达30364辆、挂车39975辆,拖挂1:1.32。已建成627条高速公路ETC车道、安装6.8万盏隧道LED灯具,节电率在40%以上。全省新建客运站、公交站均采用LED节能照明。

二是全省高速公路服务区规划充电站94对,其中55对109座充电站已全部建成,占已投运服务区的78.3%。2017年建设任务完成后,全省高速公路服务区充电站覆盖率可提高至88%。高速公路服务区共规划15对30座LNG汽车加气站,已建成12座,其中朴里服务区、赤港服务区、贡川服务区等6座均已投产。

三是厦门港海沧港区先后建成远海、海润集装箱码头船舶岸电设施并投入运营,供应10万吨集装箱船舶在港靠泊期间的用电,福州港大唐电厂码头也完成岸电设施改造。积极推进沿海港口港作船、公务船靠泊期间使用岸电。

四是促进港口机械电力驱动。福州港江阴港区"油改电"二期工程全面完成;厦门海通、海隆公司分别投入9000万元、381万元,采购选用以市电为主要动力源的10部新型电动龙门吊、5部轨道式龙门吊。

(二)污染防治

1.大气污染防治工作

一是超额完成营运黄标车淘汰任务。2016年全省共淘汰营运黄标车14307辆,完成全年任务的130.86%。采取的主要措施有:加强组织领导,召开全省运管会议、各项专题会对黄标车淘汰工作进行具体部署;开展督促检查,将营运黄标车淘汰工作情况列入各项业务工作检查的重要内容;印发《关于开展打击黄标车非法营运工作的通知》,2016年全省共出动执法人员13856人次,开展部门联合执法行动353次,检查营运车辆16847辆次,立案查处各类营运黄标车违法行为17起;印发《关于开展福建省营运黄标车摸底统计工作的通知》《关于做好2016年福建省营运黄标车淘汰工作的通知》《关于进一步做好2016年营运黄标车淘汰工作的通知》等加强数据统计。

二是推广新能源公交车。全省新增、更新新能源公交车1867辆(总数达5072辆),配套建设公交车充电桩215个(总数达628个),为加快构建绿色公交体系、有效缓解能源和环境压力做出积极贡献。

三是加强港口煤堆、料堆监督管理。大型的专业化散货泊位按照环境保护要求落实相关环保措施。对露天堆放的煤堆、料堆场采用全覆盖的防尘网,如可门作业区4-5#泊位、10-11#泊位等。将军帽15万吨级泊位采用环保的封闭式干煤棚工艺措施。大型煤堆、料堆已按要求建设自动喷淋装置,实现全覆盖,部分小堆场也设置了自动喷淋装置。在码头区域周边建设挡风抑尘墙。厦门港口局每月开展港口扬尘治理工作,按照城市综合管理考评委的明察暗访通报结果要求港航企业限期整

改，同时做好每月扬尘工作进展汇报，不定期对港航企业进行抽查。湄洲港口局辖区涉及煤炭、水泥作业的10家企业码头堆场已全面建成防风抑尘设施或实现货物密封储存。

四是积极开展路面升级改造，减少粉尘污染。在漳州、福州、三明和南平等地改造水泥路面78.54千米（单幅），合计73.1万平方米。

2.水污染防治工作

一是完成港口水污染防治工作任务。组织制定《船舶与港口污染防治专项行动实施方案（2015—2020）》，印发《关于加快推进沿海港口环境保护工作的通知》《关于尽快报送港口船舶污染物接收、转运、处置能力评估报告的通知》等文件。完成港口船舶污染物接收转运处置能力评估报告并上报交通运输部，沿海各港开展了港口船舶污染物接收处置设施建设方案编制工作，并形成建设方案送审稿。全省高速公路、港口基本配备了污水处理系统，部分服务区安装了较先进的污水处理回收再利用系统。

二是完成内河船舶污染防治工作任务。督促推进船舶改造，2016年完成42艘闽江干流内河船舶生活污染治理改造，超过省环保厅年初下达计划量（20艘）1倍多；省船舶检验局及分支机构检验的国内航行船舶，船龄均未达到强制报废年限，厦门提前报废拆解1艘老旧运输船舶。督促开展内河船舶污染防治和废气污染物减排：第一，加强船舶防污染设备的配备，要求营运船舶按照船检规范配备油水分离器或污油水桶、生活污水及垃圾收集装置，并强化防污检验，从硬件上满足防污需求，如莆田市船舶检验所严格执行船舶防污染规定，船舶检验中严格控制，防止船舶污染物污染环境；第二，加强通航水域内河营运船舶的排查、治理，严格执行船舶防污染规定，对船舶污染实施现场监管，如漳州市运管局认真核查辖区船舶《内河船舶检验证书簿》和《内河船舶防止油污证书》等有效证书及防污染设备配备情况、船舶企业许可运输货物范围，严禁将污油水、生活污水和生活垃圾直接排往舷外，从源头控制企业污染排放；第三，强化水上防污应急演练，如三明地方海事局在水上应急救援演练中增加防油污科目演习，通过演练检测了相关应急预案的适用性，提高水上从业人员防油污应急处置能力，同时，积极督促各水运企业、船舶要按规定配备防污染设备器材，完善溢油防污染等应急预案。

（三）生态环境保护

1.加强交通基础设施绿色施工

继续全面推行建设标准化管理，实现现代工程管理"五化"，提高机械化施工、工厂化施工、装配化施工的比重，降低人为因素影响，提高工程耐久性，实现工程内外品质的全面提升。继续推行高速公路拌和站、钢筋加工场、预制场、驻地、试验室等临时设施"多集中"建设，充分利用临时用地资源。加强与地方政府和群众沟通，将部分设施永临结合，减少重复建设和临时占地面积。在新开工项目中试点多个标段的钢筋集中在一个标段生产，统一调配。加强施工过程中的污染源治理，集中处理生产生活垃圾和污水，严禁随意排放。为减少扬尘、保护沿线生态植被系统和水体水质，对主要施工便道进行硬化处理。采取边坡开挖一级防护一级、隧道"零"开挖进洞、取（弃）土场绿化、保留挖方路段开挖线至截水沟之间植被等措施，防止水土流失，力争环保"零"污染、"零"投诉。全面推广拌和站砂石分离与污水处理设备进行废水处置。推行结构设计预制化。有条件的项目对桥梁跨径、墩柱外观尺寸进行了归类统一，各类主筋、箍筋设置基本相同，最大限度实现了桥梁构件的工厂集中预制化。推行桩基、墩柱、盖梁、T梁钢筋骨架整体成型和吊装工艺。

2.加强交通基础设施绿色运营养护

大力推广应用节能型养护装备、材料及施工工艺、工法。积极推广绿色照明技术、用能设备能效提升技术，鼓励太阳能、风能等清洁能源及充换电配套设施在交通领域的应用，大力推动靠港船舶使用岸电。继续推进已建基础设施生态修复工程。对因资金、技术等原因导致不能满足环保要求的早期建设的基础设施，鼓励在生态脆弱、水土流失重点治理区域，开展生态修复工程。

3.协调公路建设与自然环境和谐统一

2016年，全省累计实施生态公路719公里，种植乔木13.1万株、灌木26.5万株、藤本43.9万株、地被38.6万平方米、草皮16.8万平方米，路线宜绿化路段绿化率达100%，苗木保存率达90%以上。

4.着力推进生态补偿修复工作

组织完成湄洲湾航道扩建工程—泉州湾河口湿地红树林复育工程、福州港松下港区牛头湾作业区生态修复补偿工程、东山环岛路乌礁湾段生态修复工程、闽江源流域干线沿线生态修复工程等多个生态修复试点工程。

（四）资源节约循环利用

1.加强岸线资源集约节约利用

一是加强港口岸线规划，修编《福建省沿海港口布局规划》和各港口总体规划，科学布局港口。

二是强化岸线管理。严格执行港口岸线审批制度，按规划审批港口岸线。集约利用港口岸线，积极推进罗源湾、江阴、湄洲湾、古雷、厦门湾等重点港区岸线整体连片开发，并出台重点港区码头建设项目贷款贴息政策，有效提高港口开发规模和岸线利用效率。

2.大力推进土地资源节约集约与循环利用

一是集约节约利用资源。在建设期，通过施工便道、拌和站、梁场等临时工程与永久工程结合，调整施工工序等措施，最大限度减少临时征地，保护当地环境，降低工程造价；通过应用地埋式变压器及隧道横洞变电所，累计减少建设隧道洞口变电所近400座，按每座变电所占地约0.5亩计算，累计减少占用山林地近200亩。

二是坚持土石方平衡。要求设计单位在设计阶段合理设计路基高度，做好土石方平衡计算，减少弃方。要求项目综合利用弃方，尽量避免废弃。对于弃渣，能作为项目填筑材料的，就近利用。不能利用的弃方，与当地交通、国土、市政等部门广泛交流沟通，争取消纳和利用。

3.着力推进建筑材料资源节约集约与循环利用

一是制定“十三五”路面再生资源利用规划。为加强绿色低碳技术推广应用，组织编写《福建省高速公路养护管理“十三五”发展规划》和《福建省高速公路路面养护技术政策》。

二是加强航道疏浚物综合利用。在港航工程中，结合周边码头建设，优先考虑疏浚淤泥作为周边码头陆域填积物使用，尽可能充分利用疏浚泥沙，节约资源和节省工程费用，并减轻抛泥对海洋环境的影响。

4.大力推进服务区收费站污水循环再利用

目前已在朴里、洛阳江、大往等高速公路服务区实现中水回用，满足绿化浇灌需求；高速公路龙岩分公司因地制宜，在服务区研发了“污水六级净化与生态灌溉系统”项目，排放的污水进行净化处理后富含氮、磷、氨的水体用于绿化灌溉，该项目在2016年“福建省百万职工‘五小’创新大赛”上获二等奖。

(五)绿色交通能力建设

1.不断完善组织领导

成立了福建省交通运输厅节能减排工作领导小组及领导小组办公室，安排、部署、督促、指导全省公路水路交通运输节能减排重点工作。市、县各级交通部门也成立了相应的节能减排组织机构，建立了“省、市、县”三级节能减排组织体系，形成了较为完善的工作机制。

2.健全完善绿色交通政策法规体系

印发了《船舶与港口污染防治专项行动实施方案(2015—2020)》；研究制定了《福建省高速公路施工标准化管理指南》《福建省普通公路建设项目标准化指南》《福建省普通干线公路标准化设计指南》《福建省普通公路施工标准化指南》《福建省水运工程标准化指南》等系列规范性文件；印发了《加快绿色循环低碳公路体系建设实施方案》《实施绿色公路建设和推进公路钢结构桥梁建设工作方案的通知》《加快推进沿海港口环境保护工作的通知》等一系列环保节能文件；组织编制了《福建省公路绿化设计规范》《福建省公路绿化施工技术规范》《福建省公路绿化养护技术规范》等标准规范。

3.行业绿色交通监管能力稳步提升

一是研究形成《福建省公路水路交通运输环境监测网总体规划》，实施了交通运输部环境保护试点项目——“福建省交通运输环境监测网络建设试点工程”建设，初步构建了省级交通环境信息系统平台，强化行业节能环保监管。

二是建立交通运输节能环保工作监督考核机制，将环保目标责任落实情况纳入部门年度绩效考核内容和全省交通运输系统年度绩效考核方案。

4.注重强化绿色交通资金保障

持续加大对交通运输行业生态建设和节能环保领域的资金补助，出台绿色运输基础设施和生态工程建设地方配套投入等相关政策。在工程预算或概算中增设环境监理、评估等专项环保资金列支，在高速公路管理养护经费中增加环保污染防治等费用。

5.积极开展绿色交通宣传培训

一是组织开展“公交出行宣传周”。各地发放“公交优先”宣传材料2万多份、宣传品5000多份，解答市民咨询930余人次，收回满意度调查卷3500多份。

二是培育地铁客流、提升城市短途公交出行效率。通过电视媒体、宣传标语、公交车载电视等形式，大力倡导绿色出行理念，鼓励群众公交出行。

三是探索微循环公交、社区巴士等服务模式，提升短途公交出行效率。厦门、泉州、漳州等地已开通或即将开通的社区公交线路达28条，均采用中小型新能源公交车，主要用于道路狭窄的社区、城中村或大型公交车辆难以通达的背街小巷。

八、江　　西

（一）节能降碳

1.推广应用新能源和清洁能源汽车

全省2016年新增及更换的公交车中新能源公交车比重达到35%，出台了《江西省新能源公交车推广应用考核实施细则》及《关于调整农村客运、出租车等行业油价补贴政策的实施方案》。

2.积极推动营运黄标车淘汰工作

建立信息月报表制度和定期考核通报制度，建立车辆淘汰信息的相互抄告制度，全省共淘汰2.85万辆营运黄标车和老旧车辆。

3.推进运输组织结构转型升级

跟踪推进江西省甩挂运输试点项目，全省6个甩挂运输试点项目已有3个通过验收。实行甩挂运输后，车辆平均运力提高了30%，运输成本降低了30%，油耗下降了20%。

4.推进绿色城市交通运输体系建设

全省各设区市中心城区公交站点覆盖率达90%，公交机动化出行分担率达25%，万人公交车拥有量达10标台以上，城市公共出行系统不断完善。城市轨道交通运营平稳，新余市和南昌市在主城区范围内布设公共自行车站点，探索解决市民出行"最后一公里"问题。

5.强化科技创新，推广绿色驾培

共有5.96万人参加了节能驾驶培训。积极引导和鼓励驾培机构应用驾驶模拟器、多媒体教学系统开展培训，倡导"模拟+实车"的科学组合训练模式，实现低碳培训，有效降低驾培能耗。

6.严格执行营运车辆综合性能检测制度

截至2016年底，全省机动车综合性能检测机构共有81个，完成检测量合计438581辆次，其中：维修竣工检测166644辆次，等级评定检测219096辆次，维修质量监督检测10457辆次，其他检测18363辆次。

7.推广标准环保节能船舶

积极推进电动船舶的发展，江西罗伊尔游艇工业有限公司与江苏华一船舶有限公司合作建造18m电力推进画舫船一艘，该船完工后将投入九江庐山西海使用。

8.推进LNG动力船舶试点示范

江西省港航局积极配合江西投资燃气有限公司在鄱阳湖水域开展水运应用LNG项目试点，探索LNG在内河运输船及鄱阳湖水域采砂船采砂辅机上的应用。

9.大力推广电能运用，节约燃油消耗

广吉高速公路工程在选线及路基设计中，运用零弃方构想，优化路线、线型和路基横断面设计，避免大开大挖，减少设备台班和燃油消耗。在服务区和收费所站推广光伏发电、太阳能车棚、充电桩、LED灯具、智能照明等清洁能源和节能技术。

10.稳步推进绿色公路改扩建工程

(1)昌九高速改扩建工程

一是利用清洁能源。推进拌和楼煤改气技术的应用,节约成本,减少废气排放。推广安装屋面太阳能板,提高清洁能源利用比例。交安设施等具备条件的,均采用太阳能供电。服务区配备汽车充电桩,为汽车环保出行提供保障。

二是提高能源效率。对于地质条件适合的桥梁桩基,推广使用旋挖钻工艺,提高效率。隧道推行节能照明技术,降低能耗。服务区、所、站用房侧重节能设计。

(2)昌樟高速改扩建工程

工程围绕"创新设计、绿色施工、低碳运营、循环发展"的工程定位,分别针对路基路面工程、桥梁工程、交安设施工程、房建工程、机电工程等多个领域,创新性集成应用了28项绿色循环低碳技术,全过程、全方位、全领域建设昌樟高速绿色循环低碳公路。

(二)污染防治

1.强化船舶和港口污染防治

一是打牢基础,完善制度建设。印发《江西省港航管理局关于印发〈船舶与港口污染防治专项行动实施方案(2015—2020年)〉等文件的通知》(赣港航办字〔2016〕8号)。南昌、上饶、新余等地已经起草了《内河水域船舶污染应急处置预案》(草案)。

二是借鉴先进经验,积极探索建设新模式。利用"一船一站"设施,建立船舶垃圾、油污水接收处理公司。

三是强化安全监管,筑牢船舶污染工作防线。推进船舶生活污水防污染设施改造。2017年1月1日至2017年8月30日,全省完成现有船舶生活污水防污染改造247艘;完成老旧运输船舶拆解改造(含单壳油船化学品船)10艘。

印发了《江西省港航管理局办公室关于做好迎接国家考核水污染防治行动计划实施情况工作的通知》(局办字〔2017〕10号),全面排查超过使用年限的运输船舶和船舶冲滩拆解行为。加强船舶修造厂污染防治工作,开展防治船舶污染专项整治活动工作。

四是加强监督检查,扎实抓好港口防污染工作。开展了码头防污染专项整治工作,对码头垃圾回收、处理设施,企业废水排放,作业扬尘治理情况进行了全面排查治理,督促企业按照环保要求开展环保设施、废水收集处理设备建设工作,不得将生活垃圾、废水等污染物直排江中。要求装卸散货的码头采取喷淋、覆盖等措施降低粉尘污染。

五是推进节能减排,扎实做好大气污染防治工作。印发了《江西省港航管理局转发关于扎实做好今冬明春大气污染防治工作的通知》(赣港航发电字〔2016〕19号),要求各单位要充分认识做好大气污染防治工作的紧迫性、坚决打好大气污染防治攻坚战、妥善应对重污染天气。

2.加强高速公路建设运营领域污染防治

一是昌九改扩建工程打造特色声屏障。二是昌九改扩建工程文明施工有效控制污染。三是广吉高速工程,按照"绿色建筑"、清洁能源及节能技术等行业技术标准,将泰和北服务区打造成"绿色服务区"。在机电系统设计中引入"北斗"导航系统,采用多功能的"智慧岗亭",远距离的外场监控设备供电方式采用光伏发电，尝试中压供电、直流供电等新技术，节约能耗，提高安全性。利用互通立交或枢纽互通的闲置用地，建设光伏发电站，设计容量大于5兆瓦。

（三）生态环境保护

1.加强公路生态环境保护

一是在设计中注重生态环境保护。将公路运营和维护纳入工程设计与建设一并考虑，注重对沿线不良地质、高边坡等特殊路段的地质勘察工作，优化路线设计方案，尽可能减轻对自然环境的破坏，尽量做到土石方填挖数量基本平衡，尽量减少弃方和借方。广吉高速公路工程根据地形特点，在边坡开展微地形及景观设计，使道路与周边自然和谐统一，最大化地利用沿线自然资源进行景观设计。

二是在施工中严格环境保护。加强施工过程中的植被与表土资源保护和利用，重视施工现场和驻地的污水垃圾收集处理措施，加强施工扬尘与噪声监管，推进公路施工作业机械尾气处理。在环境敏感区域施工，制定生态环保施工专项方案，严格落实环保措施，降低施工对环境的影响。统筹布设公路施工临时便道、驻地、预制场、拌和站等，做到充分利用，减少重复建设。都九高速鄱阳湖二桥项目处于江豚省级自然保护区和鳜鱼、翘嘴鲌国家级水产种质资源保护区，采用钢栈桥、钢管桩围堰施工工艺、气举反循环钻机、生活污水一体化处理、桥面径流雨污水收集等措施，最大化地保护环境。

2.加强港航领域生态环境保护

一是科学规划港口岸线资源。江西省港航局根据《九江港总体规划（修订）环境影响报告书》审查专家建议，将规划的港口岸线从报批稿的78.26千米缩减到57.04千米，占自然岸线的37.5%。

二是大力开展非法码头治理。2016年，江西省交通运输厅结合自身职能，积极配合九江市政府对长江九江段非法码头进行全面排查。经排查，共认定九江港有非法码头107座131个泊位。

（四）资源节约循环利用

1.大力推行废旧材料再生循环利用

已累计完成水泥就地冷再生工程量超过200万平方米，并于同年在G105宜春丰城段进行泡沫沥青就地冷再生和在G320南昌新建段实施泡沫沥青厂拌冷再生的首次尝试性应用，都取得了不错的应用效果。广吉高速公路工程全线采用“永临结合”的方式，减少临时用地73万多平方米。采用橡胶粉复合改性沥青，既综合利用废旧轮胎等工业废料，又降低了路面的全寿命周期成本。

2.切实强化理念创新与技术创新

在昌九高速改扩建工程中，提出中心+集约型管理、互联网+工业化建造、资源+社会效益与经济效益双赢的“三大创新模式”，走“集约化、智能化、装配化”道路。推广装配化桥涵建造技术、自发热融冰雪技术。合理选择改扩建方案，充分减少土地资源占用。合理循环利用旧材料。永临设施结合使用。节约成本的同时也缩短了便道建设的工期。

（五）绿色交通能力建设

1.实施营运车辆燃料消耗量核查工作制度

交通运输运管局建立了道路运输证配发与车辆燃料消耗量核查、车辆综合性能检测紧密结合的工作机制,完善道路运输车辆监督管理责任追究制度和道路运输证发放责任制度。2016 年共核查车辆 31485 辆,通过核查,共有 106 辆核查不合格,占核查车辆的 0.33%,有效地阻止了这些车辆进入道路运输市场。

2.注重将绿色发展理念贯穿高速公路建设全过程

印制《广吉高速绿色公路建设实践手册》,进一步细化建设绿色公路的管理细节,为实现绿色公路和品质工程奠定了坚实基础。

举办各类讲座、座谈会、摄影活动、征文活动、问卷调查等,项目网站还开设了“绿色公路”及“微创新”专栏,将“广崇明德、吉铸典范”的理念内化于心、外化于行,为建设绿色、品质的广吉高速贡献力量。

3.推动道路客运服务逐步提质升级

一是制定出台了《江西省道路客运接驳运输管理办法(试行)》,进一步规范接驳运输工作。开通接驳线路 64 条,备案接驳车辆 102 辆,设立接驳点 8 个。

二是开展定制客运试点。选择九江至昌北机场线路率先开展“定制客运”试点,拉开了“互联网+道路客运”模式转型发展的序幕。

三是联网售票网络稳步拓展。江西成为全国 14 个首批建成省域道路客运联网售票系统的省份之一。截至 2016 年底,全省共有 116 个客运站接入江西省道路客运联网售票系统。

4.举办全省汽车维修故障诊断竞赛

2016 年 10 月 12 日,举办江西省“振兴杯”交通运输行业汽车修理工(轿车类)职业技能竞赛决赛,该项竞赛纳入了中国技能大赛暨江西省“振兴杯”职业技能竞赛体系,竞赛前 3 名选手被授予“江西省技术能手”称号。

5.昌樟高速公路顺利通过验收,宣传工作持久发力

江西昌樟高速公路改扩建工程绿色公路主题性项目被交通运输部授予“优秀绿色公路”荣誉称号。完成了《江西省公路水路交通运输节能环保“十三五”规划(送审稿)》的编制工作。以“全国节能宣传周”为契机,围绕“节能领跑　绿色发展”,开展以“绿色发展,低碳出行”为主题的宣传活动。

6.加强绿色交通人才队伍建设

江西省交通科学研究院积极引进人才和加强队伍建设。目前已拥有环境保护相关专业人才近 30 人,硕士研究生以上学历近 20 人,为江西省绿色交通建设奠定了人才基础。

九、湖　　南

(一)节能降碳

1.优化交通运输组织结构,提升交通运输用能效率

一是创新构建“交通+广播+互联网+无人机”路况巡航直播疏导交通新模式。强化了现代信息技术在提升交通运输效能中的应用,节假日高速公路拥堵和安全状况明显好转。

二是全面推进“互联网+”高效物流体系建设。积极扶持多式联运发展,株洲、湘潭、岳阳、娄底等地已经初步形成公铁联运系统,长沙港、株洲港、岳阳港及湘西州部分港区已开始发展铁水或公铁水联运系统。开展甩挂运输试点,已建设甩挂运输试点线路24条,长途干线甩挂试点线路实载率达到80%左右,平均单位运输成本下降10%~15%,单位运输周转量能耗下降12%~20%。鼓励货运企业网络化、联盟化经营,引导货运企业开展中小企业联盟合作,全省目前已出现了湘中联盟、零担运输合作社等货运企业合作联盟模式,提高了货物运输组织化、网络化程度。

三是大力发展内河水路运输,推动了交通运输结构调整和转型升级。截至2016年,新增千吨级泊位14个,新增港口通过能力566万吨,湘江长沙综合枢纽、湘江土谷塘航电枢纽工程、湘江2000吨级航道一期工程建成投产,千吨级航道达940公里,千吨级泊位达110个,基本形成以洞庭湖为中心、湘江沅水澧水资水下游高等级航道为骨架、岳阳港长沙港为主枢纽的内河水运体系。内河运输完成货运量占比从2015年的11.9%增长至2016年的15%,运力结构持续优化。

2.大力调整优化交通运输装备结构,优化交通运输用能结构

一是以长沙市和株洲市国家“公交都市”创建为抓手,努力发展大容量、快速公交系统。截至2016年,全省开通轨道交通线路2条、磁悬浮1条,拥有公交车2.44万辆、运营线路1734条、年客运量31.97亿人次,绿色出行比例逐年上升。

二是积极推广清洁能源和新能源车辆。截至2016年12月,公共汽车运营车辆24483辆,其中新能源公交车15215辆,占比62.14%,天然气车3577辆,纯电动车3562辆,插电式混合动力车8076辆。2016年城市客运纯电动、混合动力公共汽电车增长61.2%,BRT车辆增长62.3%。在长沙、郴州、益阳等地的长途班线和货车上试点应用LNG。

三是积极推进水运装备提档升级。推广应用新型节能、环保、经济合理的内河标准化干散货船、LNG动力船和集装箱船型系列,开发了500~2000吨级标准化船舶,加大集装箱、散货、油品、江(河)海直达等专用船舶的发展力度。

3.加大节能降碳新技术的推广应用力度

一是全面推进全省高速公路ETC联网示范工程建设。目前,高速公路收费站已基本实现了ETC全覆盖。截至2016年底,全省ETC注册车辆已超过250万辆。

二是推广公路隧道节能照明、大桥照明与景点亮化等节能技术。在京珠复线长沙至湘潭高速公路、张家界至花垣高速推广应用ASP LED系列公路隧道供电照明一体技术,大幅降低公路隧道照明系统运营成本。对大桥照明、景点亮化等采用分布式光伏发电、LED节能灯等技术,如杭瑞高速洞庭湖大桥采用节能灯具和智能远程灯光控制系统,节约造价1072万元,有效降低能耗20%以上。

三是对高速公路服务区、管养中心等区域采用节能设计。推进节能通风与采光技术的应用,在新建高速公路服务区内鼓励设置加气站和新能源充电桩。因地制宜推广太阳能、风能、地热能、天然气等清洁能源应用。

四是推广应用施工期电网集中供电技术项目。沿线施工区段全线提前架设集中供电电网,包括高压变电器和配套的输电线路,并结合运营期供电需求,平滑过渡,实施范围主要在桥梁施工地段、拌和站和预制场等用电设施负荷大和相对集中的区域。柴油替代量超过70%左右。

（二）污染防治

1.加强大气污染防治，减少废气排放

一是全面淘汰黄标车和老旧车。加快淘汰全省范围内注册登记的城乡道路运输（道路客运、道路货运、公共交通、出租汽车）营运黄标车和老旧车。

二是加强粉料堆场扬尘污染控制。在施工区域，要求主要运输道路、料场堆场、生活办公区域实施场地硬化。合理划分料场区和道路界限。

三是积极推动交通运输部液化天然气试点示范项目建设。积极引导新建大吨位自卸砂船、普通货船和客船等现有船舶更换船舶动力使用 LNG 清洁能源，减小船舶尾气排放对大气污染的影响。

2.防治水环境污染事故，推进品质服务区建设

一是加强施工期跨水桥梁施工环保工作。南益高速公路项目跨越澧水、沅水的南洞庭大桥、白沙特大桥主桥桩基施工，使用船舶调制运送钻孔护壁泥浆，使用移动式泥浆环保箱对泥浆进行沉淀和净化，桩基弃渣用船舶组织外运，最大限度地减轻了公路建设项目施工期对洞庭湖环境的危害，保护水环境安全，打造长江经济带环保绿色施工公路。

二是加强对道路运输水污染环境风险的防控。开展了危货运输专项整治行动，全面清理长期异地经营危货运输车辆，集中开展了为期两个月的全面清理整顿。启动了省危货监管系统平台建设，系统平台将与交通运输部全国平台和省安监、公安、经信等部门的危货监管平台协同对接，建立危货运输联盟，强化危险化学品道路运输全过程监管。对全省高速公路跨水桥梁进行了环境风险排查，陆续建设完善了桥面径流污染处理及危险品泄漏防控系统，制定了专项的环境风险应急预案，处置交通安全事故引发的环境污染问题。

三是推进高速公路“品质”服务区建设。首次组织对全省高速公路服务区和收费站的饮用水安全和污水排放质量的检测，加强了服务区污水处理设施的运营和管理。

3.推动绿色水运建设

一是积极参与湘江污染防治、洞庭湖水环境综合整治行动。制定了《湖南省港口污染防治专项行动实施方案（2015—2020 年）》《湘江航运污染防治总体方案》《湖南省内河港口和船舶污染物接收、转运及处置设施建设方案》，投资近 2 亿元，建设 39 处污染物收集设施。出台了《湘江流域防治船舶污染水域环境规定》，编制了《湖南省 LNG 水上加注站总体布局规划》和《湘江港口岸线利用规划》。组织开展了“防治船舶污染水域环境专项整治行动”。2016 年开展船舶防治水上污染宣传 500 余次，检查船舶 15000 余艘，发现违法行为或缺陷 800 余项，现场查处船舶违法排放污染物 62 起，进一步规范了船舶水上作业活动，船舶水污染物排放得到初步管控。

二是开展了湖南省环洞庭湖和湘江流域“共抓大保护”专项检查自查行动。按照省政府《关于开展环洞庭湖及湘江流域环保突出问题专项检查的工作方案的通知》文件要求，积极开展航运船舶及码头污染防治行动，海事机构和港口行政管理部门按有关规定在条件合适的 5 个市、州，督促、扶持港口经营人成立了 11 家专门从事船舶污染物接收的企业，畅通了船舶污染物船岸交付接收的渠道。发布了《湖南省防治船舶垃圾和油污水污染水域环境管理办法》，规范了船舶垃圾、油污水的送交频次和程序。

三是禁止生活污水排放不达标船舶航行。由湖南省海事、船检、运政部门联合监管,从2016年1月1日起,禁止生活污水排放达不到现行规范要求的内河运输船舶进入湘江、沅水、洞庭湖水域航行。

(三)生态环境保护

1.加强新建基础设施生态环境保护

一是着力加强交通基础设施建设领域的环保管理。严格执行交通固定资产投资项目节能评估和审查、规划与建设项目环境影响评价制度。

二是深入贯彻执行生态环保设计与施工。

三是加强公路生态防护、植被恢复与路侧绿化建设。

四是推广路域生态景观恢复技术。

五是加强航道、库区生态污染防治建设。在航道建设中,积极采用生态护岸技术,多采用木材、石材等天然材料进行护坡,推广采用植生混凝土技术保护河岸。

2.加强已建基础设施的生态修复

公路路域环境养护方面:补植、完善正常养护路段的绿化,确保普通干线公路管养范畴绿化适宜路段达到绿化率100%、保存率100%。美化路域环境,充分展示区域特色和文化特色,提升了公路文化内涵。

港口航道养护方面:开展乱采乱挖专项整治行动,整顿航道内采砂无序乱象,重点打击占用主航道抛设锚缆、侵占主航道乱采乱挖,损毁破坏航道及航道设施等违法行为,对已拆除的码头开展复绿工作,加大岸线巡查力度,防止已关闭砂石码头死灰复燃。

(四)资源节约循环利用

1.积极推广绿色公路建设理念

促进公路路面资源节能利用,研究应用长寿命路面、沥青路面再生等路面材料新技术。积极推广钢结构桥梁,优先使用本地建材。已在益娄、南益、长益扩容等高速公路项目推进钢结构桥梁建设,积极应用标准化、工厂化预制构件。

在新开工高速公路建设项目中推行"零弃方"理念,通过优化设计实现土石方填挖平衡,对路线范围内的表土和腐殖土,采取集中堆放措施,作为填方边坡和平面绿化的资源。全线珍贵和特有植物采用移栽技术;全线的拆迁建筑垃圾采取分类堆放,并作为清淤回填材料加以循环利用。沿线设施如服务区、收费站等房建设施站点的给排水设计积极应用节水、节材施工工艺,实现资源高效利用。

在交通基础设施建设、运营和养护等过程中,推广使用交通废弃物(废水)循环利用的新工艺和新设备,使交通运输废旧材料再生和固体废物循环利用水平显著提高,提倡生态环保设计技术。

2.建立了"四新技术"推广应用机制

重点开展养护无损检测与评价、新材料、新工艺、新设备、新技术开发与应用,开展了"大中修工程长寿命路面结构设计与材料制备技术""路基路面内部状况快速无损检测技术与装备""路面快速养护维修技术与养护设备""桥梁预防性养护技术与养护设备""桥梁维修加固技术"及"旧桥改造方案决策方法研究”等研究。

加速淘汰落后养护工艺,降低养护能源消耗和环境污染。研发推广公路和桥梁隐蔽工程无损检测技术、全寿命周期成本养护设计技术。

(五)绿色交通能力建设

1.强化节能减排工作组织领导

成立了湖南省交通运输厅节能减排工作领导小组,为推进绿色交通运输发展从组织和机制上提供了有力保障。

2.加大财政资金支持力度

积极争取中央关于“公交都市”示范创建、多式联运示范、甩挂运输试点、绿色交通运输装备应用、交通环保节能技术推广、节能减排主题性区域性项目等先行先试工作的相关资金,充分发挥国家激励政策的作用。鼓励交通运输企业增加投入,逐步形成以国家和地方政府资金为引导、企业资金为主体的良性投入机制。研究实施在工程预算或概算中,加大对生态保护及恢复、污染防治与节能减排的投入,并加大交通科技资金对能源资源节约、生态保护、污染防治等领域的支持力度。

3.创新投融资支持政策,完善多元投资机制

交通运输主管部门联合银行业金融机构建立和完善绿色信贷机制,鼓励金融机构创新金融产品和服务方式,拓宽融资渠道,积极为符合条件的绿色交通运输项目提供融资支持。

4.加大监管约束,完善重点用能单位监管制度

尽快确定并动态更新全省重点交通运输用能企业,各级交通运输主管部门按照属地管理的原则,与重点用能单位签订节能减排目标责任书,加强跟踪指导和监督考核,督促和引导重点用能单位制定并实施节能减排规划和计划,切实强化节能减排管理,积极采用节能减排技术措施。

5.加大监督检查力度

湖南省各级交通运输主管部门每年组织开展交通运输节能减排专项检查行动,重点监督检查交通运输行业重点用能单位和高耗能项目用能、节能减排管理情况。

6.加强绿色交通人才队伍建设

研究制定绿色交通运输人才队伍建设专项规划,完善相关配套政策,以高层次人才、高技能人才和紧缺人才引进培训为重点,统筹推进交通运输行业绿色发展管理人才、专业技术人才、技能型人才等各类人才队伍建设。积极培养、引入与交通运输行业节能减排和环境保护密切相关的科技力量和人才。

7.注重绿色宣传引导

将环保节能宣传纳入重大主题宣传活动,每年制定绿色交通宣传方案,利用报刊、广播、视频等媒体,多渠道、多方式宣传绿色交通运输发展的重要意义。

8.搭建绿色交通运输信息交流平台

完善了环保节能信息政府网站,扩大信息共享,加强经验交流,引导行业选择使用先进环保节能装备及技术、产品。建立与国际组织、交通运输企业、研究咨询机构等的交流、培训等合作机制,搭建与国际先进科研力量的技术和管理经验交流平台。

十、广　　西

（一）节能降碳

1.着力提升交通运输用能效率

一是严格执行营运车船燃料消耗量限值标准，控制不达标营运车船进入运输市场。调整优化运力结构，进一步提高车辆实载率、客座率和运输周转能力，引导运输企业向集约化、规模化发展。积极推进物流企业建设，充分整合社会零散运力，优化运输组织模式，促进道路运输业提质增效。深入开展“车、船、路、港”千家企业低碳交通运输专项行动，落实运输企业节能减排主体责任。

二是全面落实城市公交优先发展战略，倡导绿色出行。积极推动公共交通运输装备水平的提高，提供优质服务。积极调整优化公交线网，保障公交道路优先使用权，形成完善的公共交通基础设施。通过增加运行线路、改善车辆结构等措施，积极引导市民选择公共交通作为主要出行方式，提高公共交通出行分担率。

三是统筹城乡客运协调发展，促进农村客运改造。全区各地结合实际情况，积极开展统筹城乡客运试点工作，根据当地农村客运市场实际投入中小型客车运营，促进城乡客运的有效衔接，减少换乘次数，满足人民群众出行需求的同时，又减少了燃油消耗。在统筹城乡客运协调发展过程中，各地还因地制宜，积极探索农村客运改造工作。钦州泰禾公司的“股份制”改造、贺州益民公司的“农村客运改造”以及南宁五合公司的“一片一公司”改造等，既提高了农村客运的服务质量，又优化了农村客运的运输组织，极大提高了农村客车实载率。

2.优化交通运输用能结构

一是强化客运运力调控，落实运力新增与退出机制。印发了《关于做好全区省际市际道路运输运力发展工作的通知》，将从事省际市际道路运输经营的申请及省际市际道路运输经营的变更申请，包括经营范围、包车数量的变更事项纳入年度运力发展计划的范围。修订了《自治区道路客运行政审批工作制度》和《自治区道路客运行政审批工作规范》等工作制度，明确规定直达班线出站实载率不足70%、快客班线出站实载率不足60%、普通班线出站实载率不足50%的不再投放新运力，对于部分运力过剩的班线经营期限届满后不再予以重新许可，淘汰富余运力，提高了客运车辆的运输效率和实载率。

二是大力推广应用清洁能源和可再生能源。在道路运输领域因地制宜推广使用天然气客货车，引导城市公交、出租车企业积极更新发展新能源公交车、清洁燃料出租车。推进港口水运节能改造，所有航标标灯全部由电池供电改造为太阳能供电，进港车辆实施油改气，减少对石油制品的依赖，逐步提高天然气、电力消费在交通运输行业的应用比例，优化交通运输用能结构。

3.大力推广应用节能降碳技术

一是在道路运输领域，按照国家和自治区统一部署，广泛推广使用 GPS 车辆监控系统，确保车辆运行的安全，同时通过对回程车辆的适时调度，提高了运行组织水平。另一方面，积极推进客运联网售票工作，在方便旅客购票的同时，科学掌握客运流量，进一步提高车辆实载率。在道路客运站场、高速公路服务区等人员密集场所推广应用节能建筑材料、地源热泵空调技术、LED节能灯等新材料新技术，有效降低能源消耗。

二是在港口航运领域，对码头堆场、仓库照明设备进行改造，在港口港机上大量采用可编程逻辑控制器、变频驱动、能量回馈等节能新产品，智能型无功补偿装置、低能耗的自冷式高磁除铁器和电动绞车系统，降低港口生产综合能耗。

4.加强节能减排组织领导与宣传培训

一是切实加强节能减排组织领导。各级交通运输主管部门、行业管理机构建立健全节能减排工作领导小组，配备专门业务部门和人员，形成体系完整的节能减排管理网络，进一步明确责任分工，做到组织机构和职能的“双健全”，责任领导和工作人员的“双落实”，工作任务和目标的“双明确”。建立交通运输行业能源消耗统计报表制度，制定有关行业节能减排工作指导意见和实施方案，指导、部署运输企业开展节能减排工作。

二是开展形式多样的竞赛活动，提高从业人员节能减排意识和技术水平。开展了广西交通运输行业机动车驾驶员节能技能竞赛等活动，各道路运输企业开展节油教育和奖励活动，召开节油经验交流座谈会，引导驾驶员不断互相学习和摸索，如南宁市道路运输管理处共举行节能减排培训和经验推广55期，共有管理人员和司乘人员4853人次参加；编写节油资料，帮助驾驶员学习掌握节油技巧，逐步提高从业人员节能减排意识和技术水平。

（二）污染防治

1.大力推进大气污染防治

一是高度重视营运黄标车淘汰工作。严格落实国家在车辆技术管理方面的相关标准和规范，配合环境保护厅、公安厅开展黄标车及老旧车淘汰工作，对钦州、北海、玉林、河池、百色、崇左等进度落后的设区市开展督查指导。印发了《广西壮族自治区交通运输厅关于做好2016年营运黄标车淘汰工作的通知》（桂交科教函〔2016〕507号）。2016年全区累计淘汰运营黄标车1.6万辆。自治区环保、公安、交通运输三部门定期召开联席会，共同研究部署黄标车淘汰相关工作。各设区市交通运输主管部门和行业管理机构领导成立专门工作领导小组，制定营运黄标车淘汰工作方案，利用视频、短信、宣传单等形式，广泛宣传黄标车高污染、高排放的危害性。各地创新方法，做好车主思想工作，妥善处理矛盾问题，确保营运黄标车淘汰工作稳步推进。

二是积极引导运输企业发展节能环保运输工具，2016年全区新增新能源公交车1817辆。

2.强化船舶与港口污染防治

一是制定实施船舶和港口污染防治工作方案。2016年，自治区交通运输厅与广西海事局联合制定并印发了《广西贯彻落实交通运输部船舶与港口污染防治专项行动实施方案（2015—2020年）工作方案》（桂交水运发〔2016〕61号），提出了2015—2020年广西船舶与港口污染防治工作实施的总体要求，确立了涵盖船舶气体化学污染物和颗粒物排放、船舶节能减排、港口码头防风抑尘及船舶污染物接收处理设施建设等方面的工作目标和任务分解。

二是强力推进船舶污染防治。2016年完成了54艘船舶生活污水防污染改造，开展达到强制报废船龄的船舶排查情况和排查清单及“十三五”期间应改造和淘汰船舶清单工作，2016年广西全区登记船舶达到强制报废船龄的计有36艘，均已采取强制报废管理措施。各设区市的交通运输部门与当地海事、船检部门协作，利用船舶管理、船检发证系统等排查与统计“十三五”期间应改造和拆解的船舶的情况。开展干散货码头粉尘专项治理工作，全面推进北部湾港、南宁港、贵港港、梧州港等主要港口大型煤炭、矿石堆场防风抑尘设施建设和设备配备。防城港建设防风墙3000m，港区铁路线堆场已全部安装固定喷淋系统，喷淋覆盖面积达105万平方米，推广应用改进型喷雾机，提高煤炭、铁矿系统堆场存储占比，减少货物转栈带来的粉尘污染；南宁港完成扬尘治理技术技改2项（安装吸粮机）；贵港港的煤炭、矿石码头主要是采取喷淋和编织布覆盖防尘措施；梧州港无大型煤炭、矿石堆场。推进液化天然气燃料应用工作，正在开工建造液化天然气动力示范船62艘（其中在广西境内建30艘，在广东境内建32艘），共98850设计总吨，完成液化天然气旧船改造2艘。

三是推进港口码头污染防治。3月完成《广西西江黄金水道港口接收船舶垃圾污水站点布局规划》编制；7月组织港口所在地交通运输（港口）管理部门开展辖区内沿海及西江航运干线内河港口船舶污染物接收、转运及处置能力的调查评估，完成《广西壮族自治区港口船舶污染物接收转运及处置能力评估报告》编制。广西北部湾港、贵港港完成了港口船舶污染物接收转运及处置能力设施建设方案编制并报送交通运输部备案。

（三）生态环境保护

1.加强新建基础设施生态保护

强化基础设施建设的绿色化要求和全过程、全领域的绿色发展理念，优化节能工艺和技术的应用，集约利用土地，加强生态环境保护与治理。新建公路、水运及站场建设项目，严格执行环境保护“三同时”和建设项目水土保持方案编制制度，将节能环保要求作为项目立项、初步设计、施工及验收中的重要环节，在满足行业标准、规范的前提下，尽量减少对环境的破坏和影响，同时就项目建设对环境可能造成的影响进行分析、预测和评估，提出预防或减轻不良环境影响的对策和措施。从源头上严格把关，确保交通基础设施施工期的污水、废水等污染物达标排放，噪声防治得到全面加强。

2.加强已建基础设施生态保护

针对早期建设运营的国省道、航道，在改扩建时注重生态修复。对穿越重要环境敏感区的已建高速公路和重要通道，开展生态修复试点，加强生态景观修复、植被保护和恢复、表土收集和利用、取弃土场和便道等临时用地生态恢复，推进绿色美化工程建设。

3.大力推进绿色公路示范建设

新开工高速公路建设均按照工程特征、项目定位，精心设计，突出节能环保理念，实现项目全寿命周期范围内“三低三高”（低能耗、低排放、低污染、高效能、高效率、高效益），通过制度创新、管理创新、技术创新，把绿色公路新理念、新技术、新工艺、新方法贯穿到项目规划、设计、施工、运营、维护等寿命周期全过程，突出特色，因地制宜。2016年开工建设的乐业至百色高速公路按交通运输部绿色公路定位标准，在集约节约、生态环保、污染治理、品质工程、旅游提升等5大方面，资源保护与集约节约利用、弃渣石及其他废物循环利用等15个分项，采取52项具体措施开展绿色公路建设，打造成具有“节能减排、资源节约、生态友好、景观优美、安全耐久、高效智慧、服务多元、协调发展”内涵与特点的现代化绿色低碳高速公路，树立广西乃至全国的绿色公路标杆。

（四）资源节约循环利用

1.大力推进土地和港口岸线资源集约节约利用

优化公路工程设计，尽量利用旧路、荒地，少占林地、耕地，特别是高产农田，避免大填大挖，减少对自然地貌的破坏。严格岸线审批利用。截至2016年底，广西北部湾港建成港口岸线35.4公里。每个港口均编制了总体规划，规划方案经过物理模型试验验证、优化，并进行了相应的规划环评，履行审查手续。广西沿海港口项目建设严格按规划实施，岸线使用履行报批手续，深水岸线由交通运输部审批，非深水岸线由自治区交通运输厅审批。

2.加强路面材料节约与循环利用

加强资源节约循环利用。应用旧材料再生循环利用技术，通过利用旧水泥混凝土路面多锤头破碎技术、沥青路面面层及基层材料再生利用技术，就地利用原有路面，以节省材料、减少废弃物的污染。

3.开展绿色公路资源节约循环利用综合示范

柳州至南宁高速公路改扩建工程是交通运输部绿色公路示范工程，其最大和最突出的亮点是资源节约循环利用。其中，耕土层剥离与土地复垦利用是国土资源部示范项目，也是全国高速公路第一个示范项目，2016年剥离沿线的耕地、园地、林地等表层土壤资源，剥离耕作层土壤125万立方米，设置耕作层剥离土壤临时存储点49个，全线边坡利用表土绿化面积约45万平方米，已改良、开发、复垦耕地共计53万余平方米，综合经济效益超过3000万元，并创新提出了“两剥离五利用”的耕作层土壤剥离利用模式，综合效益突出。公路施工废旧材料再利用方面，午废旧水泥混凝土再生利用约26万立方米，减少开山取石约19.8万立方米，减少填埋约5.3万立方米。

（五）绿色交通能力建设

1.完善绿色交通制度体系

建立健全绿色交通制度体系，形成绿色交通发展的长效机制。强化顶层设计，理顺管理机制，充分发挥绿色交通的引领作用。完善跨部门的协同推进机制，加强自治区级层面的统筹协调，提升行业对绿色交通的监管能力。加快完善绿色交通的地方标准体系，强化标准对绿色交通的支撑能力和源头治理。完善公路与港口码头工程节能设计、绿色施工和绿色运营的技术规范或指南，强化标准规范对工程建设的保障和支撑能力。完善交通运输行业节能减排统计、考核办法，加强对重点用能企业的考核和监督，探索节能环保市场机制。积极培育交通运输节能环保技术服务市场，将节能环保技术转换为产品、技术目录推向市场，大力推广合同能源管理，探索包含交通运输企业及社会公众交通活动的碳排放和污染物交易体系，积极引导和鼓励交通运输企业参加温室气体自愿减排交易。

2.加强绿色交通科技创新能力

大力加强绿色交通科技创新，重点支持绿色交通新技术的研发。完成《西部港口物流枢纽建设与运营技术开发与示范》和《黄金水道通过能力提升关键技术》等交通运输部重大专项的研究和技术成果推广，其成果经鉴定达到国际先进水平，在港口物流枢纽规划、集装箱码头和散货码头物流作业优化、黄金水道通过能力提升、港口安全发展绿色发展等方面为行业转型升级提供技术支撑。完成了全国高速公路ETC联网建设和12328交通运输服务电话系统省部联网运行。

十一、重　　庆

(一)节能降碳

1.注重发挥水运绿色低碳的比较优势港区试点示范

2016年全社会完成客运量6.3亿人次、旅客周转量804.8亿人公里,完成货运量10.8亿吨、货物周转量2964.7亿吨公里,水路集装箱吞吐量突破100万标箱。其中,水路货物周转量占全社会总量的63.2%,在全市综合运输体系中稳居第一位。

2.开展绿色港区试点示范

一是重庆港果园港区低碳示范。截至2016年,港区投入各类大型电动港机设52台,安装3套船舶岸电接入装置,新建238盏发光二极管照明灯,新建铁路专用线项目,总投资11750万元。

二是新田作业区神华码头低碳示范。万州新田港是重庆市规划的九大港口物流枢纽之一,也是三峡库区腹心地带的集装箱集散中心。截至2016年,港区新建24台大型港机设备,新建3套船舶岸电接入装置,总投资590万元。

3.加强清洁能源装备推广应用

一是压缩天然气(CNG)公交车推广应用。重庆公交集团累计报废更新1950辆老旧公交车,更新为大容量CNG公交车,总投资67918.46万元,年替代燃料量40021.9吨油当量。主城区CNG公交车占比达99.3%,基本实现能源清洁化。目前,CNG公交车已逐步推广至全市38个区县,全市CNG公交车总数达9400余辆,占比达72.5%。

二是CNG出租车推广应用。按重庆市政府实施“清洁汽车行动”的精神和要求,着力推进出租车能源清洁化进程。截至2016年,主城区CNG出租车占比已达到100%。CNG出租车已逐步推广至全市38个区县,全市CNG出租汽车达23749辆,占比达到97%。

三是LNG营运车船推广应用。累计投入的LNG班线客车为176辆,年替代燃料量为3305.4吨标准油。全市首艘LNG动力船“长讯3号”轮、国内首艘全电力推进游轮“世纪神话”等节能环保型船舶成功投入使用。截至目前,共有LNG车辆510辆,单燃料LNG动力示范船2艘。

4.实施三峡游轮节能综合改造

对长江黄金1、2、3、4、5、6、7、8号等8艘船舶进行齿轮箱结构调整、推进系统改型、水源热泵安装、余热利用改造、通风系统节能改造,总投资为1403.8万元,年节能量为3235.03吨标准煤。

5.开展低碳机动车驾驶培训示范

重庆市道路运输管理局组织奉节宝塔、云阳明兴、重庆金都、重庆天鹅等25所驾校分批新增购置305台模拟驾驶器,所购置模拟驾驶器运行效果良好,与机动车驾驶培训相比,模拟驾驶器节能减排效益明显,项目节能减排投资为293.48万元,年替代燃料量351.8吨标准油。在试点基础上,机动车驾驶模拟器全面推广至全市48家驾培机构,累计投入了561台模拟驾驶器。

6.大力推进智能交通与信息化建设

一是智能公交工程。建设主城公交数据中心，建成主城公交监控调度与指挥平台，开发建设覆盖全市主城区的移动电子站牌系统及手机 App，项目投资为 4261.28 万元。

二是重庆交通综合信息发布平台。以手机客户端发布方式为主，建设完成公众出行交通综合信息服务数据处理平台，项目投资 152.0 万元。

7.开展混合动力汽车运行示范

按照《重庆市节能与新能源汽车示范运行实施方案》的要求，积极配合市科委全力推进混合动力汽车运行示范。截至目前，已组织完成首批 25 辆长安志翔（三箱）气电弱混出租车和 1545 辆新能源公交车（其中 1404 台恒通气电混合动力公交车、41 辆纯电动公交车、100 辆油电混合出租车）投入示范运营。

（二）污染防治

1.加大船舶等流动源污染防治力度，完善船舶废弃物收运系统建设

一是领导重视，现场督导。多次现场督查朝天门港区涉外游船和嘉陵江流域散货船环保工作，重点检查了船舶垃圾收集转运、油污水接收处理和生活污水装置运行等工作情况，针对个别船舶污染治理机制不完善的问题提出了具体要求，并督促各执法部门强化执法监管，切实保护水域环境。

二是强化执法监管。交通运输部门进一步加大了船舶防污染的工作力度，督促船检部门严把船舶检验关，确保船舶在建造和营运阶段严格按照船舶建造规范要求配备相应的防污染设施设备，不满足规范要求的一律不予检验发证；督促海事部门严把执法监督关，加大船舶污染物接收环节的接收管理，严查船舶防污设施的安全缺陷，严厉打击各类船舶污染物偷排行为，有效遏制了船舶营运过程中对水体的污染。海事部门共开展船舶防污染登轮检查 4893 艘次，纠正污染缺陷 827 项，对 16 艘次存在较严重防污染缺陷的船舶实施禁止离港措施；查处违反防治船舶污染水域管理规定的违法行为 185 件。

三是深入推进船舶废弃物接收处置工程。船舶固体垃圾由专业的水上污染物接收单位现场收集船舶垃圾，由岸边等候的垃圾处理车转运至垃圾处理厂集中处理；废油残油由各船设置的专门用于储存收集船舶残油废油的污油舱（柜），收集船舶在生产作业环节产生的含油污水，由船舶污染物接收单位派船统一接收后上岸处置；生活污水则是达标排放或打包上岸。为建立饮用水源保护区水污染防治工作长效机制，由市政部门牵头，财政、环保、交通、海事、港航等部门大力配合，启动了船舶废弃物接收处置工作。市环卫集团按照市政府部署，从“主城区饮用水源船舶废弃物接收处置工程”争取资金 1267 万元，新造生活污水收集船舶 2 艘和趸船 1 艘已经到位，组建了 40 人的接收作业专业队伍。目前已有 2 艘生活污水接收船，3 艘清漂船，4 艘机动保洁船，1 艘趸船，船舶停靠用码头 1 个，主城区船舶废弃物接收处置工作取得初步成效。

2.认真落实各项防尘措施，切实控制扬尘污染

主抓了总长约为 227 公里的外环以内高速公路和主城市直管普通公路的路容路貌及扬尘污染控制工作。

一是科学制定保洁标准，制定下发了《重庆市高速公路路面及附属设施日常保洁养护技术

标准》。

二是督促业主加大养护维护资金投入，加强保洁工作。高速公路路面清扫频率调整为每日一次，超车道水车冲洗每两日一次，防撞护栏每周清洗一次，对变形、锈蚀、影响美观的护栏、标志进行了更换或翻新，对中分带、边沟、边坡垃圾进行清理，此外还安排了中央分隔带苗木补栽、标线重画、轮廓标重贴等项目。

三是加强工作监督检查力度。指导运营单位成立了路容路貌巡查小组，加强自检力度；同时成立了督查工作组，不定时开展督查工作。

四是全力参加并配合市“蓝天行动”督查组开展联合执法检查工作，全力确保蓝天目标的完成。

（三）生态环境保护

1.加快营运黄标车淘汰工作

按照《重庆市人民政府办公厅关于下达2015年全市黄标车淘汰工作任务的通知》（渝府办发〔2015〕105号）要求，一是积极与公安对接，从公安交警的车辆管理数据库中，将2015年要退出的6415辆在营黄标车进行逐一比对；二是召开全市交通运输管理部门工作布置会，将目标任务分解到各区县，并将任务完成纳入对区县运管部门的考核；三是对2005年底前注册运营的黄标车，不予核发道路运输经营许可证，不予办理道路运输年度审验手续，已经办理的按规定予以注销；四是开展全市道路运输营运证发放清理行动和联合执法，做好黄标车的“营改非”工作。2005年底前注册的在营黄标车共有6415辆，截至2016年底，全市运管部门已对5244辆在营黄标车的营运证予以了注销或不予年审，完成全年目标的81.7%，达到了市政府要求的工作进度。

同时，高速公路执法总队积极与市交巡警总队内环快速支队以及其他相关部门密切配合，定期召开工作协调会，并在各条高速公路进城方向即将进入主城的绕城高速公路立交前设立主城区黄标车和货车限行的标志，提示驾驶人员提前择道行驶，极大地配合了重庆市交巡警总队实施的重点区域黄标车限行工作。

2.加强危险化学品运输安全监管

一是加强安全监管。重庆市交通委员会按照职责分工，督促区县交通主管部门、行业管理机构落实行业监管责任，落实危化品运输企业安全生产主体责任，加强对危化品运输安全监管，提升事故防控能力，切实降低安全风险。

二是突出重点任务落实。强化交通运输部《道路危险货物运输管理规定》的宣传贯彻，全面落实危化品运输企业车辆数量、从业人员、停车场地等相关资质要求。进一步推进《危险货物道路运输企业安全生产管理制度编制要求》《危险货物道路运输企业安全生产责任制编制要求》《危险货物道路运输企业安全生产档案管理技术要求》等四个行业标准贯彻实施。

三是认真开展危化品运输专项行动。开展危险货物运输企业标准化建设回头看活动，全市187家公路水路危化品运输企业全部开展达标考评。开展危险货物运输车辆金属罐体加装紧急切断装置工作，全市1295台危化品运输罐体车辆全部加装紧急切断装置。启动危险货物运输电子运单试点工作。开展危化品运输企业专项检查，督促危化品运输企业切实开展安全培训，强化GPS监管，落实车辆异地备案制度。

四是强化应急处置。推进编制《危险货物道路运输企业运输事故应急预案编制要求》和《水上危险货物运输事故应急预案》，各级交通运输主管部门、港航管理机构加强应急演练，提升了行业应急处置能力。

3.建设以高速公路、国省道为主体的绿廊系统

随着重庆高速公路"三环十射多联线"的高速公路路网陆续建成，目前通车里程已达2236公里，重庆市交通委员会以建设近自然"森林生态型景观廊道"为目标，以"一廊、两线、五段、八点"为总体布局，在建设期间投入数十亿资金用于绿色长廊建设，绿化里程达2066公里，绿化面积近5000万平方米，种植各类乔灌木数千万株。在高速公路运营期间，各高速公路公司因地制宜改善环境，在做好日常绿化维护工作的基础上，投入约1.55亿资金进行专项整治，种植苗木百万余株，全力打造生态长廊，将沿线互通立交、中央分隔带、填方路肩、石质挖方边坡、土质挖方边坡、取弃土场等均进行了全面绿化。

(四)资源节约循环利用

2016年，在忠县、酉阳区实施沥青路面冷再生、废旧胶粉改性沥青等示范工程200多公里。通过示范的带动，在全市1000多公里普通公路建设中使用了路面材料再生利用技术。

十二、四　　川

(一)节能降碳

1.提高交通运输用能效率

一是优先发展公共交通。城市公交已覆盖全省89%的县(市、区)，成都公共交通日均最高载客量476万人次，出行分担率达45%，成都、乐山、绵阳、泸州、内江等城市已加入全国交通一卡通联网范围。

二是提升客运生产效率。加强道路客运运力调控，对于实载率低于70%的客运班线一律不新增运力，对与现有班线重复里程在70%以上的二类以上客运班线，严格控制新增班线和运力。组织引导成立全省接驳运输联盟，在297条长途客运线路、1149辆客运班车上试点推进接驳运输。加速推进道路客运联网售票系统建设，全省219个符合条件的三级以上客运站实现联网售票，开通联网售票App和微信购票平台，全年联网售票系统出票突破900万张，日最高售票量达到10万张。2016年全省客运车辆年均周转量达到121.13万人公里/辆，较2013年提高7.8%。

三是发展先进货运组织模式。第一，大力开展公路多式联运、甩挂运输、无车承运人和城市共同配送等高效运输组织模式的试点工作。开展无车承运人13家企业试点，引导9家甩挂运输企业组建甩挂运输联盟，构建全省甩挂运输网络。第二，深化水运结构调整，发展水运多式联运、集装箱等节能运输方式，大力推进节能减排工作。截至目前，全省省际水运企业79家，万吨以上的水运企业有29家，省际船舶427艘。积极推进港口多式联运示范工程建设，成都、泸州成功申报国家多式联运示范工程，示范工作推进顺利。积极发展铁水联运，全省铁水联运港口集装箱吞吐量达3万标箱。

全省已开通泸州、宜宾至武汉、上会等地的集装箱班轮航线8条,每周发班30余班。集装箱吞吐量从2013年的20万标箱增长到2016年底的80万标箱,增长300%。

四是发展高速公路不停车收费。全省累计开通ETC专用车道1203条,人工/ETC混合车道268条,ETC客服网点2107个,ETC用户突破260万。

2.优化交通运输用能结构

一是淘汰落后交通运输设备。第一,配合推进营运"黄标车"淘汰。组织各地梳理核对营运黄标车数量,编制营运黄标车淘汰计划21976辆。第二,推进船舶标准化。结合长江干线船型标准化和公益性渡船标准化工作,积极推进营运船舶节能降碳工作,调整优化船舶运力结构,拆解淘汰高能耗、高排放的老旧和小吨位运输船舶以及农村老旧客(渡)运船舶,提升过闸船舶标准化率。全省共有老旧运输船舶3010艘,纳入长江水系内河船型标准化工作拆解、改造的船舶共335艘。

二是发展新能源和清洁能源车辆、船舶。第一,逐步提高每年新增及更新的营运车辆中新能源和清洁能源车辆的比例。全省已发展天然气营运汽车6.7万辆,电动新能源公交车2154辆,电动出租汽车250辆,每年可节约和替代成品油约2.8亿升,减少排放二氧化碳61.6万吨。2016年,全省农村客运车辆使用清洁能源和新能源的营运里程达到55448万公里,占总营运里程164743万公里的34%。第二,推广应用节能示范船,开展LNG船舶应用试点。四川省第一艘LNG燃料动力船舶在南充建成投运。

三是推进清洁能源配套设施建设与改造。第一,推动服务区充电站和加气站建设。逐步完成《四川省高速公路服务区液化天然气汽车加气站布局方案(2015—2018年)》中的相关目标。2016年邻垫高速、成南高速等公路沿线的5对服务区已建设了充电站,成德南、成自泸、绵遂绵阳段、成名等高速公路沿线8对服务区已建设LNG/CNG加气站,为节能汽车城际出行提供了有利条件。第二,推进港口码头节能设计和改造,大力推动靠港船舶使用岸电。目前,泸州、宜宾正积极申报船舶岸电设施建设项目。

3.推广应用节能降碳技术

一是推广隧道照明节能。在高速公路与普通公路中均开展了公路隧道节能照明应用研究,编制了《四川省公路隧道节能照明设计指南》。现阶段节能照明研究成果已在四川省多个公路隧道建设中得到推广应用,在实际应用中与高压钠灯照明相比节电40%以上。

二是推广隧道通风节能。先后在大相岭泥巴山深埋特长隧道、巴朗山单洞对向行车超特长隧道、六盘山特长公路隧道开展了通风节能技术研究,获得了特长隧道利用自然风的计算方法、通风节能控制模式及实现技术,并逐步在四川省内多座特长隧道中进行推广应用,节能效果明显。

4.组织开展节能低碳专项行动与试点示范

一是组织辖区内多家企业参加"车、船、路、港"千家企业低碳交通运输专项行动、水路交通运输节能减排科技专项行动和"万家企业"节能低碳行动,落实参与企业节能减排目标责任制,加强参与企业能源消耗和二氧化碳排放信息报送、分析工作,引导参与企业加大节能减排技术改造力度,加快淘汰落后用能设备和生产工艺,切实发挥专项行动的示范作用。

二是在四川全省开展港口能效管理试点示范工作,做好"低碳港口"创建活动,推动港口节能减排新设备、新技术、新工艺在装卸、过驳、储存和运输等港口生产环节的应用。

（二）污染防治

1.强化公路运输污染防治

一是开展专项整治，防治公路运输环境污染。第一，在高速公路加强扬尘和噪声污染防治工作。全力督导各运营公司落实养护施工扬尘污染防治各项措施，加强施工现场监督检查，重点加强收费站入口渣土车辆管控，从源头控制车辆遗撒问题；积极会同地方政府，进一步加强高速公路建筑控制区管理，避免违规规划和建设居民住宅。第二，在普通公路开展抛洒滴漏专项整治行动。广泛宣传公路管理相关法律法规以及抛洒滴漏污染公路、乱堆乱放等影响公路安全畅通行为的社会危害性，切实加强对运输沙石、石灰、矿渣、煤灰等容易抛洒物品车辆的管理，加强对公路沿线车辆清洗、维修点、加水点的管理，规范经营行为，结合公路路政巡查执法工作，及时查处导致路面污染的路政案件，在固定超限站落实除尘降噪等措施，尽量减少污染。第三，在普通公路开展路域环境综合治理工作。指导全省各级公路管理部门以“深入开展城乡环境综合治理，持续提高发展环境和人居环境质量”为目标，以“坚持依法治理、持续治理和常态管理”为手段，结合全省持续推进的“五乱”治理和“风貌塑造”以及“弘扬文明卫生新风尚”等活动，全面加强公路沿线环境治理，尤其是对重要旅游线路、国省干线收费站等进行了重点整治。

二是加强汽车维修企业污染防控。制定实施《四川省汽车维修业污染防治工作方案》《关于进一步加强汽车维修企业污染防治相关工作的通知》《关于做好汽车维修行业危险废物处置工作的通知》《四川省汽车维修企业质量信誉考核办法实施细则》，将企业环境污染防治纳入年度质量信誉考评，要求维修企业必须向当地环保部门申报危险废物，按规定贮存，并交由有资质的企业回收处理。鼓励引导维修企业升级改造绿色汽修设施设备，应用先进技术和工艺。

三是加强危险货物运输环境污染防控。第一，加快制定应急预案，加强污染事故应急能力建设。针对危化品在普通公路运输过程中可能发生的危化品泄漏污染事件，加快推进《普通公路危化品车辆事故专项应急预案》的制定，加强普通公路管理机构对环境突发事件的应对能力。第二，深入推进普通公路治超工作。加强路政法律、法规宣传，让环境保护意识和爱路护路意识深入人心，争取广大群众的理解和支持，从而自觉遵守法律法规，主动纠正违法行为，强化执法督导检查考核，继续巩固公路“三乱”治理成果，及时办理公路路政管理的投诉举报案件，尤其是因超限超载影响环保的案件。第三，严格行业准入，对达不到开业条件的企业进行清退。目前，已累计清退危险货物运输经营者 21 户。全面开展危险货物运输罐体车辆紧急切断装置和轻质燃油运输车辆油气回收装置加装情况的清理排查，督促 3980 辆罐体车辆安装紧急切断装置、4300 辆轻质燃油运输车安装油气回收装置，保障危险货物运输运行安全，保护生态环境。第四，加强危险货物运输车辆动态监管，全面督促道路危险货物运输企业按规定建设车辆动态监控平台，接入重点营运车辆联网联控系统，加大对企业卫星定位系统平台使用情况和道路危险货物运输车辆运行状况的监督检查，并落实定期通报制度，通报违规企业和车辆。

2.强化船舶与港口污染防治

一是加强船舶检验与管理。第一，严格开展船舶检验。加强船舶防污染设备检验，全面推进主机功率 22 千瓦以上船舶加装油水分离器，减少油污对河流水体的污染。2016 年，全省机动船舶按要求应配备油水分离器的3162艘船舶中，已配备分离器的有2712艘。第二，严格船舶拆解现场监督。目前，已严格规范船舶拆解行为，全省船舶拆解现场监管覆盖率100%，没有发生一起冲滩拆解行为。第三，加强危化品船舶管理。严禁内河单壳化学品船舶和600载重吨以上的单壳油船进入岷江、嘉陵江。目前，全省已无单壳化学品船舶和600载重吨以上的单壳油船。同时，从严审核船舶生产企业，规范船厂防污染工作。第四，加强监管船舶污染物排放，加大船舶违法排污处罚力度。在全省各级海事机构安装视频监控设备，实现了日均300人次以上的渡口和载客30人以上客渡船全覆盖，结合海事机构实行网格化巡航检查，基本实现了重点水域、重点船舶污染的监测监控，并对违法船舶依法进行处罚。

二是港口码头污染防治。在港口码头配备生产污水处置设备或收集处置，严禁直接排放污水。同时，通过采用接入市政污水处理系统、回收收集、封闭卫生间等措施，加强港口码头生活污水防控。通过对港口生活垃圾实施分类收集、集中处理，加强固体污染物防治。同时，开展港口码头扬尘及噪声专项整治活动，通过道路硬化、设置防尘设施和覆盖网、配备防降抑尘设备，有效防止作业过程中的扬尘和撒漏。加强港口码头运输车辆监管，对易扬尘货物车辆实施必要的密闭处理，监督货运码头合力调度作业时间，严格噪声管理，严控港口码头噪声扰民。

（三）生态环境保护

1.加强公路基础设施建设生态保护与修复

一是做好环境保护措施。在建设阶段，根据四川省公路建设领域的实际情况与环保法律法规的相关要求，在公路建设的工可、设计、施工和验收等四个阶段，提出了具体的环保工作要求，明确水泥、石灰、砂石等建筑材料应入库密闭，原则上禁止路拌混凝土、禁止使用黄标车等切实有效的管理方法，强调取、弃土场防护、排水沟、绿化等环境保护措施的“同步设计、同步实施、同步投入使用”原则。

二是持续加强公路绿化工作，公路绿化水平逐年稳步提升。全省普通公路累计完成公路绿化里程3.6万公里，累计投入绿化资金19亿元。截至2016年底，全省国、省干线公路绿化率超过95%，基本实现“应绿尽绿”。

三是开展创建“绿化典型示范路”。各地创造了一批公路绿化典型示范路，宜宾市形成了“三季有花、四季常绿”的全域生态示范路，彭州市结合乡村旅游打造了公路宜行环线，南部县按照适地适树打造了公路生态走廊，平昌县打造了公路森林走廊。

2.加强水路基础设施建设生态保护与修复

一是科学谋划，规划阶段践行绿色发展理念。在全省航运发展规划和港口总体规划中，坚持可持续发展原则，注重生态、环境保护，在规划方案确定、港口岸线选址等方面考虑生态环保影响因素。在“十三五”内河水运发展专项规划中，切实践行绿色发展理念，以“平安绿色、协调发展”为基本原则之一，把低碳环保、资源节约落实到各个环节，将践行绿色环保、船舶与港口污染防治工作作为“十三五”期提升水路运输服务能力的主要工作任务之一。

二是加强研究，项目前期阶段认真开展环评相关专题工作。重点建设项目前期工作中，严格督促项目业主执行《中华人民共和国环境影响评价法》要求，做好环境影响评价审批。项目初步设计阶段，严格把关水运工程环保投资，确保环境保护设施设计达到标准，项目环保内容同步设计、同步实施、同步验收。

三是严格管理，项目建设阶段确保环保措施落实到位。实施重点水运建设项目标准化管理，全面提升重点水运工程建设管理水平，使重点水运项目现场施工更加文明，施工管理更加规范，生态环境得到有效保护。严格按照港口和航道工程竣工验收管理办法，加强对项目环保验收的监督。

（四）资源节约循环利用

1.强化土地资源集约利用

在公路建设土地利用方面，从路线方案选择入手，尽量不占或少占耕地、林地，在具体设计方案的路基、桥梁、隧道以及弃渣场的选择上，尽量减少优质土地资源的占用。在临近城市区域和用地紧张的情况下，充分考虑与其他规划共享廊道空间，如在成都天府国际机场高速公路规划过程中，主线与支线合理运用道路空间，均采用了高架形式，预留了下层城市道路空间。既满足了规划需求，又达到共用走廊、集约利用土地的目的。

2.合理利用资源与建筑材料

标准化施工减少资源浪费。以标准化施工和品质工程建设为载体，在新开工建设的高速公路项目上深入推进工地标准化、工艺标准化和管理标准化，鼓励工程构件生产工厂化与现场施工装配化，注重工程质量、耐久性的提高，提升品质，降低成本，提高生产效率，通过减少资源的浪费，实现资源节约。

3.强化资源再生与循环利用

一是加强公路路面再生利用。大力推广水泥及沥青路面再生利用技术，2016 年对多个公路路面废弃材料进行了全部或部分利用。路面再生利用的实施，改变了四川省路面养护的传统模式，减少了废方丢弃和环境污染，使路面养护走上“资源节约型、环境友好型”可持续发展道路。

二是加强废胎和矿渣再生利用。清江东路路面整治工程在水泥混凝土上加铺沥青路面。矿渣再生利用的研究成果已应用于丽攀高速公路、攀枝花机场和城市道路的建设中，不仅实现了工业废料的资源化利用，而且解决了山区桥梁混凝土砂石集料来源少的难题，减少了掏挖河床或开挖山体造成的环境破坏，促进了炼钢行业的持续发展，环保效益显著。

三是推广水资源回收利用。目前，正在设计中的金堂服务区，将对污水进行回收利用，不但减少污水排放，每年还能节约生活用水 1.5 万吨。

（五）绿色交通能力建设

1.加强总体指导

根据国家和四川省颁布的相关规划与文件，研究制定了《四川省公路水路交通运输“十三五”发展规划》《四川省交通运输节能减排“十三五”发展规划》，启动了《加快推进四川省绿色交通运输发展的指导意见》《绿色公路规划设计技术指南》《绿色公路建设施工技术指南》《绿色公路营运管理技术指南》等的编制计划，积极落实推进行业绿色低碳发展，推动生态文明建设。

2.加强组织领导

加强组织领导和统筹协调。高度重视节能减排组织机构建设，明确专门的机构、人员和经费，确保责任到位、措施到位、投入到位。建立健全部门综合协调机制,加强协同合作,共同推进规划实施。编制并落实节能减排行动计划、实施方案和年度工作计划,细化目标,分解任务,确定具体实施的重点工程项目,推动节能减排工作不断取得实效。

3.加强队伍建设

积极支持节能减排重点方向人才的科研与技术能力培养,支持相关科研院所提升交通运输节能减排科研条件。加大重点高校引进优秀人才的力度,支持优秀人才参与科技研发项目,进一步提高优秀人才在节能科研与技术上的能力。以重大科研课题为依托,以全省交通运输行业重点科研机构为基地,推进科研人才培养。

4.加强行业监管

推进完善节能减排工作监督考核机制,探索将节能减排纳入部门年度绩效考核体系。建立定期培训制度,提升节能减排管理水平。加大节能减排资金投入,积极利用市场机制,拓宽融资渠道,逐步形成以政府资金为引导、企业资金为主体的良性投入机制。探索碳排放交易、合同能源管理等市场机制在交通运输领域的应用。

5.加强宣传引导

加大节能减排理念和先进经验宣贯力度,提升企业和行业从业人员的节能环保意识。紧密结合四川省交通运输发展实际,以"车、船、路、港"千家企业低碳交通运输专项行动的参与企业、低碳交通运输体系试点、全国节能减排财政政策综合示范城市、国家低碳城市试点和全国综合运输服务示范城市建设实施单位为重点,利用多种媒体通过多种形式宣传四川交通节能减排理念,推广节能减排技术和产品,引导行业企业广泛参与,社会公众绿色低碳出行。

十三、贵　　州

(一)节能降碳

1.开展绿色交通区域性主题性示范项目,节能降碳带动作用明显

开展了贵阳市、遵义市 2 个绿色交通城市区域性示范项目和道真至瓮安、盘县至兴义 2 条绿色低碳高速公路建设项目,获交通运输部节能减排奖补资金 7553 万元,带动节能减排项目投资 57.28 亿元,实现节能量 68299 吨标准煤,替代燃料 198538.9 吨标准油。采取施工期集中供电、施工期材料循环利用、耐久性路面的应用、施工机械的油改汽、节能照明的推广等措施,提高公路在施工和营运期间的能源利用效率,降低有害气体的排放。贵阳市绿色交通城市区域性示范项目已于 2016 年通过交通运输部验收。盘县至兴义正筹建绿色高速公路主题性展馆,促进全省高速公路的建设和营运向低碳、绿色、循环方向发展,树立绿色低碳的发展理念。

2.加快节能降碳交通运输装备应用,改善能源消耗结构

一是严格实行营运车辆燃料消耗量准入制度,推进清洁能源和新能源车辆在城市公共交通领域的应用,鼓励企业更新或新增公交车应用清洁能源或新能源公交车。截至 2017 年 6 月,全省在用公交车 8846 辆,其中天然气公交车 4390 辆,占在用公交车比重 49.63%;新能源公交车 2506 辆,占在用

公交车的比重 28.33%。引导和鼓励航运领域使用清洁能源船舶。

二是继续推进 LNG 燃料动力船舶试点建设，建成 2 艘 500 吨级 LNG 双燃料动力船。核准船型标准化生活污水防治改造 5 艘、拆解老旧船舶 8 搜，逐步淘汰高能耗的老旧船舶，使用标准化船舶，加强内河航运领域节能降碳工作。

3.加强节能减排科技研发与推广，促进交通节能降碳技术提升

一是探索交通运输领域碳排放核查及评价研究，开展了“贵州省交通运输业碳排放核查及量化清单的研究”“贵州省高速公路营运期碳排放评价系统研究”和“贵州省内河航运船舶能耗统计制度研究”。

二是进行节能减排政策体系研究，开展了“贵州省普通国省干线公路改造节能减排对策研究”和“绿色公路节能减排技术应用与效益核算研究”等。

三是对节能减排材料和技术开展攻关，开展了“基于云平台监控的公路隧道光伏智能照明技术研究”“高掺量废旧改性沥青的应用研究”“开磷石膏半刚性基层应用关键技术研究”等项目研究。

四是在全省新建高速公路隧道全部推广使用 LED 灯，已建高速公路隧道逐步用 LED 灯代替高压钠灯，高速公路隧道总体使用 70% 以上。

五是通过施工期集中供电、施工期材料循环利用、耐久性路面的应用、施工机械的油改汽、节能照明的推广等，提高公路在施工和营运期间的能源利用效率，减少有害气体的排放，促进全省高速公路的建设和营运向低碳、绿色、循环方向发展。

六是北盘江特大桥建设时率先在贵州地区使用了 500 兆帕级的高强度钢筋，钢筋直接成本节约了 10% 左右，简化了钢筋现场绑扎，方便了施工，起到了节能、降耗、减排的作用。

（二）污染防治

1.稳步推进交通运输装备运营过程中的大气污染防治

推进船型标准化、淘汰老旧船舶、调整船舶运力结构等措施，降低能耗的同时有效减少了尾气排放。会同有关单位积极推进营运车辆的黄标车淘汰工作。截至 2017 年 6 月，已完成淘汰 2006 年和 2007 年前注册登记并办理道路运输证的营运黄标车 26565 辆（注销道路运输证），淘汰数量占总保有量的百分比为 93.6%。

2.严格控制交通基础设施建设及运营期污水排放

开展高速公路服务区污水处理“零排放”试点工程。对服务区现有污水处理设施进行升级改造，解决现有服务区污水处理难题。实施服务区污水“零排放”试点工程，积极响应绿色公路的建设政策和交通行业水污染防治要求的同时，加强了水资源的综合循环利用。为改变高速公路服务区运营污水排放达标、污水回用探索了新路子，起到了良好绿色示范效应。

3.继续强化公路建设及运营期噪声污染防治

在公路方案选线阶段，尽可能避让或远离居民集中区、学校和医院等噪声敏感点，合理确定公路路线。在施工阶段，通过采用低噪声机械、限制施工时间等措施，有效控制了噪声影响。并通过建设绿化隔离带、设置声屏障等措施，大大降低车辆噪声对两侧声环境敏感点的影响。

（三）生态环境保护

1.坚持规划引领、落小落细

编制出台了《贵州省“十三五”交通节能环保发展规划》，成立了“省交通运输厅节能减排工作领导小组”，各级交通运输主管部门、基础设施建设和养护单位、客货运输企业深入开展交通运输节能环保工作，加大生态环境保护力度，推动行业节能环保工作全面发展。

2.坚持生态优先、转变观念

一是树立前期控制常态化理念。出台了交通工程勘察设计工作指导意见，突出工程设计把关，尽量避让饮用水源、风景名胜区、自然保护区、文物古迹和矿产资源等区域，尽可能少占良田好土。

二是树立建设施工精细化理念。颁布了《贵州省交通建设工程质量安全监督条例》，出台了《贵州省高速公路施工标准化管理实施意见》和《贵州省高速公路施工标准化达标标准》，突出以管理精细化推进“施工标准化”建设，有效减少施工对环境的影响，工程实体关键指标100%达到规范要求。

三是树立通道环境景观化理念。出台了《高速公路绿化技术指南》，大规模推进已建成高速公路通道绿化美化工作。注重农村公路“绿色安保”功能发挥，编制了《“四在农家·美丽乡村”小康路道路绿化工程技术导则》，要求农村公路绿化美化与主体工程同步实施。

（四）资源节约循环利用

1.加强路面材料循环利用

高度重视资源集约和循环利用工作，大力推广公路建设材料循环利用。发布了《关于加快推进普通国省干线公路路面材料循环利用工作方案》，将路面基层材料再生循环利用和废旧沥青面层材料循环利用作为在普通国省干线公路上重点推广应用的技术；提出了明确的技术要求和目标，并纳入年度绩效目标管理，普通国省干线公路改扩建路面材料循环利用取得了明显的成效。

2.加强施工材料节约使用

在高速公路施工过程中，大力推广使用高性能机制砂混凝土、高强钢筋和高标号水泥等先进技术。在高速公路建设过程中，广泛采用贵州特有的石灰岩生产高性能机制砂混凝土，达到了全国领先水平，工程弃渣得到有效利用的同时降低了混凝土长距离运输的车辆能耗和污染物排放。开展了高强钢筋应用技术研究，并应用在惠水至罗甸高速公路、贵阳东北绕城高速公路尖坡至小碧段改扩建工程中，钢筋量节约达8%～14%。对新建项目采用高标号水泥替代普通水泥，减少了水泥使用量。

（五）绿色交通能力建设

1.完善节能环保管理机构及职责

成立了贵州省交通运输厅节能减排领导小组，具体负责全省交通运输行业节能减排工作；省公路局、道路运输局、高速公路管理局、海事/航务管理局等相关处室和单位分别在职责范围内开展公路建设、水路建设、交通运输相关节能环保工作。行业节能环保管理工作日趋规范，部门之间的衔接更加顺畅。

2.强化顶层规划引领作用

编制出台了《贵州省"十三五"交通节能环保发展规划》。以绿水青山、永续发展为目标追求，通过制度设计、技术进步、结构调整等手段，全面推进"1+4"绿色交通发展重点任务，"1"即加快建设绿色交通省，"4"即推动绿色公路、绿色港航、绿色运输、绿色管理，全面提升行业绿色发展水平。

3.积极开展节能减排宣传教育

一是加强主题宣传，积极参加"全国节能宣传周"和"全国低碳日"等活动，在全省交通运输行业大力开展节能减排宣传活动，每年发放宣传册30000余册，增强了社会公众低碳出行和保护环境的意识。

二是在全省9个市州巡回开展"绿色出行之星"和"优质公交线路"评选活动。指导各地道路运输管理机构加强对"全国节能宣传周"和"全国低碳日"的宣传工作，倡导绿色出行和节能驾驶。

4.注重加强人才队伍建设

2016年，贵州省交通运输厅继续与相关单位合作开展专业技术培训指导，编辑出版了《"十二五"贵州交通科技成果展示目录》，评选表彰"2016年度贵州省公路学会科学技术奖"科技项目62个、"2016年度优秀工程师"20名。针对工程技术人员关心的公路建设、养护技术，组织短期培训9期，参加培训人员822人；积极组织参加交通运输部交通科技大讲堂，针对每次授课的内容，安排相关人员参加，全年共3期，参加人员94人。

十四、云　　南

(一)节能降碳

1.提升交通运输用能效率

一是优化客运组织体系。推进公路水路客运企业之间运输组织平台建设，鼓励企业建设"可控、开放、服务"的客运电子商务平台。针对出行个性化、多元化需求，推广联程售票、网络订票、电话预订等方便快捷的售票方式及信息服务。加强道路客运市场的监管，优化道路运输组织管理，提高运输集约化水平，继续实施对客车实载率低于70%的线路不投放新运力的调控政策。通过减车增班，合理调整班次密度及车型，提高运输效率。

二是加快发展现代物流。加快发展专业化运输和第三方物流，积极引导货物运输向网络化、规模化、集约化和高效化发展，优化货运组织，提高货运实载率。初步构建物流园区、物流中心和物流站点的三级交通物流基地体系。大力发展集装箱运输、甩挂运输、多式联运，优化运力结构，减少运输环节的能源消耗。加强城市物流配送体系建设，制定城市配送车辆标识，推进城市配送车辆标准化，提高城市物流配送效率。依托综合交通运输体系，完善邮政和快递服务网络，提高资源整合利用效率。

三是大力发展城市公共交通。结合各地区实际情况，鼓励引导公众采用公共交通、自行车和步行等绿色出行方式。优化城市公共交通线路和站点设置，科学组织调度，逐步提高站点覆盖率、车辆准点率和乘客换乘效率，改善公共交通通达性和便捷性，提升公交服务质量和满意度，增强公交吸引力。在有条件的平原地区，合理布局公共自行车配置站点，方便公众使用。合理规划人行道设施网络,为公众步行营造良好的出行环境。

2.优化交通运输用能结构

一是优化能源消费结构。在城市公交车、出租车和城市物流配送领域推广应用天然气、纯电动、混合动力等清洁能源与新能源车辆;在城际客运和城际货运领域推广应用天然气等清洁能源车辆;有条件的地区,在营运船舶推广应用液化天然气,在港口推广应用液化天然气和电力。推动配套加气设施和充电设施的建设;统筹能源应用与配套设施系统工程建设。

二是优化运输运力结构。严格实施运输装备、机械设备能源消耗量准入制度。积极推广高能效、低排放的交通运输装备,淘汰高能耗、高排放的老旧装备,提高装备生产效率和整体能效水平。加快传统营运客车在节能环保方面的更新速度。推动建立交通运输装备能效标识制度,鼓励购置能效等级高的交通运输装备。

3.推广应用节能降碳技术

一是完善政策依据抓好落实工作。发布了《云南省绿色交通"十三五"发展规划》和《2016 年全省交通运输行业节能减排工作要点》。

二是制定绿色交通标准规范。将本地特色的绿色交通相关技术上升为相关标准规范,并在全省推广应用。

三是强化绿色交通科技创新。加大对交通运输节能减排、环境保护和资源综合利用相关关键技术与产品研发的支持力度。重点推广替代燃料汽车、智能交通、绿色照明、路面再生、节能控制、先进材料、路面压电等先进适用技术,加快推进绿色交通技术产业化,组织开展绿色技术创新和产业化示范工程。

4.注重强化试点示范引领

一是 2016 年 6 月顺利通过交通运输部对麻昭高速公路全国首批绿色低碳主题性试点建设项目的验收工作,考核验收等级为良好。完成节能量 113935 吨标准煤,其中施工期完成节能 99777 吨标准煤,项目运营期年节能能力 14158 吨标准煤;完成减排量 382448 吨二氧化碳,其中施工期完成减排量 306295 吨二氧化碳,项目运营期年减排能力 76153 吨二氧化碳。

二是云南武易高速公路建设期节能项目被列入 2016 年度省级重点节能项目。银川至昆明高速公路昆明至磨憨联络线小勐养至磨憨段入选交通运输部绿色公路建设第一批典型示范工程项目。香丽高速公路被交通运输部列为绿色低碳公路建设试点,同时列为全国首批生态文明示范路。

三是 2015 年获得云南省节能降耗专项资金补助项目的"九顶山隧道、大箐隧道、大风坝隧道照明节能技术改造工程"进行节能专项项目验收。省公路开发投资有限责任公司完成隧道照明节能建设 20600 米/16 座(单洞),完成 ETC 车道建设 20 条。

(二)污染防治

1.强化大气污染防治

一是营运黄标车淘汰工作情况。省交通运输厅印发了《云南省交通运输厅关于贯彻国家部委推进黄标车淘汰工作有关要求的通知》(云交运管〔2015〕906 号)文件,要求各州市交通运输部门做好黄标车淘汰相关工作。

二是新能源汽车推广应用情况。省交通运输厅印发了《关于加快新能源汽车在交通运输行业推广应用的意见》(云交运管〔2015〕712号),与省财政厅、省工业和信息化委员会联合印发了《云南省新能源公交车推广应用考核实施办法(试行)》,加快推进云南省新能源汽车在公交领域的推广应用。2016年,全省城市公交车为16016辆,其中天然气燃料车辆1287辆、双燃料48辆、纯电动1409辆、混合动力1612辆,合计4356辆。昆明公交集团拥有公交车辆4485辆,天然气车辆806辆,纯电动汽车170辆,混合动力汽车1396辆。全省城市出租汽车天然气燃料车辆为67辆,双燃料2470辆,纯电动50辆。

三是深化公交优先战略。积极推动省政府出台《云南省人民政府关于城市优先发展公共交通的实施意见》(云政发〔2014〕813号)。

2.加强水污染防治

一是加强长江干线运输船舶水污染防治。目前,云南省从事长江干线运输企业有9家,共计71艘干散货船,船舶油污及生活污染物排放量均符合船舶检验有关规定,运输企业及船舶污染物排放满足现行相关政策要求。

二是在燃油方面加强内河船舶水污染防治。全省航行船舶都使用轻柴油,减轻燃油泄漏对水的污染。在船舶污水方面,全省运输船舶、交通船舶和工作船舶均持有船舶防污染证书,并按证书要求设置固体垃圾收集箱桶,船舶及船员生活产生的废水、废油及垃圾全部集中收集,上岸处理,避免对水体造成污染。

3.加强船舶与港口污染防治

一是积极治理船舶污染。针对油类污染采用安装油水分离器来分离排舷外舱底水中的油分的方法防止污染。针对生活污水污染采用安装生活污水处理设备,把粪便进行无害化处理后排出船外或把粪便抽到岸上处理。针对船舶垃圾污染,按规范的数量与容量在船上布置垃圾桶防止污染。新建船舶均按《内河船舶法定检验技术规则》的要求进行设计建造和检验,新建船舶的防污染性能合格。同时,规范报废船舶的拆解行为,禁止报废船舶冲滩拆解污染水体。

二是增强港口码头污染防治能力。对主要港口大理港、水富港的船舶污染物接收处置总体情况、船舶污染物港区接收处置设施、船舶污染物处置情况进行梳理,对各主要港口污染物接收、转运及处置能力进行综合评估。积极推进内河船型标准化工作,对使用年限达到强制报废的老旧运输船舶予以强制拆解。

(三)生态环境保护

1.加大环境保护宣传教育

通过集中培训和组织专家讲座等方式对各州市交通运输局、各建设项目指挥部全方位、多渠道深入开展环保法律法规的宣传普及活动。项目建设指挥部也定期或不定期组织环保培训,加强了行业环境保护和管理。

2.严格执行环评制度和环境保护“三同时”制度

一是认真执行规划环境影响评价。省交通运输厅启动了《云南省道网规划(2014—2030年)》修编工作,重点对高速公路进行修编,提出了“五纵五横两环一边二十联”的云南省高速公路网中长期布局规划(2016—2030 年),并委托云南省环境工程评估中心同步开展云南省高速公路网中长期布局规划(2016—2030 年)环境影响评价工作。

二是认真执行项目环境影响评价。在项目前期阶段认真指导和督促建设单位开展项目环境影响评价工作,持续开展"十三五"实施的 82 个高速公路项目的环境影响评价工作。

三是前期工作落实生态环保理念。坚持前期工作联席会议制度,联合推进土地预审、环境影响评价、水土保持等报告审批,确保工程项目依法、依规、依程序开工建设。

四是项目实施中注重环境保护。严格执行环境保护标准和环境保护政策,认真总结推广以往好的经验和做法。

3.开展美丽公路旅游发展规划编制和怒江美丽公路规划设计方案研究

一是结合行业发展方向,在全省推动实施"公路+旅游"发展规划,全面提升公路建设水平和服务能力,构建国内领先的公路旅游体系,建设国际一流水平的公路旅游线。

二是按照省委省政府的安排部署,开展怒江美丽公路规划设计方案研究。目前,怒江美丽公路规划设计方案正在组织实施。

(四)资源节约循环利用

1.实施绿色道路养护工程

推广沥青拌和站"煤改气"节能环保技术,确保每年使用 10 万立方米用气量;推广温拌沥青技术应用,积极推广沥青冷再生低碳循环技术,确保每年完成 20 万平方米就地冷再生作业量。沥青温拌再生应用示范项目实施后,生产每吨温拌再生混合料在加热环节重油消耗量减少 3.66 千克标准煤;采用旧路面材料再生利用,在原材料运输环节上,每吨原材料减少消耗 0.42 千克柴油。在 G108 国道改建项目中生产沥青再生混合料 118825 吨,使用 6.5 万立方米废弃再生料,相当于减少了 1.6 万立方米矿产资源开采量,保护约 8000 平方米自然环境免遭破坏。在 G108 国道下面层采用温拌再生技术,生产温拌再生混合料 118825 吨,节约重油 304.192 吨,节约运输柴油 27.3 吨。

2.积极推进绿色航运建设

积极推广节能型、标准化运输船舶。截至 2016 年 6 月,累计新建节能型船舶近 400 艘,改造船舶近 250 艘,在建船舶 30 艘。积极推进长江干线昭通辖区船型标准化工作,淘汰和改造从事长江干线水路运输小吨位及老旧船舶,实现船舶标准化。积极推进挂桨机船的"落舱"改造工作,目前,基本消除了挂桨机船对水体的污染及对周围环境的噪声污染。通过对内河营运船舶防污设备的配备、落舱机船舶的油水分离器和污水处理装置的安装、船舶垃圾存储容器的配备,有效防止船舶对水体的污染。在滇池、洱海等内河流域建立了船舶污染防治规章制度。

3.集约利用土地和港口岸线

一是加强土地岸线集约节约利用。公路建设项目严格项目用地审查,合理确定建设规模、技术标准;鼓励利用旧路改扩建等措施控制工程用地。优化公路建设项目方案,尽量利用荒山、荒地、废弃地,减少占用耕地和经济作物用地;重视施工临时用地和取弃土场的恢复,鼓励工程建设中采取复垦措施,节约利用土地资源。

二是加强岸线集约节约利用。港口建设项目要坚持统筹规划、远近结合、合理开发、有效保护的基本原则,保障港口岸线资源合理有序开发利用,规范行政许可和开发利用行为。对已建老港区,通过港区技术改造,提高生产能力,建设集约化、专业化、现代化港区,提高岸线资源利用效率。

4.推广应用绿色循环技术

一是在公路领域,加快公路建管养运各环节清洁能源与新能源应用,积极推广沥青冷再生和温拌沥青技术应用,推进废旧材料规模化循环再生利用,大力推行建设全过程节能环保设计与施工管理;在桥梁、隧道及沿线设施中应用LED、风光互补等节能照明、智能通风和新能源利用技术;在服务区及收费站应用节能环保技术。

二是在港口领域,加快港口领域清洁能源与新能源应用,在港区堆场推广绿色照明技术应用,推进港作机械电气化智能化技术改造;加快推广应用船舶靠港岸电技术。

三是在航道领域,探索航道领域清洁能源与新能源应用,推广应用节能航标灯、节能与新能源施工设备等技术产品;建设智能通航建筑物、船舶免停靠报港等信息化管控系统。

四是在交通枢纽领域,大力推进客运枢纽、物流园区清洁能源与新能源的利用,推广应用LED、太阳能等节能照明技术,积极推进水资源循环利用、节水器具等技术;建设客运枢纽智能信息化运输管理系统和物流公共信息平台。

(五)绿色交通能力建设

1.完善绿色交通管理体制机制

完善绿色交通管理机构和人员设置。明确各级交通运输主管部门以及重点能耗企业的节能减排和环境保护管理机构及责任人,做到组织、机构、人员三落实,逐步形成省、州(市)和企业的三级绿色交通管理体系。

2.建立绿色交通规划体系

重视规划引领作用。逐步建立省、州(市)和企业三级的绿色交通规划体系。组织编制绿色交通五年规划,逐年制定绿色交通建设年度工作方案,编制年度工作分解表,落实各项工作任务。昆明等重点城市制定绿色交通专项规划,统筹规划并有序推进辖区内行业节能减排与环境保护工作的开展。省内交通运输重点能耗企业编制节能减排与环境保护工作计划,针对绿色交通目标分解情况提出有效的落实方案。

3.加快绿色交通文化建设

抓好2016年“全国节能宣传周”和“全国低碳日”活动,认真组织全省交通运输行业积极开展“全国节能宣传周”和“全国低碳日”活动,开展了“节能领跑　绿色发展　低碳创新”倡议书签名活动。组织制定绿色交通文化建设实施意见,与省文明办等部门联合开展“文明公路运输线”创建工作,将节能减排作为高速公路服务区、收费站工作考核的一项内容。

十五、甘　　肃

(一)节能降碳

1.大力推进道路运输节能降碳

一是严格落实燃料消耗准入制度,把好车辆能耗源头关。进一步完善道路运输市场车辆更新和新增业务办理程序，按照规定的时限和条件严禁核查不合格的车辆进入道路运输市场，对客车实载率低于70%的线路不再考虑新增运力，与其他线路重复里程达70%以上的班线控制增加运力。

二是优化运输组织模式，降低单位运输能耗。在全省道路运输“十三五”规划中增加节能减排相关内容，充分利用城市交通和其他运输方式，构建综合性运输枢纽，构筑与其他运输方式有效衔接的运输站场服务体系，提高资源利用率，切实减少旅客和货物中转次数。建立和完善道路客货运输信息服务平台，加强客货运组织和运力调配，提高运输的组织化程度，提高里程利用率和实载率。深化运力结构调整，大力发展厢式运输、甩挂运输和汽车列车，引导运输经营者购买、使用节能、环保、标准化的车辆。通过全面落实营运车辆燃料消耗量准入制度，限制高耗老旧运输车辆进入道路运输市场。

三是优先发展城市公交、推动公交都市建设。兰州市被确定为交通运输部公交都市建设示范工程第二批创建城市后，逐步构建以大容量快速公交为骨架、常规公共交通为主体、支线公交网络作支撑、出租车和水上巴士等为补充的城市公共交通体系，积极践行绿色、以人为本的发展理念，实施有计划的公交车辆更新、购置。

四是推广应用新能源汽车、配合做好营运黄标车淘汰。兰州市和平凉市被纳入全国甲醇汽车试点城市，两地运输管理机构积极落实试点推广应用的各项工作。2016年，道路运输行业继续按照要求，配合做好营运黄标车淘汰工作。

2.大力推进公路建设营运服务领域节能降碳

一是在公路工程设计领域。第一，大力推行桥梁标准化设计。对同一跨径的梁板尽可能采用相同的结构设计，对不同跨径的梁板，通过优化设计，尽量统一跨径，以此统筹利用模板、场站等资源；大力推行钢结构桥梁，通过与传统结构桥梁充分比选，综合评价，择优选用。第二，积极应用节能降碳新技术。采取永临结合的用电设计方案，永久用电设施与施工阶段临时用电统筹规划，减少用电线路重复浪费。隧道内外照明全部采用LED灯具，并采用自动无级调光技术，使隧道照明用电平均降低50%，有效节约能源消耗。建筑设计采用节能材料，减少通过围护结构的室内外传热，降低供暖制冷需求，减少室内空气调节设备的负荷容量，达到节能目的。

二是在公路工程施工领域。第一，大力推行标准化施工。推行混凝土拌和、路面集料拌和、钢筋加工、梁板预制场、小型构件预制场等场站标准化、集约化、工厂化，推行梁板预制、小型构件预制装配化等一系列标准化生产管理体系。减少了场站占地规模和建筑污染，节约了大量的人、材、物，推动了工程品质的提升。第二，积极应用节能环保施工技术。隧道掘进采用水压爆破新技术，提高了炸药的能量利用率，提高了掘进工效，提高了经济效益，降低了粉尘，保护了环境。积极推广沥青混凝土拌和站重油改液化天然气（LNG）技术，积极推广温拌沥青路面施工技术，减少了能源的消耗和废气的排放。

三是在公路营运服务领域。2016年底，甘肃省高速公路电子不停车收费系统（ETC）已实现全覆盖。过往车辆在收费区不停车通过，减少了车辆的怠速和多次加减速的油耗和二氧化碳、氢化合物、氮氧化合物及二氧化硫等污染型气体的排放，同时提高了车辆通行效率。

3.大力推进水路运输节能减碳

一是调整运力结构，推进节能减排。通过淘汰一批老旧船舶，提高船舶实载率，节能效果明显。

对新增船舶的运力审批,做到先审批,后建造或购置,倡导购置或改建环保型船舶,限制落后、能耗高、环境污染大的船型,大力推广钢质船,淘汰挂桨机船等落后船型,最大限度地降低老旧船舶和落后机型;鼓励、引导船主使用技术先进、高效低耗的新型船舶,使船舶向节能化方向发展。积极推进内河船型标准化工程,引导水运业主淘汰船龄长、能耗高、效益低的老旧落后产能。

二是调整用能结构,推广节能产品。水路交通主管部门大力推广船舶清洁能源的应用,积极开展运输船舶 LNG 动力改建和新能源纯电动(电容+电池)动力应用调研,鼓励水运从业者开展船舶节能技术改造升级。通过内河船舶由传统燃油动力向绿色天然气动力、电动力改造,促进节能减排,促进水路交通绿色发展。

(二)污染防治

1.强化道路运输领域污染防治

2016 年,甘肃省道路运输管理局大力推广应用节能与新能源汽车,积极配合地方政府做好营运"黄标车"的淘汰工作,对于强化区域大气污染防治、打好蓝天保卫战发挥了积极的推动作用。

2.强化高速公路服务领域污染防治

一是在大气污染防治方面,省高速公路管理局大力推进冬季清洁取暖。全面禁止全省高速公路各收费站、服务区燃煤锅炉使用有烟煤燃烧;对部分收费站、服务区燃煤锅炉安装脱硫除尘装置;深入市场调查研究,积极探索冬季清洁取暖模式。

二是在水污染防治方面,有条件接入市政管网的全省高速公路服务区污水尽可能并入市政管网;实行全省高速公路服务区污水未经处理禁止外排措施;服务区有污水处理系统的对其进行修缮,使污水处理后达标排放。通过设置污水处理设施,实现公路服务设施污水的达标排放和循环利用。

三是在噪声污染防治方面,公路工程设计领域通过设置声屏障、隔声窗等降噪措施,对公路沿线的噪声敏感点进行噪声污染防治。

3.强化船舶和港口污染防治

2016 年水运管理局积极加大对船舶油污水、洗舱水、生活污水与垃圾等的有效处置,推动港口码头、船舶修造厂建设油污水、洗舱水、生活污水和垃圾接收、转运及处置设施,提高污染物接收处置能力。

(三)生态环境保护

1.交通建设规划与前期工作中强化生态环境保护措施

2016 年,甘肃省交通基础设施建设项目在规划和设计阶段,以资源环境承载力为前提,合理确定交通发展规模、项目布局、选址方案等,重点推进生态选线选址,依法绕避自然保护区、饮用水水源保护区等环境敏感区,最大限度地降低基础设施建设对环境的影响。前期工作中,各建设管理部门按要求完成环境影响评价报告、水土保持方案等技术文件的编报工作。

2.推进绿色公路设计

一是选线阶段对沿线的土地资源、林业资源、生态敏感区进行了详细的调查,结合当地各项规划合理布线。坚持地形选线、地质选线、环保选线的思想,尽量不破坏原有自然地貌,降低路基填土及挖方高度,并尽量绕避沿线自然保护区、水源地保护区、河流、水利设施等环境敏感区。

二是公路路堑边坡设计分别采用锚杆、锚索框格梁、桩板墙、抗滑挡土墙、抗滑桩、护面墙、拱形骨架等措施来加固,增加边坡防护级数,同时加强防排水设计。

三是路基防护设计在充分考虑边坡稳定的前提下,以植物生态防护为主,工程防护为辅,尽量减少圬工防护。对有条件的高边坡路段放缓边坡,增加边坡平台的数量,碎落台及边坡平台均植树绿化,确保路基稳定的前提下与生态环境相协调。

四是有冲刷的桥梁锥护坡以下部分采用护坡防护,以上设六边形混凝土预制块、植草形式防护;无冲刷的桥梁、分离式立交桥、互通区内的跨线桥的锥护坡均采用六边形混凝土预制块、植草形式的防护。

五是景观绿化设计结合沿线自然环境特点进行总体规划,再根据具体情况选择适宜的乔灌木进行不同的搭配方案变换,并与邻近高速绿化设计特点相结合,使绿化设计不致单调,真正做到宜树植树、宜草植草、宜灌植灌。

六是绿化设计选择乡土树、草种。植物材料的选定与组合符合长期稳定的原则,合理设计了群落的演替方案,使其较快达到稳定,并能够长期保持生态系统的平衡。挖方孔窗式护面和挖方框格梁均采用框格内码砌植生袋的方式进行绿化,这些绿化方式均能够形成透水性的护坡,具有水土保持功能。

七是路线经过的耕地区路段,对清除的表层腐殖土采用集中临时堆放措施,待路基施工完成后,利用腐殖土进行边坡绿化,既减少了废弃又利于生态恢复。

八是取土场、弃渣场的临时占地,采用覆种植土并撒播草籽的方式进行生态恢复。

九是对弃方量较大路段的立交匝道环圈中以弃方进行整平、绿化,分离式路基之间以弃方填平进行绿化,通过景观绿化设计,加强高速公路与自然环境的协调统一。

十是设计中要求建设过程中尽量保留原有植被、树木,使之与周围树木协调一致。

3.推行绿色公路施工

一是重视表层腐殖土的保护和利用。公路工程在项目路基清表实施过程中,结合现场情况,在腐殖土资源丰富的主线路段、设施占地、临时用地等位置开展收集和存放工作,并在后期利用腐殖土进行公路绿化工程。

二是开展科研,对植被恢复与绿化施工技术进行研究,总结适合本省地区特点的施工工法和植被栽植技术,如高速公路黄土地区挖方边坡绿化喷播植草施工工法、陇南地区厚层基材喷播绿化护坡防护施工工法、合作—郎木寺二级公路改建工程路基边坡草皮回植技术、G345 线玛曲至青海久治二级公路设计施工总承包项目路基边坡草皮回植技术等。

(四)资源节约循环利用

1.加强路面材料循环再利用

使用橡胶沥青技术在临合高速公路铺筑橡胶沥青路面 2.5 公里,橡胶沥青应力吸收层 98 公里,在 G212 线东青路铺筑橡胶沥青应力吸收层 30 公里。

2.加强隧道弃渣综合利用

按照绿色低碳原则,尽可能将隧道开挖出的洞渣应用到工程中去,做到隧道弃渣的资源化利用和合理优化配置，达到经济、环境和社会效益的协调统一。

3.加强预制梁板养生水自动喷淋循环利用技术应用

在预制场地合理布设集水沟，收集养护喷淋及自然降雨形成的地表水，经过沉淀除杂，回用于后续预制构件养生，并结合自动喷淋养生，既实现洒水养生自动化精控、减少人工作业、避免人工洒布不均造成养生水浪费，又有效地统筹解决了养生废水散排影响环境和用水紧张的矛盾。

（五）绿色交通能力建设

甘肃省交通运输厅注重传播低碳出行理念，认真组织开展了甘肃省交通运输行业节能宣传周活动。厅属各单位在人口密集区域张贴悬挂节能宣传标语、图片，发放相关节能宣传单，倡导绿色出行新理念，结合各自门户网站、微信、微博等网络媒体平台向行业内广大职工及社会公众广泛宣传绿色低碳交通发展理念。组织开展了绿色循环低碳公路发展理念和先进节能产品经验推广宣传活动，让公众进一步认识和了解交通运输行业节能减排的新技术、新材料、新产品和新工艺，为相关绿色节能技术的推广应用奠定了良好的基础。

十六、青　　海

（一）节能降碳

1.积极推进交通运输领域节能减排工作

一是认真落实公交优先发展战略。指导西宁市创建“公交都市”，加快淘汰高耗能老旧车辆。2016年底，西宁市“公交都市”创建阶段性目标如期完成28项，未按期完成2项，总体完成率93%。

二是客运组织进一步优化。严格落实实载率低于70%的线路不新增运力的要求。及时调整与高铁并行的客运班线运营，避免道路运输资源浪费。

三是推进甩挂运输先进运输组织方式应用，继续发挥试点项目引领作用，加快建立和完善甩挂运输网络。目前，格尔木昆仑物流运业有限公司、青海物产工业投资有限公司分别牵头开展的甩挂运输试点项目已正常运营，共投入牵引车336辆、挂车409辆。

四是严格限制高耗能运输车辆市场准入。严把车辆准入退出关。

五是积极推进道路运输作业节能减排工作。截至2016年底，全省共有公交车3861辆，其中新能源公交车820辆，全省公交客运、出租客运车辆中替代燃料、清洁能源和新能源车辆分别占总数的87.5%和78.8%。强化培训机构提高节能驾驶教学质量，省内115户驾培机构共配备驾驶模拟器700余台，为有效减少实车培训排气量发挥了重要作用。

六是严格开展营运类黄标车老旧车辆清理整治。开展全省范围内的营运类黄标车清理整顿专项行动，未取得环保检验标志的营运汽车，不得核发道路运输证，不予办理道路运输证年度审验。

七是进一步加强水运工程项目环境保护管理，逐步推进水上运输环境保护工作，定期开展船舶防污专项监督检查，有效遏制船舶水上非法排污。

2.继续推进高速公路不停车收费工程

截至2016年底，全省新开通的收费站ETC车道覆盖率达到100%。已建成ETC专用车道132

条,实现全国联网,覆盖全省收费站55个,主线收费站ETC覆盖率达到88.5%,匝道收费站ETC覆盖率达到82.4%。同时,全省423条MTC车道实现联网收费并开通非现金支付功能。

3.全力推进交通运输部低碳示范项目建设

一是认真做好交通运输部绿色循环低碳示范公路项目建设。全线开展边坡草皮移植、挂网植草及喷薄植草等边坡绿化措施,努力做好隧道防冻保温板安装、温拌沥青路面施工、隧道弃渣利用等工程建设。截至2016年底,专项资金支持项目已完成3项,推进中9项;绿色循环及配套类项目已完成4项,推进中8项,计划2017年完成项目验收工作。

二是积极做好西宁市绿色交通城市项目建设。对照创建工作目标,进一步明确年度工作内容和考核方式,加强宣贯绿色交通城市相关政策,严格制定管理制度,确保各项目目标保质保量按时完成。截至2016年底,奖励类项目已完成8项,推进中22项。绿色循环及配套类项目已完成1项,推进中19项,计划2018年完成项目验收。

4.全面推进公共机构节能减排工作

一是严格做好能源节约。落实公共机构节能工作制度,推广节能新产品、新技术和合同能源管理机制,开展节约用电、随手关灯、零待机能耗、电梯分段运行或隔层停开活动,推广使用节能插座等降低待机能耗的新技术和新产品。

二是加强办公耗材节能管理。推动节水和资源回收利用,提倡无纸化办公、双面打印等节约行动,合理使用资源,提高能源利用,保护资源环境。

三是做好节能宣传工作。组织开展全体工作人员节能减排知识专题宣讲,张贴节能标语,宣传环保节能理念,提倡节约从点滴入手、从小事做起的思想,倡导节约光荣、浪费可耻,全面提高工作人员节能意识。

(二)污染防治

1.扎实开展大气污染防治工作

一是在公路建设过程中,认真做好公路建设施工工地扬尘污染防治工作,各建设单位积极采取覆盖密目网,设置围挡板、钢管,分标段部署洒水车,做到工地周边设置围挡、物料堆放苫盖、出入车辆冲洗、建筑施工现场地面硬化等抑尘措施,强力遏制面源污染。

二是加强营运类黄标车、老旧车辆清理整治活动和严控营运车辆气排指标,杜绝未达标、不合格车辆准入道路运输市场。积极推广甩挂运输方式,减少营运货车空载率,提高运营效率,降低温室气体排放,提升大气污染防治能力。

2.全力做好水污染防治工作

2016年,在京藏高速马场垣服务区和乐都服务区污水处理设施基础上,积极开展水资源循环利用试点工程改造,采用生态式先进的污水回用处理工艺——速分生化反应器+生态土壤渗滤床工艺,使出水水质达到相关标准要求,回用于绿化、冲厕等,提高了污水循环利用率。

(三)生态环境保护

1.认真开展公路建设生态环保工作

一是狠抓制度建设。成立生态环境保护领导小组,与省环境保护厅联合下发《青海省公路建设生态环境保护技术指南》,印发了《青海省公路建设生态环境保护考核管理办法》和《青海省公路建设生态环境事故应急预案(试行)》等办法。

二是注重源头管控、坚持规划引领。在项目规划阶段,充分考虑全省生态功能区分布,合理布设线路,新规划线路尽最大努力绕避生态保护区的核心区、缓冲区。

三是在项目设计阶段依法开展环境影响评估工作。注重生态恢复设计,坚持生态选线、地形选线、地质选线相结合的原则,尽可能节约土地资源、保护原始生态环境。

四是在项目建设阶段,全面落实防治环境污染和生态破坏的设施与主体工程同时设计、同时施工、同时投产使用的环保“三同时”制度,将生态保护理念贯穿于项目建设管理全过程。

五是因地制宜积极创新生态环保施工工艺。共和至玉树公路建设项目总结的高寒地区“无痕化”施工技术,目前已在全省公路建设中推广;对循化至隆务峡公路位于黄河上游公伯峡库区内的15.4 公里路程,采取水上船舶运输方式运输建设材料及建筑弃土。

六是积极争取交通运输部支持,试点开展花石峡至久治绿色循环低碳公路建设。

2.持续推进公路养护生态环保工作

一是致力打造“绿色长廊”。全省高速公路宜绿化路段绿化率达 100%,普通国道宜绿化路段绿化率达 90%。

二是大力开展路域环境整治。2016 年底,对 24 条国省干线共计 3831 公里路段开展了路域环境整治工作。

三是开展生态修复试点工程。2016 年,积极开展公路建设项目环境保护和生态恢复工作,分别对 S103 线西宁至甘禅口路段、S302 线峨堡至祁连路段等项目进行生态恢复治理,累计投入资金约1.88亿元。

(四)资源节约循环利用

1.加强土地资源节约循环利用

在公路建设工程规划设计阶段,积极开展环境影响评估,坚持生态选线、地形选线与地质选线相结合的原则,做到宜桥则桥、宜隧则隧,避免大填大挖,尽可能节约土地资源,保护原始生态环境。

2.加强沥青路面再生循环利用技术和施工工艺推广应用

在普通国省干线公路沿线建立废旧沥青混合料存放点 27 处,废旧沥青回收率和循环利用率分别达到 95.8%和 61.76%,加快了绿色交通建设步伐。积极推进新技术、新工艺、新材料的应用,提高了废旧沥青回收率和循环利用率。

(五)绿色交通能力建设

1.建立健全行业绿色交通制度体系

编制印发了《加快推进青海省绿色交通运输发展的指导意见》和《青海省绿色交通“十三五”发展规划》等制度办法,《青海省绿色交通“十三五”发展规划》提出了高速公路及普通国省干线公路路面旧料回收率、隧道节能照明覆盖率、电子不停车收费(ETC)等“7 个百分百”的目标,明确了“十三五”期绿色交通发展的重点任务,计划投入专项资金 23.88 亿元,为推进绿色交通建设提供了发展方向。

2.着力提升行业生态环保科研能力

一是不断提升科研能力。以科学技术为引领,加强交通运输行业生态环保技术能力,在研“扎麻隆至倒淌河公路改扩建工程与生态环境协调发展研究”和“纯电动客车在高寒地区续航能力及动力电池充放电性能研究”等科研课题。

二是加强科技成果推广。2016年组织召开了“青藏高原G214线干线公路升级改造科技示范工程技术交流会”,集中对公路边坡生态防护等15项创新成果进行了推广应用,为共玉高速顺利建设和玉树恢复重建工作提供了强有力的支撑;2016年多年冻土高速公路建设技术国际高层论坛在西宁召开,由2名院士及多国专家组成的代表团赴共玉高速现场进行实地考察,共商多年冻土区高速公路修筑、生态环保等专业技术,为G6(格尔木至拉萨段)开工建设提供了技术支撑。

3.牢固树立绿色环保理念

一是深入学习领会习近平总书记在视察青海时提出的“扎扎实实推进生态环境保护”和“青海最大的价值在生态、最大的责任在生态、最大的潜力也在生态”等重要指示要求,将生态环保理念贯穿于交通运输行业各领域、全过程。

二是编制印发《交通运输行业生态环保应知应会手册》和《交通运输行业生态环境保护政策法规汇编》等宣传资料,利用大讲堂、建设管理培训班开展生态环保专题培训。

三是充分利用各种新闻媒介,大力宣传生态环保法律法规、交通运输节能减排和低碳发展的典型经验及节能成效。强化从业人员生态保护责任意识,使资源节约、环境友好、绿色出行的理念深入人心,全行业做好生态环境保护工作的自觉性和主动性明显增强。

十七、宁　　夏

(一)节能降碳

1.多措施并举助力道路运输节能减排

一是充分发挥不同运输方式的比较优势。大力发展多式联运、甩挂运输等高效运输组织模式,提高运输效率。银川首个大型换乘中心——火车站综合客运枢纽及扩建工程已完成长途客运站主体工程,长途客运枢纽站工程即将完工。河东机场综合客运枢纽工程建设顺利进行。

二是加大新能源车辆推广力度。中卫市投放了54辆郑州宇通纯电动新能源公交车并按行业标准建成充电站1座,配置充电桩10个;银川市首批30台比亚迪K8型电动公交车已投入运营,一期建成17台充电桩;石嘴山市本年度更新新能源公交车总数达到100辆。

三是大力推广“互联网+”购票模式。客运联网售票系统基本建成,为旅客提供“宁夏出行”、携程网、自助售票机等多种购票方式。

四是提高运输组织效率,继续试点部分线路由以前的大客车更新为7座商务车运营,完善快速客运网络、推行班线客车循环发班等,提高客车实载率,减少单位排放。

五是落实“公交优先发展”战略。出台了《宁夏回族自治区城市公共交通“十三五”规划纲要》,以黄河金岸为轴线的城际快速公共交通通道和吴忠—中卫城际铁路已开工建设。银川等5个地级市均已建成长度不一的城市步道。

六是组织开展“绿色汽修”示范推广工作。第一，培育先进理念，提高思想认识。引导企业树立科学诊断、合理修车的理念以及维修从业人员环境保护、节能减排的意识，指导企业制定落实环境保护和资源节约的规章制度。第二，开展宣传培训，推进工作落实。把推进“绿色汽修”作为行业管理工作的重要部分，从新企业许可、日常管理、信誉考核等方面加强宣传与服务，组织开展“绿色汽修”专题培训和宣传，组织岗位练兵开展技能竞赛。第三，培育示范企业，树立工作典型。按照“示范推进、分步实施、逐步深化”的思路，优选了一批企业作为创建“绿色汽修”的示范培育企业，严格按照“汽车绿色维修指南”的创建要求，运用、更新（或改造）设施设备，并做好企业组织、制度、工艺的改进和优化。目前，全区一类维修企业和4S店已全部完成“绿色汽修”创建工作，大多数二类维修企业“绿色汽修”创建工作已全部开展，并逐步向综合小修和三类维修企业进行拓展。“绿色汽修”评价和考核体系逐步健全，机动车维修全行业的资源集约化利用和环境保护水平得到全面提升。

七是大力发展共享单车，探索共享汽车运营模式。银川、固原分期投放摩拜单车和ofo共享单车2万多辆，银川、石嘴山市共投放50辆电动共享汽车。

2.加强公路建设、养护

一是组织开展绿色公路建设专项行动。开展新型环保公路的设计、施工、管理。包括：规范使用取、弃土场；建设项目占用林地树木全部移植；加强工程项目临时用地的有效利用；实施干旱半干旱地区公路生态防护升级；加强公路建设过程中生态及环境保护。

二是严禁高能耗、污染排放超标的机械进入施工现场，提倡使用大型高效拌和设备，混凝土必须现场集中拌和。通过技术改造，将燃煤、燃油沥青混凝土拌和站的加热系统改为天然气，降低了施工企业的生产成本，也有效降低了对小区域环境的污染。

三是开展高速公路服务区节能改造行动。高速公路收费站、服务区及附属设施的冬季取暖，废弃和改造原有燃煤锅炉，一律采用电热锅炉或燃气锅炉，以满足达标排放。收费站、服务区的生活污水，全部安装污水处理装置，经处理达标后排放，部分进入蓄水池，用于庭院绿化灌溉。改造安装场地太阳能路灯。

3.强化水路运输日常监管

明令禁止渡口渡船、浮桥通行危货车辆，有效保护了船舶航行的水域环境。船舶产生的生活垃圾必须在船舶靠岸后在固定时间集中收集处理。开展内河船舶船型标准化研究。

（二）污染防治

加强大气污染和水污染防治工作，印发了《关于加强扬尘污染整治工作的通知》，落实建筑工地扬尘“6个100%”控制措施，提出了加强施工现场、场站（拌和站、加工厂）、公路清扫扬尘污染控制的具体举措。

1.施工降尘措施

公路工程建设方面，采取施工便道降尘，土方开挖面采取喷雾降尘的措施，车辆平装，顶面喷水润湿后进行覆盖，在取土场便道设置汽车底盘轮胎清洗装置，便道路段以水泥混凝土硬化等措施，使运输车辆出场后,杜绝了干线公路上扬尘的现象。

2.沥青拌和站除尘

严格控制沥青混凝土的粗、细集料的含泥量,对于批量地材粉尘含量超标的情形,必须进行二次整形水洗后才允许用于生产。燃气改造之后,沥青拌和站布袋除尘装置的使用效率大大提高,试生产阶段经监督机构检测,废弃排放均能达标,且排放入空气中的颗粒物含量也有较大的降低。

3.公路清扫扬尘污染控制

加大道路清扫设备购置和运行维护费用投入,提高道路清扫机械化作业能力。加强城市道路外围公路清扫保洁,清扫前后可进行洒水湿润。积极推进机械清扫、湿法清扫。

4.其他扬尘污染控制措施

提升公路建设装备能耗水平,加大老旧高能耗装备淘汰力度,推广应用高效、节能、环保装备。

(三)生态环境保护

1.在公路建设前期工作中注重保护自然生态系统

在项目规划设计中贯彻生态选线的理念。一是重视设计标准化工作,充分发挥设计的龙头作用,努力提升设计质量。项目建设单位从设计阶段就早期介入,提出“前期不作为,后期难作为”的先导理念,编制《设计标准化指导意见书》,推动设计标准化工作的开展。比如统一结构物的跨径、结构形式、配筋,统一预制小构件几何尺寸、拼接形式等,为工厂化和专业化施工打下基础。把所积累的技术、经验和施工方法加以规范,使之进一步推广和应用。采用标准化的定型设计,提高构造物安全性和耐久性,延长工程的使用寿命,有利于构件寿终时的更换和养护。二是加大初步设计和施工图阶段的审查力度,多次组织咨询专家及勘察设计单位深入项目现场实地审查。三是在自然保护区边缘、生态环境脆弱区域,研究确定保护措施。尽量少采用工程措施,多采用适生植物、植被代替。

2.加强生态修复与公路沿线环境保护

建设单位在建设过程中及施工结束后对路堑边坡、路侧裸露地及拌和站等作业区和生活区等进行生态修复。加强道路绿化工作,抢抓苗木种植黄金时机及时更新补植,加强病虫害防治工作,加大树木整修力度。

(四)资源节约循环利用

大力推广煤矸石、粉煤灰等工业固废在公路建设中的应用,积极开展旧沥青路面冷、热再生技术、SMC常温改性沥青等在公路建设、养护中的应用,加大废旧材料循环利用力度,节约能源资源、减少污染、降低建设和养护成本。公路建设管理局在高速公路改扩建项目中就近利用工业废渣粉煤灰,进行拼宽桥梁的台背填筑,实现资源共享、优势互补。出台了《水泥稳定就地冷再生路面基层施工技术规范》和《沥青路面就地热再生技术规范(试行)》。

(五)绿色交通能力建设

1.加强制度体系建设

制定了《关于加强机动车污染防治工作的通知》《关于进一步加强大气污染防治工作的通知》

《关于加强扬尘污染整治工作的通知》等,“绿色交通制度框架体系”课题研究已通过中期评审,明确了宁夏交通绿色发展急需建立健全的若干制度。出台了《宁夏回族自治区城市公共交通“十三五”规划纲要》。

2.加大公路交通“品质工程”建设力度

一是推进钢结构桥梁建设,印发《推进公路钢结构桥梁建设工作实施方案》,在乌玛高速青铜峡至中卫段项目中先行示范,开展提升钢结构桥梁品质等专题研究,探索钢结构桥梁建设新工艺。

二是推进绿色公路建设,印发《绿色公路建设实施方案》,制定技术指南和评价标准,一个项目被确定为第三批部级绿色公路建设典型示范工程。

三是全面推行高速公路标准化施工。探索提升工程质量,实现小型构件预制、拌和站、钢筋加工工厂化生产。细化工艺流程,采用梁板自动凿毛、混凝土预制构件自动喷淋养护等技术,出版《宁夏公路工程施工标准化推广与应用》,得到了交通运输部的肯定,在全国推广应用。

四是加强信息化应用。建立工程管理信息化动态监控系统,实现了拌和站、试验室、预应力张拉等数据的采集、上传和报警,确保对施工过程中数据超限、不规范工艺等问题的实时动态监控,提升了质量监督工作信息化管理水平。

3.加强宣传培训,提升绿色交通意识

举办低碳交通专题培训班。在节能宣传周、低碳日活动、绿色出行能源紧缺体验日,组织开展“节能有我,绿色共享”为主题的“共享单车”骑行体验、健步走、节能环保志愿服务等专题活动,引导树立节能低碳办公和节俭文明的消费理念,以绿色低碳的出行方式支持节能降耗,提高交通运输行业人员认知和参与绿色低碳交通的意识。

十八、新　　疆

(一)节能降碳

1.开展节能示范工程

一是组织做好乌鲁木齐市绿色交通城市项目。2016 年组织乌鲁木齐市交通运输局对项目执行情况进行了核查,报部核算并批复了调整后的乌鲁木齐绿色交通城市项目,批复奖励资金为 4249 万元。乌鲁木齐绿色交通城市项目中 47 个项目节能减排投资共计 13.27 亿元。

二是着力推进公路甩挂运输发展。积极组织开展公路甩挂运输试点项目的申报工作,新疆牛巴贸易有限公司和吐鲁番市宋峰物流有限公司申报的新疆干支线衔接农产品冷链甩挂运输试点项目,被确定为交通运输部公路甩挂运输第四批试点项目。

2.推进绿色交通智能示范建设

一是有序推进 ETC 建设。目前新疆已建成 ETC 车道 20 条,截至 2016 年 11 月底,发展“天山行”用户 32.3 万。已有 10 个收费站实施了 ETC 不停车收费,大大提高了公路的通行能力和车辆节能效益。

二是开展戈壁荒漠区 G30 高速公路绿色平安改扩建科技示范工程。

三是成功申报京新高速（G7）巴里坤至木垒公路建设项目为绿色公路建设和钢结构桥梁建设示范项目并获得交通运输部批复。

3.加强公路养护，减少道路重建耗能

加强大、中修工程施工管理，做到日常养护、重点养护和预防性养护的有机结合，在大中修工程中积极推广和使用路面再生材料，在公路养护中开展节能环保养护示范路创建活动。2016年分别在库尔勒、奎屯公路局所属路段进行了冷料型封水抗滑表处（超表处）技术在新疆地区推广应用研究，同时在阿克苏公路局所属路段进行了沥青路面养护抗裂型薄层罩面技术的应用研究，对改善沥青路面的使用性能、减少路面寿命周期成本、节约养护维修资金具有很好的社会经济效益。

4.积极鼓励推广应用交通节能新产品

要求新设计的房建工程房屋照明采用LED灯具，采暖均采用电采暖方式，收费站、服务区采用太阳能热水器；沿线监控设施结合当地风电资源丰富的优势采用风光互补设施弥补偏远地区电力设施短缺。

5.优化交通运输结构

一是构建高效的综合交通运输基础设施体系。按照“宜路则路、宜铁则铁、路铁互补”原则，统筹考虑铁路、公路等各种运输方式的特点，加快推进各层级综合交通运输规划。

二是加速推进运输服务升级。全年完成全区21个客运站联网售票工作，完成客运量2.95亿人次，完成货运量6.5亿吨，稳步推进出租车行业改革。鼓励创建公交都市示范城市。以创建“公交都市”示范城市、“低碳试点城市”为契机，推动各地推广应用清洁能源公交车辆，改善慢行交通环境，加强公交停车场设施建设和交通枢纽建设。乌鲁木齐市通过几年努力，BRT网络发展更加完善，高铁站交通枢纽建设已基本到位。

6.积极推广应用新能源汽车

为完善新能源汽车扶持政策，出台了《关于贯彻落实自治区人民政府加快新能源汽车推广应用实施意见的通知》（新交运〔2016〕15号），要求各级公路管理局积极配合当地有关部门，在辖区高速公路服务区设置新能源汽车充电基础设施；各级道路运输管理局鼓励道路运输企业在新增和更新车辆时推广应用新能源汽车，对购置新能源汽车的企业在行政许可、运力投放等方面予以政策支持。

（二）污染防治

1.完善车辆管理，落实淘汰制度

严格执行营运车辆维修保养相关规定和营运车辆燃料消耗量核查制度，严禁淘汰车型和能耗排放等技术参数超标的车辆进入运输市场，加速黄标车及老旧车辆退出道路运输市场。2016年度共计核查新增道路运输车辆10980辆，不合格车辆一律不得进入道路运输市场。

2.加大扬尘治理力度

要求公路局、路政（海事）局做好重点区域大气污染的防治工作，加强道路扬尘管理，禁止粗放式道路清扫和吹扫，加强日常监督检查，及时清理散落煤炭等物料，确保道路清洁。

(三)生态环境保护

1.推进已建基础设施生态修复工程

大力开展植树造林和公路绿化,全面推进生态公路建设,严格落实公路绿化工程的计划、设计、施工和验收制度,积极与当地开展合作造林,2016 年国省干线绿化里程 693 公里,绿化面积 1848 万平方米。

2.加强生态保护和植被恢复

在公路建设过程中,根据项目环境保护评估书及水土保持意见书,建立健全环保措施和环保制度,将生态文明建设和节能减排工作落实到每一层面、每一细节和过程,努力促进生态保护得到全面落实,环境污染得到有效控制。

(四)资源节约循环利用

1.提高交通建设用地效率

要求设计、施工单位加大工程地质勘察力度,综合运用各种勘察手段,对不良地质条件和可能发生的地质灾害,加强勘察和评价,以期通过优化路线平纵面设计,减少路基开挖工程量,同时减少占用耕地田地,降低总耗能;在路基施工中,采用"表土回收利用"技术,严禁清除坡口线以外的植被;清除的地表土集中堆放,不与其他弃土混堆,并做好临时防护和排水,用于以后中央分隔带、互通立交、服务区、边坡绿化及弃土场复耕绿化的回填土。

2.鼓励废旧路面、沥青等材料的循环利用

在公路养护工程建设中,禁止随意处理工程废料,充分利用老路进行改造,推广路面材料循环利用技术,2016 年在公路养护大中修工程中,热再生面层 519143 平方米,冷再生基层 775834 平方米。

3.加大技术推广应用

为扩大粉煤灰、矿渣、废旧轮胎等工业废料和建筑垃圾在交通基础设施建设运营中的无害化处理和综合利用,2016 年新疆交建集团经厅审核中标交通运输部科技示范工程"公路废旧资源循环利用科技示范工程",计划于 2017—2018 年在呼图壁县 X146 线公路改建工程、乌鲁木齐城北主干道西延等施工项目进行旧沥青路面再生利用技术、废胎胶粉路用技术、矿山固体废弃物筑路技术、沥青路面低碳建造技术的推广与应用。

(五)绿色交通能力建设

1.做好节能环保培训工作

组织各地州交通局、厅属各单位及厅机关有关处室负责公路设计、施工、运营、养护等相关工作的领导及业务骨干 70 余人参加了绿色公路建设技术培训班,同时积极选派业务骨干去内地进行相关业务学习。

2.做好节能宣传工作

围绕"节能领跑　绿色发展""绿色发展　低碳创新""绿色交通　低碳出行"等主题,大力升展节能宣传周和全国低碳日活动,充分利用电视、广播、报纸等传统媒体及天山网、微博、微信、短信等

新兴媒体，在车、船、路、港领域宣传交通运输绿色发展理念。推广节能减排新产品、新工艺和新技术，提升行业节能减排监管和服务能力，倡导公众绿色出行，营造绿色交通良好的氛围。

十九、长江航务管理局

(一)节能降碳

1.加强节能减排基础管理

实施长航系统各单位能耗月报制度，实时全面掌握用能情况。以“节能宣传周”活动为切入点，倡导崇尚节约、厉行节约、合理消费的节能文化。

2.推广应用节能减排新产品新技术，积极实施节能技改项目

不断扩大节能和环保产品政府采购实施力度，优先采购国家《节能产品政府采购清单》中的节能产品，例如航标灯选取太阳能 LED 等节能型设备。借助互联网技术，推进长江数字航道建设，长江干线实施了电子巡航与现场巡航相结合的巡航方式，同时积极鼓励开展节能减排技术改造活动，对可行性高、操作性强的技改项目给予专项资金支持，引导技改方案落地。

3.加强节能减排重点研究，挖掘支持保障系统节能潜力

开展锚地区域太阳能、风能复合供电装置的研究与实施工作，充分利用风能、太阳能、水能等可再生能源，提高再生能源使用比例，有效降低能耗。长江海事局“光伏能源在海事趸船上的应用”的节能课题已经实现了在趸船上的试点应用，反响良好。在航标保养中，不断挖掘保障潜力，逐步建设航标保养基地及专用码头。航标除锈、油漆等保养工作由水面进行逐步转移到岸上开展，节能降污效果明显。

(二)污染防治

1.加强对船舶燃油质量的监督检查

按照交通运输部相关文件要求，对内河、江海直达船舶以及进入船舶排放控制区的船舶燃油标准进行明确，对船舶和水上加油站的船用燃油单证查验、送检工作进行布置和强调。2016 年开展船舶燃油质量送检 255 个油样，对其中 117 个不合格油样涉及的船舶责令检查整改。

2.加强船舶污染物接收管理

积极鼓励、引导社会组织组建船舶污染物接收队伍。加大对船舶污染物接收单位现场检查力度，严防出现二次污染、虚开接收单据等不规范作业行为。开展船舶防污染专项检查，督促船舶按规定安装和使用油污水、生活污水和船舶垃圾处理、贮存设施设备，达标排放，定期交付船舶污染物。在三峡库区实施了船舶垃圾定期交付制度，确定库区船舶垃圾交付频次，并对部分在三峡库区的船舶进行铅封。

3.强化船舶防污染现场监督检查

一是强化到港船舶污染物去向的监督检查，检查船舶是否按规定配备相关防污染证书文书并是否规范、完整记录，是否如实反映了船舶污染物的最终去向。

二是强化船上防污设备和器材的监督检查,2016 年进行船舶防污染登轮检查 21979 艘次。

4.打造危险品动态监控、信息共享两个平台

加强重点危险品船舶安全监管,深入实施危险品船舶分类监管、动态监控及 600 总吨以下小型液货船夜间禁航措施,全程维护载运一类危险品船舶 8917 艘次,现场维护 3140 艘次,推广和应用危险品船舶动态监管平台、长江危险品船舶管理信息共享平台。通过危险品船舶动态监管平台强化对重点船舶、重点水域、重点时段的重点监管,提高安全监管的有效性,通过长江危险品船舶管理信息共享平台实现信息传递和共享,推进源头管理和联动监管;建立与地方政府的定期报告制度、与地方相关职能部门的通报制度,针对危防管理的突出问题,与相关职能部门开展联合执法,以南通海事局为试点,联合当地环保部门建立船舶污染物接收、转移、处置联动管理制度。

5.重点加强长江干线江苏段船舶排放控制区监管工作

迅速开展大气污染防治法实施和船舶排放控制区监管工作,要求内河船使用符合要求的硫含量不高于 0.035%的柴油,到苏州港、南通港的海船靠岸期间使用硫含量不高于 0.5%的燃油。在该区域开展船舶燃油质量检查 265 艘次,抽取船用燃油样品 74 次,发现使用不符合燃油船舶 6 艘次,并对其中 1 起违法行为进行了行政处罚。

6.组织开展长江干线危险品安全专项整治活动

根据工作部署,2016 年 7 月 1 日组织开展了为期 4 个月的长江干线危险品安全专项整治活动。参与单位开展交叉检查、互相督促指导。期间,全局共检查危险品船公司 148 家,查出缺陷 428 项;开展危险品船舶安全检查 1403 艘次,查出缺陷 9335 项,滞留船舶 38 艘次;开展浮式趸船式危险品码头安全检查 396 座,查出缺陷 1013 项,有 25 座码头因为存在严重缺陷被禁止船舶停靠作业。

7.配合开展长江经济带饮用水水源地环保执法专项行动

贯彻落实中央决策部署,配合沿江各个省市开展集中式饮用水水源地的排查工作,在职责范围内有序推进整治工作,进一步提高长江经济带饮用水水质安全保障水平。

8.工作成效

通过加强船舶污染物接收管理,船舶按规定安装和使用油污水、生活污水和船舶垃圾处理、贮存设施设备的意识不断加强。2016 年,全年船舶垃圾接收处理 63634 艘次、12122.6 吨,开展船舶油污水接收处理 14056 艘次、10207.8 吨,接收量与 2015 年相比增长 13.7%,在三峡库区实现了船舶油污水"零排放"。通过开展长江干线危险品运输安全专项整治,推广应用危险品运输联动监管信息平台,危险品运输管控能力不断提升,长江干线江苏段船舶排放控制区船舶污染大气环境已得到有效控制。全年未发生船舶污染事故,呈现出良好的发展态势,取得了良好的社会效应。

(三)生态环境保护

1.逐步规范相关作业生态管理

一是系统谋划,全程管理。工程从立项、建设到竣工验收,全面落实环境影响评价、环境目标保护、环境风险防范、竣工环保验收等各项工作,并编制了《长江南京以下 12.5 米深水航道二期工程环境保护工作管理手册》,形成了一套完整的环境保护工作管理体系。

二是预防风险，长效防范。全工程开展环境事故应急演练10余次，通过应急演练有效地增强了施工人员应对突发环境污染事故的能力，未发生一起环境事故。

三是完善制度，落实措施。指挥部引入环境监理制度。

四是合理补偿，全面修复。实施了渔业资源损失补偿、渔民经济补偿、渔政管理补偿、水生生物增殖放流、底栖动物投放、人工鱼巢及生态浮岛建设及挺水植物栽培等措施。

五是突出重点，保护江豚。高度重视江豚保护工作，设置专项基金，全河段监测，建设江豚救助基地，广泛宣传，定期应急救助演练，全标段均无江豚受伤或者死亡信息。

2.建设工程生态环境保护

一是建立有效的预防机制。开展航道建设规划环境影响评价、项目环境影响评价工作，项目实施按环评及批复要求进行，预先做好工程设计指导。对于涉及自然保护区的建设项目，始终贯彻生态优先的理念，进行专题论证，并在此基础上进行反复优化，力求选择生态最优方案。

二是严格落实减缓影响的措施。合理制定施工时序和工法等。控制施工时间避让鱼类产卵期、中华鲟和豚类洄游期等，缩短沉排、抛石等涉水施工时间。施工前开展驱鱼、驱豚作业。采用透水石笼、透水无毒无纺布等生态环保工艺。采取潜坝替代高坝，减少对漂流性鱼类产卵场的影响。施工废水合理处置和收集，严格监控，杜绝随意排放。

三是积极采取生态修复措施。鱼类生境恢复和再造措施已开展试点，并逐步产生实效。采用钢丝网护垫结构铺筑护岸，联锁式护坡砖，在护坡上撒上草籽后可以长出草皮，形成绿色护坡，为产卵鱼类提供产卵和育肥场所。护底、填槽及潜丁坝建筑物采用散抛石及抛投四面六边透水框架，起到人工鱼礁石效果，为鱼类栖息提供生存环境，为后期鱼类生境恢复提供条件。

四是开展生态补偿工作。严格按照要求开展增殖放流活动，与部分渔业部门共建增殖放流站，补偿因航道工程建设引起的生物损失。组织有关专业单位开展生态航道建设、航道生态承载力、异地迁建重要物种栖息地、鱼类生境恢复、人工鱼礁等科研工作。

3.加强航道养护生态环境保护

一是逐步淘汰传统的航标电源如干电池、蓄电瓶等，太阳能清洁能源得到广泛应用，LED航标灯更加节能，减少了航标电源落水、溶液泄露对江水的污染。

二是逐步改进传统的航标保养方式，航标除锈、油漆等保养工作由水面进行逐步转移到岸上开展，减少了对长江水资源的污染。

三是废弃的航标器材、生活垃圾抛弃江中的现象消失，减少了对长江水环境的影响。

四是长江数字航道将全面建成，将改变传统船舶开航现场航道巡检的工作模式，逐步实现长江全线数字巡航，减少船舶开航对环境的影响。

4.严厉打击破坏生态环境违法行为

2016年严打非法捕捞、非法采矿、非法排放、非法建设等生态违法行为。将长江干线“非法码头”整治与打击非法采砂紧密结合。联合水利部门开展联合执法856次，查获非法采砂运砂船舶584艘，扣押采砂设备40台套，遏制了非法占用长江岸线资源、非法采砂等现象。此外，打击破坏长江生态环境类违法犯罪取得重大突破，侦破非法捕捞案件905起，缴获非法捕捞水产品10吨；打击非法倾废方面，苏州分局侦破公安部督办长江污染环境案，将17名犯罪嫌疑人移送起诉。侦办多起私设暗管向长江非法排污案件。

（四）资源节约循环利用

1.加强岸线资源有效保护和有序利用

推动长江经济带发展领导小组办公室会同交通运输部、水利部、环境保护部、公安部、住房和城乡建设部等部门和沿江省市，开展了长江干线非法码头、非法采砂专项整治工作，改善了岸线生态环境条件，摸清沿江非法码头和非法采砂的分布情况，并积极配合参与治理。

2.推进航道疏浚土综合利用

长航系统航道部门研究和倡导使用环保型疏浚设备，减少施工作业污染，提高疏浚土综合利用。按照疏浚土市场化利用合作模式，积极推动深水航道疏浚土综合利用，着力推进了横沙七期、八期圈围造地等工程实施，努力提高疏浚土利用率。同时长江航道局选取长江中游太平口水道疏浚维护作为2017年疏浚土上岸利用的试点河段，正持续推进，不断扩大疏浚土利用的河段范围。

（五）绿色交通能力建设

1.绿色发展统筹规划布局

重点开展生态航道、绿色港口建设和绿色运营、绿色养护试点，降低基础设施建设和运营对生态环境的影响。强调资源环境承载力、环境影响评价的刚性约束，基于绿色发展统筹规划布局，控制港航资源开发强度，最大限度减少对长江生态环境的影响。开展航道通过能力与生态承载能力的研究，编制《长江干线“十三五”航道治理建设规划》。

2016年，长江沿江6个港口航道项目通过环境保护部规划环评审查。通过沿江港口规划环评，避让自然保护区等敏感目标36个，减少规划岸线210公里，缩减围填海面积380多平方公里，取消作业区9个。

2.成立专班配合开展环境保护督察整改工作

细化工作措施，落实相关责任单位和责任人，制定工作推进计划，建立工作台账和定期汇报制度。

3.加大污染应急处置能力建设

一是建设溢油应急设备库，在长江干线四川至江苏段分别建设了9个溢油应急设备库和3个溢油应急设备配置点，共配备了围油栏11350米、吸油毡26.6吨、吸油拖栏3200米、消油剂20.5吨、收油机52套、卸载泵24套、收油网9套、储油罐23套、浮动油囊12套、溢油回收船3艘，完善国家溢油应急设备库管理维护机制，颁发了《长江海事局关于印发国家船舶溢油应急设备库运行管理指导意见的通知》，探索建立了以购买社会服务为主要运营模式的溢油应急设备库维护管理运行机制。

二是按规定督促港口码头单位配备污染应急设备。长江干线各危险品作业单位目前配备围油栏173698米，其中三峡库区配备15000米，江苏段配备135698米；收油机180套，其中三峡库区60套，江苏段96套；吸油毡267.4吨，其中三峡库区32吨，江苏段187.4吨。

4.大力推进LNG清洁能源应用

开展“LNG燃料动力船舶安全操作及监督管理办法研究”课题研究和“长江LNG水上加注站建

设及水上作业、安全监管和应急处置”研究工作。组织编写《内河 LNG 燃料动力船舶安全操作指南》和《内河 LNG 燃料动力船舶安全知识与操作》配套培训教材。为 LNG 燃料加注站在长江沿线的布点建设提供支持和技术指导，大力推进 LNG 清洁能源在长江水路运输能源市场上的应用。

5.推进港口码头岸电推广应用

积极推进鼓励码头单位建设提供岸电设施，积极引导靠港船舶使用岸电，督促船舶配备岸电接入设施，在靠港后优先使用岸电。重庆朝天门码头、湖北武汉港集装箱码头、江西南昌龙头岗综合码头、安徽芜湖磊达码头等岸电项目相继投入使用，武汉阳逻港等一批码头单位建设了岸电示范项目。重庆市共有 139 个码头建有岸电供电设施，使用岸电的靠港船舶约占靠港船舶总数的 60%。湖北宜昌港长江干线港口趸船岸电使用率达 90%。2016 年在三峡库区锚地又建成 80 个自助岸电接电桩位，可同时为 80 艘千吨级锚地待闸船舶提供安全可靠的清洁电能。江苏沿江沿海港口已经投资超过 9000 万元，建成 9 套高压岸电系统和 290 套低压岸电系统，在内河港口建成 1900 套小容量供电设施。

二十、珠江航务管理局

（一）节能降碳

珠江水系积极推进水运绿色发展，在船型标准化、港口节能减排技术改造、船舶靠港技术改造、清洁节能示范船舶推广、运输结构性节能减排等方面开展了一系列工作，取得了一定成效。

一是船舶大型化趋势明显。珠江内河船舶运力增长速度较快，大型化趋势明显，货运船舶平均吨位从 2005 年的 257 吨提高到 2016 年的 1070 吨，年均增长 13.8%。

二是老旧船舶拆解改造工作初见成效。截至 2016 年 12 月底，珠江和闽江水系共完成西江干线过闸小吨位船舶拆解 176 艘、老旧船舶拆解 227 艘、单壳液货船改造或拆解 55 艘、排放不达标船舶生活污水防污染改造 1545 艘。在促进运力结构调整、提高船舶整体安全技术水平、推进节能减排和防污染工作等方面取得了一定成效。

三是新建船舶严格执行主尺度标准和指标体系。珠江水系各省区港航、海事和船检部门严格把关，对新建过闸船舶严格执行标准船型主尺度系列标准。自主尺度标准颁布后，新建过闸船舶全部按部颁布的标准船型主尺度系列建造。船检部门开始分步执行标准船型节能减排指标体系。目前主要体现在船舶图纸审查阶段要求对燃料消耗和二氧化碳排放指标进行计算。

四是单壳液货船禁航政策得到严格落实。珠江航务管理局协调各省区交通管理部门及时公布禁航船舶名单，对禁航名单内船舶的检验证书和营运证书进行注销或换发，不再为禁航船舶办理签证、过闸或者营运手续，确保禁航要求落到实处。

（二）污染防治

1.港口装卸运输设备“油改电”“油改气”

西江航运干线的主要港口肇庆港和佛山港的部分码头已完成轮胎式门式起重机（RTG）的“油改

电”改造,并通过交通运输部交通节能减排中心验收合格。西江航运干线和珠江三角洲已完成部分集装箱码头装卸设备“油改电”工作,同时新建集装箱码头的 RTG、龙门吊、固定吊等机械设备均已采用电力驱动,港区内废气排放逐步减少,空气质量得到提高。

2.港口粉尘污染治理

相关省区制定明确了干散货码头特别是煤炭、水泥和矿石码头具体泊位防尘改造治理的时间表,水系内完成干散货码头粉尘污染治理阶段性工作,珠江三角洲主要煤炭码头基本实现堆场防风抑尘网围闭和密闭运输系统改造。

3.港口油气回收系统改造

根据相关环保法规等的要求,目前已基本完成珠江三角洲各地市的码头罐区油气回收系统的配备,地方环保部门负责监督码头企业油气系统的合理配置和正常使用。为实现港口船舶装卸全过程的油气回收,部分省区正在开展减少油气挥发措施的技术攻关。

4.船舶靠港技术改造

开展了珠江三角洲重点水域船舶污染控制工作,相关单位正积极制定出台落实船舶排放控制区的工作措施。珠江三角洲港口积极倡导绿色发展,已率先实施船用低硫油补贴等政策。

目前,船舶岸电系统在珠江三角洲港口得到广泛应用;西江航运干线港口正加快船舶岸电系统的改造和应用,贵港港已具备为船舶提供岸电的能力。

5.清洁节能示范船舶推广

实施内河 LNG 动力船舶应用示范工程,积极推广节能、环保船型。截至 2016 年底,珠江水系共有 224 艘 LNG 动力示范船技术方案通过评估,新建 LNG 动力示范船开工 37 艘、完工 2 艘。广东积极筹备 LNG 动力船产业联盟,建设“华南 LNG 动力船舶应用研究中心”。广西西江开发投资集团有限公司已建造了内河 3000 吨 LNG 双燃料船,完成 1 艘多用途双燃料动力船改装,在梧州建成西江航运干线首座 LNG 加气站。

(三)资源节约循环利用

大力发展集装箱及其他货类的水水中转,相关港口企业陆续开通了广州港水上穿梭巴士、华南公共驳船快线服务网络等集装箱水上运输服务,大大减轻了公路运输的负担,减少了污染物排放,社会效益明显。

典型示范篇

2012年以来,交通运输部、财政部开展了绿色交通省、绿色交通城市、绿色公路、绿色港口等交通运输节能减排项目建设工作。经过3年左右实施,完成创建任务,2016年开始对已经完成的交通运输节能减排项目开展考核验收工作,主要对创建实施方案的目标、重点支撑项目等实施效果进行考核,考核等级良好以上的项目单位获得荣誉称号。2016年,共有10个城市、6条公路、4个港口申请验收,并全部通过考核,其中授予重庆市、杭州市、厦门市、北京市、无锡市、武汉市为"绿色交通城市",授予成渝高速公路复线(重庆境)、江西昌樟高速公路改扩建工程、河南三淅高速公路、京港澳(京石段、石安段)高速公路、云南麻昭高速公路为"绿色公路",授予广州港、青岛港、天津港为"绿色港口"。

2016年度被交通运输部授予荣誉称号的绿色交通项目

1.绿色交通城市(6个):重庆市、杭州市、厦门市、北京市、无锡市、武汉市。

2.绿色公路(5个):成渝高速公路复线(重庆境)、江西昌樟高速公路改扩建工程、河南三淅高速公路、京港澳(京石段、石安段)高速公路、云南麻昭高速公路。

3.绿色港口(3个):广州港、青岛港、天津港。

一、绿色交通城市篇

(一)重庆市

1.实施情况

2011年3月,交通运输部下发《关于开展建设低碳交通运输体系城市试点工作的通知》,重庆市被列为全国首批10个低碳交通运输体系城市试点之一。重庆市交通委员会组织行业内企事业单位,通过征集、筛选,立足重庆,突出特色,结合国家和地方生态文明建设战略部署,编制了《重庆市建设绿色循环低碳交通城市区域性试点实施方案(2013—2020)》(以下简称《实施方案》)。《实施方案》围绕建设绿色循环低碳交通基础设施、推广绿色低碳型交通运输装备、优化运输模式及操作方法、提升信息化水平、健全交通碳排放管理体系等五大领域遴选了30个具体项目作为重点任务。考核验收时拟定内容全部完成的项目共有22个。完成《实施方案》拟定的评价指标共22项,其中20项指标已达标。根据交通运输部节能减排项目考核等级评定方法,结合重庆区域性试点目标及重点支撑项目完成情况进行综合评分,项目自评分为94.8分。

2.实施效果

根据各试点项目的实施情况,对《实施方案》中各试点项目取得的节能减排效益进行核算。通过核算,试点项目可产生年节能能力4.02万吨标准煤,替代燃料量7.54万吨标准油,年减排能力13.34万吨CO_2,经济效益及社会效益均较为显著。此外,通过项目实施示范,有效带动了重庆市交通全行业的绿色化进程。其中,通过"普通国省道沥青路面冷再生利用工程"和"普通国省道水泥混凝土路面破碎再生工程"的示范,全市1000多公里普通公路建设中推广使用了路面材料再生利用技术;CNG公交车、CNG出租车已全面覆盖38个区县,且占比分别达到81.4%、97%;投入561台机动车驾驶模拟器，全面推广至全市 48 家驾培机构；1983 辆公交车安装了“车辆恒温冷却系统（ATS）”，可降低能耗近 5%；全市高速公路主线收费站、匝道收费站 ETC 覆盖率分别达到 100%、90%，实现与全国 ETC 联网；高速集团所辖高速公路隧道实现 LED 照明全覆盖。

3.示范经验

一是优化水运结构，充分发挥内河航运优势。重庆坐拥长江黄金水道和长江上游地区最大的港口群。试点期内，通过逐年提高水路货运比例、大力开展内河船型标准化、推进内河岸电应用、航道升级改造等措施，深入挖掘内河船舶节能潜力，为构建重庆绿色交通运输体系发挥综合效应奠定了坚实的基础。

二是发挥产业优势，全面推广清洁与新能源汽车应用。重庆目前是西部最具优势的汽车产业发展基地，市内有着比较完整的汽车产业集群。重点依托重庆本地客车制造企业（重庆恒通客车有限公司及重庆五洲龙新能源汽车有限公司）在新能源汽车研发生产方面的优势，形成技术产业与行业推广相结合，全面推进重庆市清洁能源与新能源汽车的应用。此外，市政府相继出台了《重庆市液化天然气车辆（船舶）推广实施意见》和《重庆市新能源汽车推广应用工作方案（2013 — 2015 年）》，明确了重庆市清洁能源与新能源汽车推广的阶段目标、补贴政策及优惠政策等。截至目前，主城区 CNG 公交车达到 7099 辆，CNG 出租车 1.5 万辆，CNG 公交车使用率 99.3%，CNG 出租车使用率达到 100%；全市 LNG 班线客车 270 辆，LNG 货车 240 辆；气电混合动力公交车 1594 辆，纯电动公交车 46 辆。

三是创新投资模式，推广隧道绿色照明。多隧道是重庆作为山地城市公路建设的一大特色。试点期间，全市高速公路、普通公路隧道大力推广应用 LED 节能灯；重庆高速集团与中国四联集团联合成立重庆四联交通科技有限公司，通过 EPC 的投资模式，负责 LED 灯具的生产制造实施工作，通过隧道灯具节能分成获取相应收益。2013—2015 年累计生产实施 6.4 万盏。

四是强化能力建设，开展能耗统计监测和管理体系试点工作。编制了《重庆市交通运输能耗统计监测实施方案（暂行）》，对全市 10 家“车、船、路、港”千家企业主要能源消耗进行了统计调查，形成了《重庆市公路水路交通运输能耗统计分析年度报告》，为重庆市交通能耗统计监测体系的建立奠定了基础。制定标准规范，先后编制了《重庆市出租汽车电召服务规范》《沥青路面再生技术应用技术指南》《重庆市交通运输能耗统计监测实施方案（暂行）》《锶盐废渣在农村公路中的应用技术指南》等 15 项标准规范、指南；开展了《重庆国省干线公路沥青路面再生成套技术研究示范（推广类）》《重庆高速公路路面再生设计、施工关键技术研究》《基于变频技术的公路隧道节能通风系统研究》《涪陵至石柱资源节约、环境友好型高速公路建设技术与示范》等 13 项专项技术研究。在全国率先开展运输企业能源管理体系构建试点工作，为重庆市航运企业节能降耗树立了榜样。开展绿色交通发展方式研究、太阳能技术应用示范等项目，出版了“四个交通”提出后关于绿色交通的首本专著——《绿色交通理论探索与实践》。

（二）杭州市

1.实施情况

2011 年，杭州市被交通运输部确定为首批建设低碳交通运输体系的十大试点城市之一。低碳交通运输体系建设试点为杭州交通运输节能减排工作打下了坚实的基础,杭州首次提出并基本建成了“五位一体”的城市低碳综合交通系统、杭州市交通运输局、杭州市长运集团、杭州市公交集团分别先后荣获“2011 至 2012 年度全国交通运输行业节能减排先进集体”“2011 至 2012 年度全国交通运输行业节能减排先进企业”和“2012 年度杭州市节能先进企业”等荣誉称号。为深化低碳交通运输体系建设成果,进一步加大对试点城市的支持力度,杭州开展建设绿色低碳交通城市区域性试点,组织编制了《杭州市建设绿色低碳交通城市区域性项目实施方案》,2016 年初申请验收,考核验收时拟定的 38 个重点支撑项目全部完成 33 个(其中有 12 个项目超额完成),部分完成 5 个,考核等级为优秀。

2.实施效果

一是“五位一体”绿色公交系统成为城市新名片。杭州市在建设绿色低碳交通城市区域性试点过程中,进一步深化了低碳交通运输体系建设成果。特别是“五位一体”绿色公交体系,着重加强了地铁、公交、出租车、水上巴士以及公共自行车间的换乘衔接设计,并通过信息资源整合与移动互联应用,充分发挥了“五位一体”城市公交系统的组合优势。杭州市已全面建成了以轨道交通和快速公交(BRT)为骨干,以常规公交网络为主体,以出租车、公共自行车和水上巴士为特色补充的城市公共出行网络。根据杭州市 2015 年底进行的居民交通出行调查,市区“五位一体”公交出行分担率已达到 40.1%,结构节能优势充分显现。在推进“五位一体”公交系统建设的同时,杭州市大力推进新能源、清洁能源的应用。截至 2015 年底,全市累计投入天然气公交车 2378 辆、纯电动公交车 1600 辆、油电混合动力公交车 1290 辆(包括插电式和非插电式两种),新能源、清洁能源公交车占比达到 65.7%;累计投入新能源和清洁能源出租车 4462 辆,其中 CNG 出租车 3902 辆,纯电动出租车 560 辆,新能源、清洁能源出租车占比达到 38.4%。

二是公共自行车的杭州模式在全国范围推广应用。在绿色低碳交通城市区域性试点建设过程中,杭州市进一步巩固公共自行车系统建设领域已经取得的先发优势,注重系统优化、品牌打造和市民体验,并着力扩大示范引领效应。截至 2015 年底,杭州公共自行车累计租用量超过 6 亿人次,日最高租用量达到 44.86 万人次,先后获评全球公共自行车租用便捷、费用低廉第一名、国家金卡工程 2015 年度金蚂蚁奖(优秀应用成果奖)、2015“中国好设计”银奖及第二届德黑兰“金砖块”国际城市管理奖。同时,杭州公共自行车系统在目标、体制、建设、管理、营运、技术、政策等方面均形成了自身独有的鲜明特点,其“政府主导　公交运作”“公益定位　市场操作”“市民支持　便民利民”“技术先进　管理科学”等五大独有特色被业内称为公共自行车的“杭州模式”。试点建设期间,杭州市着力将这一模式向全国范围推广应用。截至 2015 年底,公共自行车“杭州模式”已在北京(通州)、山西(太原)、湖北(武汉)、甘肃(兰州)、新疆(塔城)、江苏(南京)、福建(厦门)、广东(佛山)、贵州(贵阳)等 28 个省(自治区、直辖市)153 个城市成功推广应用,广受当地百姓的欢迎。

三是绿色交通与全市发展战略紧密融合、高度协同。杭州市在绿色低碳交通城市区域性试点建设过程中,将推进绿色交通发展与“美丽杭州”建设,特别是其中的“治气”“治水”“治堵”以及新能源汽车产业发展与推广应用等紧密融合、协同促进,既为全市的绿色发展贡献交通力量、提供可靠支撑,同时进一步促进了绿色低碳交通城市区域性试点建设的顺利推进。在大气污染防治方面,全力推进营运黄标车淘汰工作。截至 2015 年底,共注销营运黄标车 12682 辆,完成省考核计划进度的 107.92%,既有力地支撑了全市黄标车淘汰工作的完成,又为节能环保营运车辆更新提供了数量保障。在治理水环境方面，按照“水清、岸绿、景美”的要求，全面履行河长联系部门职责，将余杭塘河打造成宜居、宜业、宜学的生态河和旅游河，为水上旅游事业和绿色港航发展奠定了重要基础。在治理城市拥堵方面，全面贯彻公交发展战略，着力实施骨干公交线路提速、公交线网优化、公交运力倍增和公交智慧发展等行动，全力提升城市公交运行效率和城市交通绿色水平。在推进新能源汽车推广应用方面，用好、用足杭州市的补助政策，先后三批组织、投放西湖比亚迪纯电动公交车 1500 辆，并协调推进以新能源汽车分时租赁为主要特征的杭州微公交模式发展。

四是绿色交通科技成果不断涌现，支撑引领性强。杭州市近年高度重视发挥科技创新在推进绿色交通发展、建设区域性试点城市的支撑引领作用，注重课题研究和成果研发，并强化移动互联、大数据等新科技、新方法在城市交通治理中的应用。2013—2015 年，取得的有代表性的科研成果有：“杭州市高固碳公路绿化研究与建养示范”提出了适合浙北地区的主要高固碳树种，进而为每种类型公路高固碳建设提供了可靠的模板，有效地支撑了公路行业绿化建设；“杭州公共交通清洁节能汽车选型研究”着力解决适应杭州公共交通环境的清洁节能汽车的选型问题，从而为科学、经济、高效地选择节能环保型公交车提供了理论支持与可靠依据，这种建立在科学研究基础上的车型选择决策在行业内尚属首次，为行业绿色发展的科学决策提供了很好的思路；“杭州市公共交通出行调查与公共交通模型体系研究”（在研）将出行调查与“互联网+”、交通大数据等分析手段相融合，构建实时反映城市公共交通出行需求与发展态势的定量模型，从而为杭州交通规划、建设、管理和运营提供可靠决策依据。

五是注重打造绿色交通文化品牌，切实提升软实力。在绿色低碳交通城市区域性试点建设过程中，杭州市在稳步推进绿色低碳基础设施、节能环保运输装备、集约高效运输组织模式、科技与信息化等“硬建设”的同时，在同类城市中率先提出了打造绿色交通文化、提升绿色交通软实力的要求，并将其与“硬建设”同步开展、协同促进。一方面，开展了一系列的绿色交通文化体验与文化活动，增强了市民对绿色交通和绿色出行的认同感、获得感与自觉性，引导公众自觉选择绿色交通方式。目前，“五位一体”公共交通模式、公共自行车、“节油大赛”等均已成为杭州市绿色交通文化的重要品牌，深深根植于杭州市民和业内人士心中。另一方面，创新性地开展了“杭州市绿色低碳交通文化体系建设研究”课题，通过问卷调查、定量模型研究，初步完成了杭州市绿色交通文化水平测评，为后期提出全方位的绿色交通文化支撑体系和评价模式提供了有效支撑。该研究思路在全行业中尚属首次，将为行业绿色文化的建设贡献“杭州智慧”。

3.示范经验

一是强化组织机制。第一，健全组织领导机构。根据试点工作要求，市政府作出书面承诺，成立了由杭州市委、市政府分管交通的市领导任组长，杭州市发改委、经贸委、科技局、交通局、交通工会、道路运输管理局、机动车服务管理局、公路管理局、港航管理局、交通工程质量安全监督局、高速公路管理局、交通信息中心等单位主管领导为成员的杭州市绿色低碳交通运输体系建设区域性试点工作领导小组，杭州市交通运输局下属单位和各区、县（市）交通运输局均建立了相应的领导小组，杭州长运集团、公交集团、地铁集团等重点交通运输企业也成立了领导机构。第二，健全组织协调机构。杭州市交通运输局科技教育处具体负责区域性试点的牵头、汇总、协调工作，依托杭州汽车高级技工学校，成立了杭州绿色低碳交通管理与科技推广应用中心。第三，注重多部门统筹协调与协同推进。在区域性试点启动前，杭州市交通运输局已协调市政府将区域性试点项目纳入杭州市低碳城市建设实施方案统筹推进。在实施过程中，注重将区域性试点建设与杭州治堵、治气、治水和大力推进公交优先发展工作相协同联动，如：将公共交通领域的节能和新能源车推广应用与创建“国家公交都市”、全市治堵工程结合推进；将碳汇林建设工程与“四边三化”工作结合推进；将船舶减排和污染防治与“五水共治”、大气污染防治结合推进。

二是完善制度体系。第一，健全了考核办法。根据上级部门和政府的要求，结合试点工作，市交通运输局以《杭州市建设绿色循环低碳交通城市区域性项目实施方案（2013—2020）》确定的年度计划逐年修订杭州交通运输系统节能减排工作考核办法和年度节能减排量化目标，同时连续三年将低碳交通考核纳入市政府对区县市政府的生态文明考核。第二，建立了督查制度。市交通运输局在牵头督查的基础上，多次配合市节能办、大气办、生态办督查相应企业。此外，行业主管部门与重点企业签订了年度目标责任书，结合日常监管开展检查督促，开展好交通运输部“车、船、路、港”千家企业低碳行动。开展船舶污染物接收、转运、处置联合专项整治，加强与环保、建委、城管等部门的联合监管。第三，建立了项目动态报告制度。为确保区域性试点目标任务的如期完成，市交通运输局建立了“区域性试点项目”月报制度、“营运黄标车”半月报制度、“市域公路扬尘控制、船舶污染治理”周报制度等。

三是注重政策叠加。杭州市在开展绿色低碳交通城市区域性试点建设的过程中，低碳交通运输体系建设试点正处于收尾阶段，而杭州市节能减排财政政策综合示范中的交通清洁化行动也正如火如荼地开展。对此，杭州市充分利用三个试点的政策优势，正确处理试点之间的有效衔接与融合问题，强化政策协同与整合引导，有序推进示范项目建设。根据交通运输部有关区域性试点工作纳入城市发展总体规划的指导方针，杭州市将两个试点有机结合，主导推进交通清洁化工作。交通清洁化项目三年计划投资 66.52 亿元，截至 2014 年底，项目累计完成投资额 80.39 亿元，完成总计划进度的 120.86%，超额完成三年计划，同时也进一步促进了区域性试点中部分重大项目的推进。

四是夯实基础能力。第一，高度重视能耗统计监测体系建设。试点期间，杭州市在全省率先建成内河船舶能耗动态统计监测系统，并着力开展实船油耗监测，也因此被纳入交通运输部内河船舶能源统计监测试点城市；结合杭州实际，开发了杭州市道路运输行业能耗统计平台，定期对客运、货运、出租车、公交车能耗进行统计和分析；全力配合浙江省交通运输厅的全省能耗统计监测平台建设，认真组织杭州长运集团、公交集团等单位填报省厅能耗统计信息系统，多次参加省厅节能减排管理中心召集的培训和座谈会议，提供能耗在线监测样本且数据传输正常率达到 90%以上。第二，注重标准规范体系建设，固化节能减排经验。杭州市作为全国公共自行车先行者，已协助全国 142 个城市完成公共自行车系统建设，基于此项经验，在全国率先编制完成《城市公共自行车管理服务规范》（DB33T 898—2013）和《城市公共自行车系统技术规范》（DB33T 921—2014）两个公共自行车省级地方标准，《城市公共自行车管理服务规范》目前已上升为国家标准。第三，积极推广市场机制。杭州市公共自行车绿色低碳与节能减排项目获得北京环境交易所的碳减排量交易；此外，试点期间还通过引入合同能源管理模式，在杭州绕城高速公路大力推广 LED 照明技术。

五是全力宣传推广。第一，强化媒体宣传，不断创新形式。试点期间，每年以全国节能宣传周、低碳日、环保日、科技活动周等为契机，组织交通系统企事业单位，深入客运场站、服务区、码头、企业生产一线等，以展板、宣传册、实地体验等多种形式宣介杭州市绿色低碳交通城市区域性试点建设成果；持续向《中国交通报》、《杭州日报》、《钱江晚报》、浙江电视台、杭州电视台等主流媒体上报新闻稿件或组织新闻选题，配合中央电视台两次到杭州拍摄“五位一体”绿色交通宣传片；拍摄了列入交通运输部2015年全国节能宣传周六大重点活动之一的“杭州公共自行车微电影”，并上报交通运输部，节能宣传周期间在交通运输部机关大楼、网站等播放。第二，积极培育绿色交通文化。组织开展低碳书画作品征集、绿色低碳交通征文等文化活动，以寓教于乐的方式向公众传播绿色交通理念和知识；策划开展公共自行车环游杭城十大古城门、公共自行车环湖骑游等大型活动，增强公众的绿色出行体验，引导公众自觉采用绿色出行方式；每年与市总工会等部门联合，组织开展节油大赛（“汽车节油王”技能大赛），并于赛后制作电视节目，面向全国播出，进一步传播节能减排理念，打造杭城绿色交通文化品牌。第三，着力加强示范推广。区域性试点以来，“船舶免停靠报港信息系统”“延长车用润滑油”等先后被列入交通运输部节能减排示范项目，“内河船舶能耗动态统计检测系统”被列入交通运输部首批绿色循环低碳示范项目，“杭州市低碳公共交通服务系统”等5个项目被列入省级交通运输行业绿色循环低碳示范项目。

（三）厦门市

1.实施情况

“十二五”期以来，厦门市相继被列为国家低碳试点城市、低碳交通运输体系建设试点城市。积极贯彻落实厦门市委市政府关于建设“低碳城市”“生态城市”的战略定位和战略部署，在整个创建绿色交通城市的过程中，始终将生态文明建设和绿色低碳理念融入交通运输发展的各方面和全过程，以加快交通运输发展方式转变为主线，以节约资源、提高能效、控制排放、保护环境为核心，以加快推进绿色低碳交通基础设施建设、绿色低碳运输装备推广、绿色低碳运输组织体系建设、智能交通与信息化建设、绿色低碳交通能力建设为主要任务，突出“综合交通、智慧交通、生态交通”特色，强化科技创新与管理创新，加快建成绿色低碳交通城市，实现交通运输绿色发展、循环发展和低碳发展，促进美丽厦门和生态城市建设。厦门市绿色低碳城市具体支撑项目共14项，其中实施方案计划项目14项，按照实施方案计划已实施14项，投入运营比例达到83%。

2.实施效果

到2015年创建期末，厦门市交通运输行业基本实现了预期的总目标：绿色低碳发展意识明显增强，绿色低碳交通战略规划体系、法规标准体系和配套政策体系初步形成，体制机制更加完善，科技创新与信息化水平明显提高，监管能力明显提升，能源和主要资源利用效率明显提高，二氧化碳和主要污染物排放强度明显降低，生态环境保护取得明显成效，绿色低碳交通运输体系初步建立。形成了绿色交通发展的法规保障体系、政策支撑体系、技术创新体系和激励约束机制，绿色交通运输体系建设工作取得了显著成效。另外，在示范创建期间，每年开展节能减排宣传、推广工作，与国际组织、金融机构、国外政府机构以及国内其他省市交通运输主管部门、交通运输企业、研究咨询机构等交流研讨，积极吸收绿色交通发展好建议，在行业及全社会形成了良好的绿色发展氛围。

3.示范经验

一是加强制度体系建设。“十二五”期间，厦门市委、市政府将节能减排目标任务纳入国民经济和社会发展规划。为加强对节能减排工作的领导，确保实现厦门市“十二五”期的节能减排目标，厦门市先后成立了相关的管理机构——“厦门市人民政府节约能源办公室”和“厦门市节能减排工作领导小组”。其中，厦门市节能减排工作领导小组以市长为组长，分管副市长为副组长，各有关部门负责人为成员，负责统筹领导部署全市节能减排工作，明确各单位的职责，协调解决工作中的重大问题，确保责任到位、措施到位、投入到位，对全市节能减排工作进行统筹规划和统一领导。建立完善的工作机制，发布相应管理办法。在制度建设方面建立试点工作监督考核机制、试点项目实施单位定期信息报送制度、监督试点实施单位建立节能减排管理制度。全面组织实施试点方案。按照工期、开展实施各重点项目，对各个子项目进行审查、资料收集备份等工作；每月对实施情况进行评价与监督，督办各项工作的有效落实，对实施工作进行阶段性检查和测评。

二是注重科技创新发展。信息化智能化水平是衡量交通运输现代化发展水平的重要标志。厦门是东南沿海重要的中心城市，也是城市规模较小的经济发达城市，这些特征决定了厦门交通运输行业节能减排的发展必须立足科技创新。绿色低碳交通城市的建设过程，包括厦门智能公交系统升级改造项目、交通运输云计算平台及行业智能化系统应用项目、厦门第四方物流信息平台项目在内的多项信息化项目，体现了行业节能减排发展的科技创新意义。其中，厦门远海全自动化集装箱码头“集装箱自动化码头装卸系统研究”项目通过交通运输部验收，“自动化集装箱码头系统”获得中国创新设计产业战略联盟“中国好设计奖”银奖，“集装箱自动化码头装卸系统”荣获第十七届中国国际工业博览会银奖等。

（四）北京市

1.实施情况

2013年2月，交通运输部发布《关于开展2013年度区域性、主题性项目试点工作的通知》，北京被列入第一批试点城市。按照交通运输部相关文件精神，结合北京市交通行业节能减排工作需求和实际，北京市交通委员会组织编制了《北京市建设绿色循环低碳交通城市区域性项目实施方案》，提出包括组织机构、政策制度、标准规范在内的管理性指标7大项9小项，及涵盖能耗排放下降强度、新能源车辆推广目标在内的结果性指标14大项27小项，实施低碳轨道类、低碳车辆类、低碳公路类、能力建设类、新城示范类等五大领域20项重点支撑项目，其中获得专项资金支持项目13个，全部完成5个，部分完成6个，申请退出2个；配套项目7个，全部完成6个，部分完成1个。提出36项指标，其中结果性指标14大项27小项，管理性指标7大项9小项。

2.实施效果

一是绿色低碳出行长足发展促进结构减排。优先发展公共交通，推动绿色低碳集约化出行。公共交通日均客运量从1886万人次增长到2040万人次，轨道交通运营里程由336公里增长到554公里，公交专用道由294公里增加到741公里，公共自行车租赁规模达到5万辆。中心城区公共交通出行比例由39.7%增长至50%。通过吸引公众使用绿色低碳方式出行，人均单次出行污染物排放量较“十一五”末下降28%。

二是运输工具能源排放结构优化取得突破。推进新能源和清洁能源车辆在行业内的应用。“十二五”末，交通行业在地面公交、出租、旅游、货运、郊区客运、省际、租赁等行业推广新能源车22020辆，较“十一五”末增长486%。此外通过出台新能源小客车指标单独配置政策及不限行政策，促进全市私人领域推广新能源小客车13391辆。通过以上措施，每年可减少汽柴油消耗3.4亿升，减少污染物排放1278吨。车辆排放结构逐步清洁化，先于国家要求实施京Ⅴ轻型汽油车和国Ⅳ重型柴油车排放标准，交通行业全部淘汰黄标车，并加快老旧营运车辆淘汰，国Ⅳ及以上排放标准车辆占比由“十一五”末的38%提升至“十二五”末的61%，行业车辆排放结构大幅度优化。

三是节能减排产品技术应用规模逐步扩大。积极鼓励交通运输企业通过合同能源管理等模式，应用LED节能照明、变频电梯、变频空调等节能设备。轨道交通实现205个站点更换LED灯13.5万盏，变频电梯比例达到100%，交通运输枢纽中LED灯覆盖率近50%、变频电梯比例近90%。通过以上技术推广，“十二五”累计形成超1亿千瓦时节电能力。大力推动行业节能技术改造，在轨道能量回收、绿色轮胎、车身轻量化等节能技术改造方面取得突破。在道路建设施工养护方面，持续推动节能环保材料使用，普通公路节能环保材料使用比例达到85%，路面旧材料回收率达到95%。

四是基础能力建设推动交通行业内涵促降。启动行业节能减排统计监测能力建设。完成了北京市交通领域节能减排统计与监测平台一期工程建设，积极推动企业的能源管控体系建设。完成了交通运输环境监测网试点工程建设，建成4处交通环境质量自动监测站及北京交通节能减排实验室。构建了能耗排放四层级模型体系，初步实现了对行业能耗排放的精细化分析及预测。初步构建节能减排标准体系。结合北京市百项节能标准工作，组织开展了公交、轨道、货运、出租汽车4大交通行业5项节能标准的编制和发布，有效提升了交通行业节能标准化管理水平。创新推进节能减排制度建设，与北京市统计局联合发布了交通行业能耗统计制度。积极组织推动65家重点用能单位开展能源审计、74家重点用能单位开展清洁生产审核，提升企业自主节约、发展清洁能源的认识。

五是交通节能减排体制机制探索初见成效。探索行业节能减排组织管理机制。成立北京市交通行业节能减排工作领导小组及北京市交通行业节能减排中心，根据京津冀及周边区域大气污染联防联控要求，建立了机动车排放污染控制工作协调机制。积极争取交通运输部和北京市在清洁空气及节能减排方面的专项政策和资金，获得了交通运输部低碳试点和区域试点城市项目，其中区域试点13个重点项目，低碳试点28个重点项目。

六是交通节能减排社会氛围环境初步形成。组织节能减排宣传交流活动，开展多种形式的媒体宣传。组织开展“文明交通　绿色出行”“全国节能宣传周”等系列活动。组建“绿色出行　畅通北京”宣讲团，开展百余场宣讲，利用微博、微信等新媒体方式传播绿色交通理念。面向交通企业召开节能减排标准宣贯与技术培训，加深企业节能减排工作认识，交通节能减排社会共识氛围初步形成。

3.示范经验

一是国家资金注入是地方交通节能减排资金的有力撬动。相较于工业、建筑业，交通行业节能减排工作起步较晚，基础薄弱，处于夯实基础的培育初始阶段，需要政府资金大力支持。国家对地方项目的补贴资金将极大撬动地方交通节能减排资金的投入。通过区域试点项目政策和资金支持，北京积极争取市级“清空专项资金”和“财政综合示范”等专项资金。“国家引导+地方配套”的交通节能减排专项资金使用模式，对基础能力建设类及创新示范类项目具有重要推动作用。

二是基础能力建设是提升精细化管理水平的重要手段。本次区域试点项目支持了企业开展企业级能源管理平台的建设，同时北京市建成了交通节能减排统计监测政府级平台作为配套项目，全面提升北京市交通领域节能减排统计与监测水平，提高交通能源的利用效率，降低人工采集成本和数据错误损失。通过夯实能力建设，实施精细化管理，提升了企业节能减排管理水平，为政府决策、政策效果评估提供了可靠的数据支撑。

三是典型示范项目是促进全行业绿色发展的引领标杆。通过区域性试点项目的开展，集中重点资金打造示范标杆项目，激发企业探索绿色低碳循环发展道路，带动全行业的绿色发展。如北京市地铁运营公司承担建设的地铁能耗统计与监测平台，是国内轨道交通领域首个路网级的能耗统计与监测平台，通过项目建设实现了信息化节能管理，降低成本，方便运营维护，示范意义重大，不仅在北京地铁建设中具有推广价值，对国内其他城市开展地铁能耗统计与监测平台建设也具有示范作用。

（五）无锡市

1.实施情况

2013年交通运输部绿色循环低碳交通运输体系建设试点示范推进会在无锡召开，无锡被确定为全国10个绿色低碳交通运输区域性试点城市，力争在2015年初步建立绿色循环低碳交通运输体系。同年6月，交通运输部与江苏省人民政府签署了《共同推进江苏省绿色循环低碳交通运输发展框架协议》，全国首个绿色循环低碳交通示范省份正式启动建设。在此背景下，无锡市交通运输局立足本地，突出特色，结合国家和地方生态文明建设战略部署，编制了《无锡市建设绿色循环低碳交通城市区域性试点实施方案（2013—2020）》（以下简称《实施方案》）。《实施方案》围绕智能化交通管理系统、节能型运输装备系统、集约化运输组织系统、创新型节能技术系统、引导型低碳出行系统、低碳型基础设施系统、规范化能力建设系统等重点领域，遴选了45个具体项目作为重点支撑项目，其中专项资金支持项目38个、地方配套项目7个。全部完成项目21个（其中5个项目超额完成），部分完成项目16个，未实施项目8个。拟定的评价指标共17项，试点期间已全面完成。

2.实施效果

一是绿色交通发展框架逐步完善。按照“政府主导、行业指导、企业主体、社会参与”的思路，确立了全市交通运输行业广泛参与的低碳交通运输体系试点工作模式，建立了试点工作组织领导机构和工作网络，形成了项目实施单位—技术支持单位—行业管理部门三级联动的综合协调机制，并将“低碳交通”试点与全市“两型社会”改革相结合，发挥政策叠加效应；同时注重顶层设计，编制完成《无锡市低碳交通体系建设战略规划》《无锡市建设绿色低碳交通城市区域性项目实施方案（2013—2020）》等方案，出台了《绿色循环低碳交通运输发展实施意见》《无锡市交通运输行业节能减排工作要点》等政策文件。

二是绿色交通网络体系基本成型。围绕打造区域性交通枢纽城市的功能定位，加快构建低碳环保型综合交通运输体系。第一，充分发挥水运低碳优势。加快水运基础设施建设，省内率先完成京杭运河无锡段航道“四改三”整治工程，锡澄运河航道“五改三”整治工程已全面开工建设，高等级航道的比例大幅提升，同时规模化、集约化、公用化的港口体系基本形成。第二，打造畅通成网的公路网络体系。高速公路密度居国内领先水平，国省干线公路一级化改造全部完成，农村公路提档升级工程持续推进，公路通达程度和通行效率进一步提高。第三，加强综合交通枢纽及其集疏运配套设施建设，按照“零换乘”和“无缝衔接”的理念，相继建成无锡火车站中央车站、京沪高铁无锡东站和宁杭高铁宜兴站等客运枢纽，加快建设西站物流、高新物流等具有公、铁、水联运功能物流园区；“一纵四横”的铁路交通基本形成，苏南（硕放）国际机场二期扩建全面建成，机场整体功能进一步提升。公、铁、水、空一体化发展的“大交通”格局已初显形态，综合交通运输体系建设逐步完善。

三是绿色交通出行方式初步确立。结合城市空间布局调整，按照区域城市化和城市现代化的要求，大力推进公交优先发展。轨道交通1号线和2号线全面投用，新增轨道交通里程约56.5公里，日均客流量近20万人次，以轨道交通为骨干、地面公共交通为主体、出租汽车为补充、公共自行车为延伸的城市公共交通体系已逐步形成。目前市区公交营运线路已达286条，线路总长度5480.6公里，公共交通日均客流量达到130万人次，分别比“十一五”期末增加了30%、29%、19%；市区公交出行分担率达到了28.1%；同时，以服务均等化和城乡一体化为目标，大力推进镇村公交发展，率先在全省实现全市域镇村公交100%全覆盖。

四是绿色交通创新能力明显增强。发挥无锡市物联网技术的研发优势，积极推进物联网和智能技术在交通领域的应用。金南物流的“爱卡斯”智能化系统、苏南运河无锡段“感知航道”管理系统、驾培物联信息平台、机动车维修管理系统已投入实际运用；客运智能出行服务系统、出租车智能召车系统、公交智能调度和出行信息服务系统全面应用；港口智能控制及信息管理系统、交通物流信息平台、现代物流交易平台、城市配送信息管理系统、超限高速预检系统等一批项目相继建成投入使用，智能化技术促进低碳节能管理水平进一步提高。江阴港口绿色低碳沿江港口创建成效显著。积极指导江阴港开展绿色低碳港口创建，加强对方案编制、项目实施、政策争取等方面的支持力度，形成“政府主导、行业指导、企业主体、技术支持”工作体系，目前港口能效管理系统、LNG装载机、港区及堆场LED灯具应用、靠港船舶作用岸电等一批项目相继完成，绿色低碳港口初见成效，年节能能力2399吨标准煤，替代燃油量2678吨标准油。“绿色汽修”创建取得突破性进展。已培育44家“绿色汽修”示范企业，其中20家企业获得节能减排资金支持。无锡东方新纪元集团“绿色汽修”项目被列为交通运输行业节能减排示范项目，成为行业标杆；同时，以无锡市德友汽车维修服务有限公司为代表的一批中小型民营综合性维修企业自觉进行“绿色汽修”创建，也在行业全面创建“绿色汽修”中起到了很好的示范效应。

3.示范经验

一是加强组织领导，为绿色交通城市创建提供机制保障。充分发挥“无锡市低碳交通运输体系建设领导小组”的作用，加强与市发改委、经信委、财政局等部门的工作沟通和协调配合，形成共同推进低碳交通区域性试点工作的良好局面。成立市绿色循环低碳交通研究中心，负责为试点工作开展提供全程的技术指导和咨询，协助市局做好项目监管、指导企业准备相关材料，推动交通运输节能环保新技术、新工艺的研究。建立综合协调机制。市局负责统筹推进试点工作，建立项目实施单位、技术服务单位、行业主管部门的工作协调机制，签订目标责任书，明确行业管理单位和相关业务处室的指导和监督作用。

二是优化顶层设计，为区域性试点明确目标导向。“十二五”以来，先后组织编制《无锡市低碳交通运输体系建设战略规划》《无锡市低碳交通运输体系建设试点实施方案（2011—2013）》和《无锡市建设绿色低碳交通城市区域性项目实施方案（2013—2020）》，明确了无锡市低碳交通运输体系建设的指导思想、发展路径和重点实施项目。此外，相继出台《绿色循环低碳交通运输发展实施意见》《无锡市交通运输行业节能减排工作要点》和《绿色循环低碳交通城市区域性项目和资金管理暂行办法》，进一步明确规划期内年度工作重点、保障措施及项目管理内容，为建设绿色循环低碳交通运输体系提供了有力保障。

三是强化过程监管，为区域性试点搭建推进体系。根据交通运输部批复的《无锡市建设绿色循环低碳交通城市区域性项目实施方案》,结合无锡市工作实际,精心组织、周密安排,认真落实各项试点工作任务。①制定试点工作总体推进计划,开展定期检查,试点期间组织技术人员多次深入实地开展调研,及时掌握试点项目实施进度、存在问题等,每年对试点项目进行经验总结。②每半年召开一次项目推进会,对项目的实施情况开展阶段性评估,及时督促各实施单位按计划推进,2015 年 6 月印发的《无锡市绿色循环低碳交通项目考核验收管理细则》,明确了无锡市绿色交通项目的验收程序、时间要求、材料准备等,指导企业提前准备验收相关材料。③建立目标责任制,将试点项目计划安排分解到各个管理单位,与各实施单位、行业管理单位签订目标责任书,并与要求各相关单位对照进度任务,确保完成各项考核目标,并以此作为试点过程管理和目标实现奖励的重要依据。

四是提升能力建设,为区域性试点优化外部环境。绿色交通区域性试点工作,从广泛宣传发动到试点示范推动,最终落脚点是行业制度约束,完善城市自身能力建设也是试点示范工作的预期目标之一。第一,积极开展能耗监测试点工作。结合交通运输部、省交通运输厅的工作要求,在公路客运、公路货运、水路运输、城市公交、城市出租、港口生产等 6 个领域开展能耗监测工作,编制完成《无锡市交通运输能耗统计分析年度报告》。第二,注重绿色交通文化培育。借助两次全国性低碳交通大会、"节能宣传周"和"全国低碳日"等方式大力宣传普及无锡市绿色循环低碳交通发展成果;同时积极组织开展交通节能减排、低碳发展培训,先后 10 余次组织相关人员参加交通节能减排方面的交流培训活动,包括"交通运输行业节能减排技术培训"和"低碳交通运输体系建设试点培训"等。

(六)武汉市

1.实施情况

2013 年 2 月,交通运输部印发《交通运输部节能减排与应对气候变化工作办公室关于开展 2013 年度区域性、主题性项目试点工作的通知》(交能办函〔2013〕2 号),明确在武汉市开展建设绿色低碳交通城市区域性项目试点。按照交通运输部相关文件精神,结合湖北省交通行业节能减排工作需求和实际,组织编制了《武汉市建设绿色循环低碳交通城市区域性项目实施方案》。按照建设绿色循环低碳交通基础设施、发展绿色低碳交通运输装备、优化交通运输组织、推进绿色循环低碳交通能力建设"四大重点任务",大力推进武汉市绿色低碳交通运输体系建设,共有节能主题类项目 17 个,根据《关于开展交通运输节能减排项目考核工作的通知》(规函环〔2015〕62 号)核算方法进行核算,考核等级为良好,绿色交通城市试点工作基本完成。2016 年 7 月,交通运输部授予武汉市"绿色交通城市"称号。

2.实施效果

到 2015 年创建期末,武汉市交通运输行业基本实现了《武汉市建设绿色循环低碳交通城市区域性项目实施方案》预期目标,节能主题类项目实施投资为 40 亿元,产生节能能力约 3152 吨标准煤/年、替代燃油能力约 12.3 万吨标准油/年,取得了较显著的节能减排和经济、社会效益,起到了良好的典型示范和引领作用。

一是加快推进了综合交通运输枢纽建设。建设天河机场交通中心和武昌客运中心、汉口客运中心等大型综合客运中心,流芳综合客运枢纽等 26 个公交枢纽站,实现客运"零距离换乘""与货运无缝衔接",提高交通运输系统效率。依托综合交通枢纽,建设低碳物流示范园区,建设空港综合物流园、阳逻港综合物流园、汉口北综合物流园、东西湖综合物流园等6个物流园区。

二是促进了节能减排技术在交通基础设施建养运中的应用。推广沥青路面冷再生、热再生与温拌沥青技术在公路建设养护中的应用,推广节能照明与地源热泵等技术在高速公路服务区、收费站、公路客货运输场站、港口中的应用。

三是推进了轨道交通与BRT系统建设,提高公共交通准点率。做好水上公交码头规划建设工作,提升水上公交吸引力。加强港口码头建设,促进货物运输由公路转向水路。规划建设安全舒适的自行车与人行道,加强公共自行车租赁点与公交车站、大型社区的接驳,鼓励市民选择慢行出行方式。

四是发展了绿色低碳交通运输装备,提高运输装备专业化、标准化水平。提高公交车辆等级与排放标准,加快推进长江干线船型标准化进程,充分发挥黄金水道的航运作用。促进清洁能源车船推广应用。加快天然气车船在公交、出租、公路客货运车辆和船舶上的推广应用。按照国家补贴、地方财政配套和企业自筹方式支持公交、出租、物流行业购买新能源汽车,探索适合于武汉的新能源汽车示范运营模式,稳步有序扩大示范运营范围,并加快新能源汽车配套基础设施建设。

五是推进了交通运输装备节能技术改造。推广使用江海直达运输船舶节能技术,应用先进的船体设计、船舶燃油超声波乳化节能技术等综合技术促进船舶运输节能。引导轻型、高效、电能驱动、变频控制的港口装卸设备的发展,推进电动集装箱龙门起重机电能回馈技术应用。

六是推广应用运输装备绿色维修驾培技术。加强绿色维修技术在公交、出租、公路客货运车辆上的应用,积极使用新设备、新工艺、新材料,加大技术创新力度。推广使用汽车驾驶模拟器,在保证驾驶培训效果的前提下减少实车使用和燃油消耗。加强节能驾驶培训,提高驾驶员的节能意识。

七是大力发展多式联运。充分发挥武汉市作为全国性综合交通运输枢纽的优势,发展公铁联运、公水联运、铁水联运、陆空联运等多式联运方式,增强各种运输方式之间的无缝衔接,提高交通运输效率。

八是优化公路客货运输组织管理模式。积极推进公路客货运输企业规模化、集约化、网络化,促进线路整合,优化资源配置。发展甩挂运输等新型绿色循环低碳运输模式,扩大甩挂运输组织方式在道路货运中的应用范围。

九是改善城市交通组织模式。着力推进治理交通拥堵,研究制定了全市治堵7大方面29条措施,加快公交专用道建设。实施"机动车违停、非法营运、不文明交通行为"等执法专项行动,开展智能停车诱导管理系统试点工作,完善公共自行车服务系统,鼓励市民采用公交出行方式。

十是强化了智慧交通系统。加强物联网、云计算等现代信息技术在交通运输领域的研发应用,谋划构建交通大数据中心和交通云平台。完善公交、出租车智能调度系统,推进港航海事管理信息化系统建设,提高道路运输管理及应急调度信息化水平,做好智慧交通系统顶层设计,促进系统整合、资源共享。完善公众出行信息服务系统。加快构建覆盖全市各种交通运输方式的信息发布系统,采用电子站牌、掌上公交、道路LED显示屏等多种方式发布交通出行信息,为公众提供安全、便捷、舒适、低碳的出行方案。

3.示范经验

一是政策宣传,组织保障。认真解读和掌握国家、省、市节能减排政策,加强与交通运输企业联系,了解企业需求,传达节能减排文件精神,建立企业节能减排项目的联系机制,及时掌握项目进展情况，积极协调解决项目建设中遇到的问题。

二是项目建设，规划先行。聘请有相关科研资质单位为技术支持单位，编制项目实施方案。深入企业开展调研，了解和掌握交通运输各行业、各管理环节的技术状况和能耗水平，分析节能潜力，编制实施方案，精心组织，认真遴选项目。

三是制度配套，规范管理。充分发挥节能减排专项资金引导作用。配合国家相关节能减排政策，制定适应交通实际、操作性强的节能减排管理制度，督促各项目承担企业和单位，严格按照方案要求完成项目建设。制定推进低碳交通发展的相关政策措施。一方面对技术落后、高能耗、高排放的运输装备制定强制退出或更新改造的时间表，对提前报废落后装备的企业给予一定的资金补贴。另一方面在交通运输行业推广应用新能源公交车、出租车和物流车，对企业购置新能源汽车给予减免企业税赋或给予投资补贴等政策倾斜，积极引导交通企业向低碳、节能、可持续的目标发展。

二、绿色公路篇

（一）成渝高速公路复线（重庆境）

1. 实施情况

"成渝高速公路复线"（G5013 渝蓉高速公路）是 G50 沪渝高速公路联络线，位于成渝经济区的核心地带，是连接成渝双核最短路径、最高等级、最快速度、最宽车道的"最快捷通道"。2013 年 3 月，成渝高速公路复线工程（重庆境）成功申请立项为交通运输部"节能减排绿色低碳公路主题性试点项目"。作为重庆建设"低碳交通运输体系"的重点工程，建设"低碳试点城市"的试点工程，建设"成渝经济区"和"长江经济带"的支撑工程，围绕节约资源、提高能效、控制排放具体目标，贯彻"成渝新干线，低碳新高速"的建设理念和"环保、生态、景观"的设计理念，面向规划设计、建设施工、运营管理全过程，重点实施 16 项低碳节能减排措施，开展"全过程、全寿命、全线路"的低碳全局优化。经验收，16 项重点措施基本完成，重点支撑项目完成率 90.5%，目标完成率 92.61%，项目总体得分 91.55，达到优秀等级。

2. 实施效果

一是率先打造"全过程、全寿命、全线路"低碳高速公路。在项目建设初期，率先提出打造全新理念、最高标准、最新模式的节能减排绿色低碳高速公路，面向规划设计、建设施工、运营管理全过程，开展"全过程、全寿命、全线路"低碳优化。在重庆市交通委员会专题交通科学技术项目"高速公路低碳化建设和运营的关键技术研究与示范"支持下，进行了低碳概念性规划与设计研究，开展了低碳建设和运营的关键技术攻关。采用 BOT+EPC 的投资经营和工程总承包建设模式，重庆渝蓉高速公路有限公司负责项目设计、施工、采购、运营总承包，统一采购原材料、统一使用设备人员、统一调配土石方，统筹实施全过程与全寿命低碳措施，提升整体节能减排水平。

二是全新创建特色鲜明的山区低碳高速公路建设模式。项目集成重庆 2000km 高速公路建设经验，尤其是在绕城高速公路、渝湘高速公路等科技示范工程和节能环保高速公路建设中的低碳经验，针对重庆山岭丘陵区高速公路建设中地质复杂、桥隧比高、运营能耗高、气象条件特殊等特点，开展规划、设计、施工的全局优化,形成了富有特色和成效的山区低碳高速公路建设模式。在规划设计中,充分考虑山区地形、地貌、地质因素,优化线形、线位、桥隧、立交、边坡等设计,降低工程量,节约利用土地。在建设运营中,综合应用温拌沥青、弃渣利用、LED 照明、太阳能光伏照明、前馈式智能通风等技术,形成山区高速公路隧道绿色低碳建设运营集成化技术特色。其中,全线隧道、收费站、服务区、停车区、养护区,全部应用 LED 节能照明技术,实现显著的节能、节电、减排综合效益。太阳能光伏照明系统给隧道入口段加强照明 LED 灯组供电,有效地实现隧道照明需求与太阳光照变化动态匹配。温拌沥青技术应用降低了施工能耗,使沥青烟减少约 90% ,CO、NO_x和 SO_2等有害气体减少 70% 以上,施工环境显著改善。隧道弃渣利用率达 65.7% ,实现资源节约效益。

三是全面构建"生态、智慧、安全"的高速公路运营环境。减碳与碳汇并重,实施生态规划、生态设计、生态施工、生态运营,营造美观、舒适、安全、绿色的交通运营生态环境。建设"智慧公路",充分利用信息化技术增强高速公路运营中的低碳效果。利用 ETC 车道、不停车超载预检系统、公路低碳运行指示系统、公众交通信息服务系统,以及面向公众的车辆救援业务和面向综合执法救援调度后台系统,提高高速公路信息化、智能化、科学化运营管理水平,提高车辆运行的安全性、畅通性和舒适性,减少车辆拥堵碳排放。

四是形成"示范性建设,产业化推广"的链式合作模式。成渝高速公路复线绿色循环低碳项目措施的建设与实施,集合了众多企业、研究所、高校的先进技术、科研成果与管理经验。作为全国首条完工通车的新建绿色循环低碳高速公路,其开展的示范性建设工程不仅在本项目得到使用,而且通过"示范性建设,产业化推广"的链式合作模式,其他众多成果也得到了全方位的推广。

五是产研结合,引领高速公路绿色循环低碳化建设。依托成渝高速公路复线(重庆境)绿色循环低碳主题性项目的开展以及本工程建设实际,从实际需求出发,与相关科研单位及公司合作开展了"高速公路低碳化建设和运营的关键技术研究与示范""重庆市高速公路施工标准化指南"相关项目的科技攻关与研究。形成一批在国内高速公路绿色循环低碳建设领域具有指导性意义的技术标准、管理规范、科技成果,对国内高速公路绿色低碳化建设起到引领与指导的作用。

3.示范经验

一是加强组织领导,对项目实施过程进行严格监管。重庆市交通委员会成立了"交通运输部绿色低碳主题性试点工程推进领导小组",不断加强对试点项目的工作指导和过程监管,多次赴现场调研、召开专题推进会,协调试点项目推进工作。渝蓉公司成立了"交通运输部绿色低碳主题性试点工程工作小组"监督管理公路全寿命周期内各参建主体的试点工作实施,具体落实绿色低碳公路设计、施工、运营、管理各环节的管理要求;明确试点项目的实施进度,开展定期检查和总结;组织设计、施工、监理、研究等相关单位开展低碳高速公路建设专项培训及宣贯;对各子项目进行任务分解,建立目标考核等机制,将责任落实到部门和具体人员,确保项目顺利推进和实施成效。项目实施过程中,结合工程建设实际和主题性工程推进,形成了以《重庆渝蓉高速公路有限公司低碳主题试点项目组管理办法》《重庆渝蓉高速公路有限公司低碳资金管理办法》《重庆渝蓉高速公路有限公司能源管理体系手册》等为代表的管理制度体系文件。

二是立项低碳公路专项课题,编制概念性规划与设计方案。2011 年 5 月,重庆市交通委员会立项专题交通科学技术项目"高速公路低碳化建设和运营的关键技术研究与示范"支持项目科技攻关,委托有关科研院所进行了成渝高速公路复线低碳概念性规划与设计研究,指导低碳公路设计与施工。渝蓉公司协同多家设计、科研、建设单位成立联合攻关小组，围绕资源、能源、材料的消耗降低、结构优化、效率提高，开展新模式、新技术、新材料、新工艺、新能源的集成应用与科技攻关，开展了项目总结和节能减排效益测算工作。

三是开展绿色低碳公路宣传培训和技术交流活动。项目实施过程中，组织行业专家为项目参建单位举办了“成渝高速公路复线（重庆境）低碳概念性规划与设计”专题培训活动；组织参观调研了江苏等省市低碳公路建设经验；多次参加国内绿色建设经验交流和展会。开展成渝复线绿色循环低碳公路宣传活动，人民网、新华网、凤凰网、中国公路网、中国经济新闻联播、《科技日报》、《中国交通报》等主流媒体对项目进展进行了全方位宣传，《重庆日报》和重庆卫视对项目进行了全程跟踪报道。

（二）江西昌樟高速公路改扩建工程

1.实施情况

南昌至樟树高速公路（以下简称“昌樟高速公路”）是国家高速公路网（7918 网）上海至昆明国家高速公路的有机组成部分，已纳入《国家公路网规划（2013—2030）》，是江西省“三纵四横”公路网主骨架的重要路段。昌樟高速公路改扩建工程于 2012 年 11 月开工，具有沿线重点文物保护分布广、等级高，途经革命老区、生态敏感区、水源保护区等特点，围绕“创新设计、绿色施工、低碳运营、循环发展”的工程定位，项目将绿色循环低碳理念贯穿于设计与规划、建设与施工、运营与管理等全寿命周期过程中，分别针对路基路面工程、桥梁工程、交安设施工程、房建工程、机电工程等多个领域，创新性集成应用了 27 项绿色循环低碳技术，全过程、全方位、全领域建设昌樟高速绿色循环低碳公路。

2.实施效果

一是开创了基于绿色发展理念的项目建设管理新模式。作为江西省首条绿色循环低碳公路，在没有先例经验做参考依据的情况下，结合改扩建项目建设特点以及对于节能减排工作管理的要求，开创新的基于绿色循环低碳发展理念的项目建设管理模式，完善项目建设管理体系和制度，在项目的建设管理工程中，编制并下发了《昌樟高速绿色循环低碳公路建设领导小组管理办法》《昌樟高速绿色循环低碳公路主题性项目工作指导意见》《昌樟高速绿色循环低碳公路主题性项目能源管理考核办法》等制度。

二是形成了绿色公路建设成套技术成果。昌樟高速公路改扩建工程广泛推广、运用多项新技术措施，形成了一整套的技术成果，可以成为行业或地方标准，指导同类项目应用。其中旧沥青路面冷再生利用技术可以纳入行业标准，高液限土改良利用技术、施工过程交通组织优化方案等技术措施可以形成地方标准。通过本项目的实施，培养了一批各条战线上的技术人员，无论技术水平还是人员培养，都为后期其他项目的开展奠定了良好的基础。

3.示范经验

一是实施过程控制、精细管理。作为江西省内第一条绿色循环低碳公路，在项目建设管理过程中，参建各方紧扣绿色循环低碳公路建设理念，从方案设计、绿色施工到低碳运营、养护和管理全过程实践全寿命周期节能减排策略，围绕昌樟高速绿色循环低碳公路建设目标对建设指标进行了进一步的细化，控制工程整体实施过程的节能减排效益，通过细化的目标控制，实现工程建设预期节能减排效益，通过建立健全各级质量及节能双控保证体系、加强设计工作管理、加强对各参建单位业务能力培养、强化施工过程精细化、标准化施工、优化施工过程能耗管理，降低施工期能耗及排放、贯彻建设管理质量文件体系等途径，实现过程控制、精细管理，打造绿色循环低碳公路。

二是建立绿色公路评价考核制度。严格考核项目降低能耗及减排目标的完成情况，确保项目按计划、进度稳步实施，达到预期节能减排效果，每季度公布一次项目能源资源消耗情况、项目进展情况、各用能单位情况，并在每季度试点工作联系会议上进行通报。实施期间每半年对本方案执行情况进行一次阶段性评估，对节能减排措施落实情况进行评价考核，并公布结果。

三是加强宣传培训。为突出昌樟高速公路改扩建工程特色，切实提升绿色循环低碳公路建设理念，项目办邀请了中国交通网、《江西日报》等新闻媒体对昌樟绿色循环低碳公路主题项目建设过程和建设后效益进行了报道，起到了较好的宣传和推广作用。同时，在项目建设过程中开展了相应的培训和宣传工作，例如在施工现场设置宣传绿色循环低碳理念的标语，在全线开展绿色循环低碳技术培训等，有效增强了参建人员在工作与生活中的节能减排意识。

（三）河南三淅高速公路

1.实施情况

从2013年起，交通运输部联合财政部共设立三批20条绿色公路主题性项目，其中河南省三淅高速公路卢氏至寺湾段（以下简称"三淅高速公路"）是首批七条试点公路之一。三淅高速公路是实施国家促进中部崛起战略的需要，是交通运输部《促进中部地区崛起公路水路发展规划纲要》中侯马至十堰高速公路的重要组成部分。本试点项目实施方案共设重点支撑项目25项，其中23项已严格按实施方案设定的内容实施；"太阳能并网发电系统"项目采用建设加气站和充电桩替代，"废旧橡胶沥青路面工程"项目采用"彩色防滑路面等四种可增强路面抗车辙性、降低噪音的路面工程"替代，能够达到或超过实施方案设定的节能减排效果；根据项目具体情况，新增沥青拌和楼油改气项目1项。每项重点支撑项目均设立了具体的实施目标，除温拌沥青路面、废旧橡胶沥青路面、路面径流净化工程等3项重点支撑项目不能达到考核目标以外，其余22项重点支撑项目目标完成率均为100%。

2.实施效果

一是节能减排及环境效益显著。三淅高速公路自评报告中施工期燃油替代量为33550.38吨标准油，节能量为11854.41吨标准煤，减排$CO_2$121888.92吨，项目运营以后每年节能量为9012.24吨标准煤，减少CO_2排放9927.77吨，具有显著的节能减排效益。同时，全线造地94万平方米，每年节约水资源18.4万吨，减少COD排放324.73吨，减少氨氮排放16.35吨，具有良好的环境效益。

二是社会效益明显。依托三淅高速公路开展试点，为绿色循环低碳高速公路的建设积累了经验、树立了典范，项目建设不仅产生了显著的节能减排效益和环境效益，同时有效提高了高速公路服务水平，提高了路网的安全性和运行效率，通过串联和宣传引导沿线旅游设施促进了沿线旅游资源开发，社会效益显著。

三是科技成果丰硕。项目公司联合交通运输部科学研究院、交通运输部公路科学研究所、长安大学、华北水利水电大学等多家省内外知名科研单位开展了10项科研攻关项目。目前已申请专利4项，参编交通运输行业标准3项。

3.示范经验

一是建章立制，注重项目顶层设计。由于绿色公路主题性项目一些工作要求是一般高速公路建设中未做要求的，而且目前没有成熟的规章制度，为了捋顺关系，分清职责，规范各项工作，本项目制定了一系列的规章制度，为交通运输部绿色公路实践探索了很多管理创新工作。比如制定的主题性项目管理办法，将示范项目实施要求落到实处；及早制定项目实施过程中资料留存清单，确保考核验收资料动态收集，及时归档；制定首批专项资金使用方案，做到专款专用，有据可查。

二是工作方案，指导试点全面推进。为保障试点工作顺利开展，列入实施方案的各项工程有序建设，项目组编制了试点项目工作方案，包括技术服务方案、组织保障措施、信息管理制度、专项设计、现场技术咨询、科技攻关、总结宣传等内容，并根据工程特点及进度要求，将后续工作划分为近期、一期设计变更、二期设计完善、施工前期、施工期和运营期六个阶段，明确了各专项工程在不同阶段的技术要求和主要工作内容，对项目公司、咨询单位、设计单位、监理单位和施工单位各方均提出了明确的分工及要求。

三是专项设计，确保工程全面落实。项目公司严格按照实施方案要求对实施内容进行分类落实，组织技术支持与设计单位召开了6次设计交流会，并组织路面工程等专家研讨会，将实施方案其余内容一一落实进各专业设计中。其中常规技术，由设计院独立设计；较复杂技术由相关单位提供技术方案，设计院完成施工图设计；地源热泵和中水回用两个专业性较强的实施项目委托专项设计，并开展专项招投标，由专业的施工单位进行建设，确保工程质量与最佳运行效果。

四是能耗统计，建立监督考核机制。针对三淅高速公路土建、路面、房建、机电、配电、消防、照明、绿化、交安九大专业分别建立了高速公路施工期全过程的能耗统计审核制度，全线61个施工标段按照各专业设定的能耗统计表格，按月上报当月施工过程中的各种主要能源消耗及主材消耗数据，并经驻地监理、总监办审核通过后上报项目公司，视上报情况采取相应的奖惩措施。目前已收集开工至今各标段共1040组能耗统计表格。

五是创新实践，提升行业科技水平。对实施方案中提出的一些新技术、新工艺、管理方法等开展技术攻关，立项开展"三淅高速公路施工能耗监测分析研究""重交通沥青路面结构耐久性设计与施工技术"等8项课题研究，有力提升试点项目的科技水平和技术创新能力。针对项目水环境敏感的特点，开展桥面径流三池联动净化应急技术、生态种植槽净化路面径流技术、浅碟形生态植草沟路面径流净化技术、沿线设施污水生物浮动床+人工湿地组合处理回用技术、MBR污水处理回用技术等集成创新应用技术，有效保护周边水体环境。通过一系列的科技攻关与推广应用，为相关技术在其他地区推广积累经验，并形成3项行业标准规范，为绿色公路发展起到引领示范作用。

六是培训交流，全面传播绿色理念。根据公路建设不同阶段的特点，先后动态开展了5批次各专业施工、监理、设计单位的绿色公路专题培训，极大提升了全体从业人员的绿色低碳意识。技术支持单位与各设计、监理和施工单位先后开展了10余次会议交流与现场调研沟通，就能耗统计、管理机制及节能减排技术等议题开展了广泛深入的交流，为全面推进试点工作奠定基础。项目公司安排技术骨干积极参加行业节能减排学习交流，开拓视野，提高理论水平。

七是宣传推广，提升项目知名度。三淅高速公路作为河南"最美高速公路"，通过多渠道宣传绿色公路主题性项目，在《中国交通报》、中国公路网、中国交通新闻网及河南省内报纸、网站上进行了多次专题宣传和报道，极大提升了行业知名度，塑造了河南交通的良好形象。通过开展弃渣造地，既最大限度地利用了弃渣，又能增加宝贵的耕地资源，造福当地群众，公益举措有口皆碑。

八是理念引领，全面落实绿色要求。深入学习理解《加快推进绿色循环低碳交通运输发展指导意见》等文件精神，将绿色发展理念全面融入三淅高速公路建设中，除完成实施方案要求内容外，还开展了一系列节能环保工作，比如为保护山区大气环境，在天然气没有经济优势的前提下，全线实施沥青拌和楼"油改气"；设立隧道路面节能铺装、标准化施工等样板工程，并全线推广；要求全线尽可能全部恢复植被覆盖，不留裸露坡面，满足水保、环保需求，边坡绿化与防护工程同步施工，做到施工完毕，边坡覆绿；项目距离南水北调中线工程水源地、国家一级水源保护区丹江口水库仅 10 公里，在钻孔施工过程中，采用钢箱泥浆池，设置沉淀池，泥浆处理后运出施工现场；西峡县省级大鲵自然保护区、南阳恐龙蛋自然化石群国家级自然保护区等保护区域实行严格的工程施工行为监控和管理，防治水污染，修复改善生态环境。

九是尊重事实，不为试点而试点。对于实施方案中的每个项目，未盲目照搬，而是经过多方科学分析论证合理后才确定实施。比如因项目所在区域采用服务区太阳能并网发电技术节能效果不显著，经过沟通后地方电网难以办理并网手续，改在服务区预留了充电桩、加气站接口，后期运营后可实现大规模使用清洁能源，节能减排效益更加显著；再如在河南地区开展的橡胶沥青路面工程效果均不理想，考虑到该技术对施工工艺控制技术要求较高，施工单位没有相关经验，也未实施，以免影响路面使用寿命，增加养护翻修，形成资源和能源浪费的局面，与节能减排的初衷背道而驰。

（四）京港澳（京石段、石安段）高速公路

1.实施情况

京港澳高速公路河北省涿州（京冀界）至石家庄段（以下简称京石高速公路），是国家高速公路网（7918 网）中北京—港澳（G4）线的重要组成部分，该路改扩建工程于 2012 年 10 月份开始建设，2014 年 12 月份全面建成，总建设工期 2 年。京石高速公路改扩建工程建设绿色低碳公路主题性项目的工作与之基本同步成功，贯彻"全寿命""全要素""全方位"的绿色公路发展理念，围绕"政治路""经济路""形象路""民生路"的特征和建设绿色低碳公路的现实需求，以实现项目全寿命周期范围内"三低一高"（低能耗、低排放、低污染、高效率）为总目标，通过制度创新、管理创新、技术创新，把绿色低碳公路新理念、新技术、新工艺、新方法贯穿到项目规划、设计、施工、运营、维护等寿命周期全过程，实施七大工程（路线工程、路基工程、路面工程、桥梁工程、机电工程、房建工程、环保工程）、四类技术（节能减排类、资源节约类、绿色环保类、信息化类）。2016 年申请验收考核，创建目标完成率为 91.32%，重点支撑项目完成率为 89.10%，项目自评分 90.21 分，考核等级优秀。在打造"资源节约、环境友好、安全耐久、服务智能、技术先进"的现代化绿色低碳高速公路方面具有典型示范作用。

2.实施效果

一是项目节能减排效益显著。本项目按照规划设计、施工、运营管理期进行节能和减排量测算，其中运营期取 2015—2034 年共 20 年为测算期，项目节约标准煤 11.1 万吨，替代标准油 8501 吨，减

少二氧化碳排放31.6万吨。不同项目由于各技术措施实施规模的差异,其减排贡献率有一定的差别。其中,路线设计方案优化和低路基是影响总减排量的主要因素,减排贡献率是61.4%,其次是沥青拌和站"油改气"技术,减排贡献率是35.7%。

二是资源节约效益及环保效益明显。应用橡胶改性沥青铺筑路面,共利用废旧轮胎约479万条,显著消耗废旧轮胎,节约大量土地占用,减少环境污染。利用建筑垃圾、开槽土、废弃河砂1258万立方米填筑路基,显著减少新材料的需求,节约占地838万平方米。利用沥青混合料冷再生技术,循环利用面层铣刨料近10万吨。最大限度地减少黑色废弃沥青混合料,节约废弃料占地,减少长距离运输产生的燃料消耗及汽车尾气排放,对环境、大气、生态起到了积极保护作用,避免了废弃料填埋后污染地下水源、污染土质,社会及环保效益显著。全线推广应用了路基边坡绿色防护技术,建设路域生态碳汇系统,既有显著的环境效益,也有显著的经济效益。梁板集中预制节约用地近27万平方米,节约资金投入3000多万元。服务区污水回收处理技术彻底消除污染物排放对周边区域的污染,同时节约大量新鲜用水。服务区内所有污水全部经过处理后回用,不产生污染物排放。

3.示范经验

一是贯彻"全寿命""全要素""全方位"的绿色公路发展理念。真正的绿色公路应该是在公路规划、设计、施工、运营、维护等全寿命周期内最大限度地节约资源(节能、节地、节水、节材)、保护环境和减少污染、提高服务水平和服务质量的公路。京石高速公路改扩建工程在建设初期就特别重视"全寿命""全方位""全要素"的绿色公路发展理念。

二是成功打造"资源节约、环境友好、安全耐久、服务智能、技术先进"的现代化绿色低碳高速公路。资源节约方面,综合应用橡胶改性沥青铺筑路面技术和废旧沥青混合料冷再生技术,充分利用建筑垃圾、开槽土、废弃河砂、粉煤灰,减少新材料需求的同时,也产生了巨大的环境效益、经济效益和社会效益。环境友好方面,综合应用温拌沥青混合料技术、沥青拌和站"油改气"技术、地源热泵技术、LED节能照明技术、外墙保温建筑节能材料、太阳能热水器、污水回收利用技术、不停车收费、超载超限不停车预检系统、分布式智慧供电等,充分利用先进的管理设施,合理使用节能技术和清洁能源,减少能耗和排放,减少对水、土壤、空气的不良影响。安全耐久方面,改扩建工程全部构造物和中分带防撞护栏等均使用高性能混凝土,提高结构物的耐久性,也节约了大量水泥的使用。采用的安全设施亮化美化技术改变了以往高速公路在夜间的沉闷、单调的感觉,提升了夜间行车环境的整体亮化美化效果和驾驶员的视觉感受,也有助于提高道路夜间诱导效果,降低事故发生概率,同时具有零能耗、低碳环保的优点。现代化与智能服务方面,瞄准国内外一流水平,重点实施了全程监控系统、动态交通事件检测系统、气象检测系统、收费站拥堵预警与监测系统、智能情报诱导系统、热点区域WiFi交通信息服务系统、ETC车道状态与监测系统、电子收费自助服务及智能管理系统、绿色低碳节能减排智能管理信息系统等智能化项目。此外,京石段还研发建设了超载预检与能耗监测系统,填补了国内空白,进一步提升了高速公路的智能化水平。

三是产研结合,推动绿色低碳公路的发展。立足于京港澳高速公路(河北京石段)改扩建工程的实际,与交通运输部科学研究院、石家庄铁道大学等科研单位开展了"植物纤维毯植被恢复技术在路域生态工程中的开发应用研究""高速公路改扩建工程碳排放研究及节能减排技术推广应用"等相关项目的科技攻关与研究,形成了一系列对推动绿色低碳公路发展具有指导意义的成果、技术指南、技术标准、标准图册,对于国内高速公路绿色低碳发展具有重要的引领指导作用。

(五)云南麻昭高速公路

1.实施情况

云南麻昭高速公路(麻柳湾——昭通)是渝昆高速公路G85的重要路段,是我国高速公路主骨架的重要组成部分,是云南省通往四川及内地的交通主动脉和物资输送的重要通道。该路于2012年在工程设计中就确定了绿色建设主题,随后组织编制了绿色公路创建实施方案,并被交通运输部列为首批绿色公路创建项目。实施方案中设置目标评价标准,包括节能量目标、绿色循环低碳专项目标、绿色循环低碳保障性指标共计26项,有31项具体项目支撑绿色公路的创建。2015年12月26日该路全线贯通,2016年初向交通运输部提请了绿色公路验收报告,基本完成了创建工作。

2.实施效果

一是重点项目实施效果显著,节能减排直接效益巨大。本项目节能量、减排量、替代燃油量均全面达成实施方案中的设定目标。节能量目标中,原方案中计算目标89000吨标准煤,实际完成节能量108764吨标准煤;原方案中计算碳减排目标210000吨二氧化碳,实际完成减排382448吨二氧化碳。具体的支持项目中节能照明、ETC、隧道弃渣利用等项目完成率均大于实施方案内容,超额完成。除了实施方案内所列项目以外,新增太阳能光纤引入隧道照明、BIM信息化管理系统、公路压电感应、智能供配电等项目,对项目目标完成起到了很好的支撑作用。

二是生态环境保护效益鲜明。本条路具有桥隧比高的特点,考虑隧道弃渣综合利用,尽量减少弃方量以及占地,减轻专用采石场对地表自然环境的破坏,注重收集、利用表土资源,降低水土流失风险。使公路沿线生态环境得到最大限度的保护,减少施工对自然环境的侵扰,保护原生植被资源。对所有附属设施、建筑产生的生活污水进行回收处理再利用,将生活污水中经过处理减少有机物含量,达标后再排放,减轻水体污染。经过区域通过在公路沿线、中央分隔带、服务区、互通立交等处建立人工林地、植被等方式,建立多元的碳汇生态林地,固定大气中的碳排放,补偿公路建设导致的植被破坏,减轻汽车尾气的大气污染,同时保护流域内的水土。

三是提升交通技术创新水平发挥绿色交通的引领作用。务实创新,提升智慧交通技术水平,发挥绿色交通的引领作用。西部地区普遍基础设施建设资金较为有限,麻昭高速公路在资金约束、工程条件恶劣、生态环境敏感的条件下,建设绿色、循环、低碳高速公路亟须务实创新,依靠科技上的投入。

四是优化指标,保障人民群众出行安全,具有安全效益。本条路在设计阶段就加强了线形优化设计,结合地形地貌与自然环境,合理改善了视距和行车线形,改善了行车安全。依托西部课题项目,对长大纵坡安全措施进行了研究,通过增加交通安全设施,提高信息发布水平,改善道路硬件条件,确保了来往车辆行驶的安全。依托项目施工,麻昭指挥部采用了路面自融冰技术,保障了冬季冰雪气候下的行车安全。通过多种方式加强安全设计,对长陡下坡,下坡幅采用消能护栏,合理设置避险车道,结合实际地形增设港湾停车带,增强了运行安全性。

五是提升了绿色设计理念,具有良好的示范效益。在规划设计阶段,麻昭线在设计中坚持地质选线的原则,降低施工难度与工程量,从而大大降低施工能耗。多方案比选,避让不良地质区域。路线设计注意不同设计单元之间连接路段技术指标的均衡与连续,做到高低指标的合理过渡,通过改善相邻路段的指标组合，降低速度差，增加乘车的舒适性，消除安全隐患。注重安全性、舒适性的和谐统一，极大程度降低了道路使用者能耗。在施工过程中实施施工标准化，对隧道、桥梁、路基、路面等采取一系列措施，延长公路寿命，减少因公路早期破损带来的安全隐患。

六是绿色公路项目实施具有显著的经济效益。在建设中最大限度对材料循环使用，对废弃材料再次加工利用，节约了工程投资。注重耐久性设计，通过公路、桥梁长寿命设计，加强构件的通用性，减少后期维修频率和成本；通过维持较高的服务水平，减少由于维护造成的经济损失。采取众多绿色循环措施，集中供电替代柴油发电，对弃渣、废弃建筑材料二次利用，在节能环保之余，变废为宝，节省成本，经济效益突出。

七是绿色公路创建具有鲜明的社会效益。项目建设施工过程中进行耐久性设计，延长了道路寿命，减少了养护维修导致的拥堵延误成本。根据公路沿线的自然景观、人文特色，突出地域特色，强调个性设计，把当地的风土人情自然地融入整体景观中，追求路、人、景的和谐统一。项目建设最大限度节约用地，最大程度上降低施工对公众影响。因所经区域土地基本以灌木林、旱地和林地为主，走可持续发展道路，保障群众利益，采取相应对策措施，最大限度降低建设施工对周边居民生活的干扰影响。

3.示范经验

一是注重制度设计。云南麻昭高速公路在创建绿色公路的过程中十分重视制度设计与目标考核。建立了完善的工作机制，发布相应管理办法。在制度建设方面建立了试点工作监督考核机制、试点项目实施单位定期信息报送制度、监督试点实施单位建立节能减排管理制度。全面组织实施试点方案，按照工期开展实施各重点项目，对各个子项目进行审查、资料收集备份等工作；每月对实施情况进行评价与监督，督办各项工作的有效落实，对实施工作进行阶段性检查和测评。

二是注重科技创新。务实创新，提升智慧交通技术水平，发挥绿色交通的引领作用。信息化智能化水平是衡量交通运输现代化发展水平的重要标志。西部地区基础设施建设资金较为有限，麻昭高速公路在资金约束、工程条件恶劣、生态环境敏感的条件下，建设绿色、循环、低碳高速公路亟须务实创新，需要依靠科技上的投入。在建设过程中，应用“路面压电技术与设备集成”“BIM 和三维地理信息技术集成”“安全与路面可靠性技术”“路面融冰”等研究成果及新技术、新材料、新设备、新工艺，保证工程质量和技术水平的先进性。

三是注重宣传展示。在报纸、杂志、网络、公共微信号对麻昭绿色高速公路进行了全方位的宣传，体现了“麻昭精神”。

三、绿色港口篇

（一）广州港

1.实施情况

广州港主要从事集装箱、石油、煤炭、粮食、化肥、钢材、矿石、汽车等货物装卸（包括码头、锚地过驳）和仓储、货物保税业务以及国内外货物代理和船舶代理；代办中转、代理客运；国内外船舶进出港拖轮服务、水路货物和旅客运输、物流服务；兼营港口相关业务等。作为绿色交通、绿色港口理念的践行者，一直高度重视港口节能减排工作。在获得交通运输部绿色循环低碳港口主题性试点的荣誉后，以此为契机，全面推进低碳、节能、环保技术在港口的利用，强化绿色港口管理体系，形成低碳长效机制。低碳港口建设成效显著，已经成为国内港口绿色发展的标杆和楷模。

2.实施效果

一是港口生产能耗和碳排放水平得到有效控制。广州港依托重点支撑项目建设，港口生产单位吞吐量综合能耗从2013年的3.36吨/万吨吞吐量下降至目前的2.9吨/万吨吞吐量，港口生产单位吞吐量CO_2排放从2013年的3.06吨/万吨吞吐量下降至目前的2.67吨/万吨吞吐量。

二是绿色循环低碳港口基础设施体系进一步完善。经过绿色低碳港口试点项目建设，广州港基本建成布局合理、功能完善、衔接畅通、安全高效、生态友好的现代港口设施网络体系。港口设施绿色设计、绿色施工和绿色维护水平得到明显提升，港口岸线和土地资源集约节约利用、材料节约循环利用水平得到明显提高，生态环境影响显著降低。

三是绿色低碳装备设备体系进一步完善。广州港的港口装卸机械、生产设备装备的专业化和现代化水平得到明显提升，水平运输车辆，新能源、节能环保型运输装备得到广泛应用，电力、天然气等清洁能源消费比重明显上升，港口能源消费结构更加合理。其中，电力驱动集装箱门式起重机在港口得到全面应用，大型电动机械势能回收技术应用比例从试点前的58.87%上升至验收时的62.23%，大型电动机械变频调速技术应用比例也从86%升至91.2%。

四是集约高效港口生产运营组织体系进一步得到完善。各港口企业的流程工艺进一步得到优化，作业效率明显提高；港口生产营运组织和调度管理能力明显增强，港口企业组织结构和经营结构更趋合理，集约化、现代化水平明显提高，港口直取作业比例明显提高，水水中转、铁水联运、江海联运等先进运输组织方式应用广泛，占港口集疏运体系的比例从原来的80%提升至85.9%；结构性节能减碳潜力得到充分挖掘，水运优势得到充分发挥。

五是绿色循环低碳港口科技创新能力显著提升。绿色循环低碳港口科技创新体系基本健全，创新能力进一步增强，形成一批绿色循环低碳港口重大关键技术，新增专利20余项；绿色循环低碳港口的科学素养与技术能力明显提升，港口智能化调度系统、港口物流公共信息服务平台、港口能源管理信息化系统等信息化技术在港口得到全面应用；技术标准规范体系进一步完善，能源管理体系和能源审计制度基本建立，技术服务能力进一步提升；绿色循环低碳技术与产品推广应用水平进一步提高，智慧港口管理与服务体系基本建立，科技支撑保障作用明显增强。

六是绿色循环低碳港口管理能力明显增强。通过绿色循环低碳港口管理组织机构建设、责任评价考核制度的完善以及节能减排宣传，广州港集团的绿色循环低碳意识和素质明显提高；港口节能减排与绿色循环低碳发展统计监测考核体系基本建立，绿色循环低碳监管能力和支撑保障水平明显增强；港口运营组织管理水平进一步提高，节能减排管理体制机制基本建成；基本形成与社会主义市场经济体制相适应的节能减排战略规划体系、法规标准体系、政策支持体系、监管组织体系和统计监测考核体系，港口绿色循环低碳发展方式基本形成。初步建立与绿色港口建设相适应的人才工作管理体制和运行机制，形成一支总量适度、结构合理、素质优良的绿色循环低碳港口建设与管理人才队伍。

3.示范经验

一是夯实管理基础，落实环保责任。集团、股份公司制订了《环境空气重污染应急预案》，各单位制订和完善了14项环保管理规章制度和散货扬尘控制等10项专项措施，制定或修订了15个污染事故应急预案，进行了33次污染事故应急演练。每季度坚持召开环保工作例会，通过例会及时交流工作情况和布置工作任务，跟踪解决存在的问题，防患于未然。制定年度环保目标责任考评办法，从管理机制、宣传教育、环保管理、环境风险防范措施和绿色港区建设等方面进行考核，每年的7月和12月分别对各单位的责任落实情况进行综合检查考评。落实建设项目环评报批和环保“三同时”制度，以及施工期环保措施。

二是突出重点污染源，抓好扬尘治理。抓住重点难点，加强重要环保因素的管理，重点做好对作业场所、污染源、环保设施、危险废物、船舶废弃物、建设项目的跟踪管理和业务指导。特别重点做好环保“重中之重”的散货扬尘治理。动态掌握主要港口码头的扬尘控制情况。各级领导亲自带队到各港区专题调研扬尘控制情况，提出整治意见。各单位从软、硬件着手，优化环保管理流程、革新扬尘控制工艺，加大环保设施投入，不断提高扬尘治理效果，新港煤堆场喷淋系统、新沙煤码头抑风挡尘墙项目相继开工，持续开展西基抑风挡尘墙抑尘效果评估监测。按照广州市环保局和广州港务局的要求，加强秋冬季节的扬尘控制，每月两次报送扬尘污染控制巡查及整改情况，并根据《广州市环境空气重污染应急预案》的有关要求，在空气重污染一级预警和二级预警时，加大喷淋频次、适当进行覆盖、加强现场巡查，强化扬尘控制。

三是推行联防联控，提高应急水平。按照省、市海事部门防治船舶污染海洋工作的部署，启动集团、股份公司船舶污染海洋环境风险评估工作。成立领导小组，制定工作方案，明确“联防联控、资源共享、节约成本、提高能力”的工作思路，组织签订联防协议，确定珠江防污公司承担联防体运作管理。集团多次召开专题会议部署风险评估有关工作，劳安、业务、企管、监审、财务等部门及有关单位共同做好船舶污染海洋环境风险评估项目的招标、评标、委托、报告的修改等工作，各单位的防治船舶污染海洋应急预案基本编制完毕。

四是落实排污申报，确保依法经营。加强环保设施的运行维护管理，确保污染物稳定达标排放，按规定做好水污染物和煤尘的排污申报及排污费缴纳工作，依法申领污染物排放许可证、排水许可证。做好固体废物的申报工作。按国际《73/78防污公约》及其附则和海事主管部门的有关规定认真做好船舶废弃物的收集、处理和排放管理工作。

五是加大环保投入，建设绿色港区。加大投入，以节能减排和扬尘整治为重点，实施一批低碳绿色港区建设项目。集团每年投入大量资金用于新沙煤码头抑风挡尘墙和新港煤堆场喷淋系统等环保设施建设，中码头二期改造工程，GCT轨道式环保型龙门吊的购置，新沙码头、西基码头、沥滘装卸站等散货站场环保设施的改造和维修等环境整治项目，以及南沙港区场桥“油改电”节能减排项目。进一步增强防尘设施的硬件能力，港区环境进一步改善，低碳绿色港区建设效果显著。与南方电网综合能源有限公司签订了战略合作协议，成立LED照明节能产品推广应用小组，进行LED照明节能产品在港口企业的推广应用工作。

(二)青岛港

1.实施情况

青岛港始建于1892年,是世界第七大港,位于中国沿海的环渤海湾港口群与长江三角洲港口群的中心地带,由青岛大港港区、黄岛油港区、前湾港区和董家口港区等四大港区组成。2014年6月6日,在香港联交所成功挂牌,正式登陆国际资本市场。2012年,青岛港被确定为交通运输部低碳港口建设"主题性管理试点工作"四个试点港口之一,以此为契机,港口加快发展转型升级,在实施期内严格按照《青岛港建设绿色循环低碳港口主题性项目实施方案》开展重点支撑项目建设,绿色循环低碳港口建设成效显著,已经成为国内港口绿色发展的标杆和楷模。

2.实施效果

截至2015年,青岛港通过绿色循环低碳港口建设,港口布局更加合理,港口能源消费结构更加优化,清洁能源利用率有所提高,结构性节能取得明显成效;科技创新能力进一步增强,港口信息化水平进一步提升,技术性节能取得明显进展;港口运营组织管理水平进一步提高,节能减排管理体制机制进一步完善,港口能源消耗统计、监测、考核体系基本完善,港口绿色循环低碳发展方式基本形成。

一是获得节能减排荣誉多。2013年,青岛港集团被中国节能协会评为"节能中国十大贡献单位",并被交通运输部评为"节能减排先进单位";青岛港集团"矿石码头废水循环利用及翻车机地下水回收工程"和"港口装卸设备能耗精细化管理的研究与应用"被列为山东省节能减排示范项目。2014年,"青岛港散杂货智能调度节能工程"被列为山东省绿色循环低碳示范项目,"青岛港散杂货智能生产工艺节能工程"被选为山东省优秀节能成果。2015年,青岛港能源管理体系建设效果评价优秀。

二是科研成果丰硕。2013—2015年间,申报专利152项,其中发明专利19项;参与制定了《门座起重机》(GB/T 29560—2013)、《集装箱码头单位产品能源消耗限额(GB 31823—2015)》等6项国家行业标准。"DQ10500/6000超大型斗轮堆取料机关键技术研究及应用"等19项技术获各级科学技术奖项。

3.示范经验

一是推进绿色低碳精细化管理。根据交通运输部《绿色低碳港口等级评价标准》,集团对集装箱、干散货、通用等专业化码头开展绿色低碳码头建设评价自评打分。在集团、公司建立两级能源管理体系,强化能源管理标准化流程,有效降低能耗成本。获得山东省能源管理体系建设效果评价优秀等级。建立了能耗与生产联动机制,全面实施作业能耗与生产组织挂钩,月月考核兑现;每月召开能源绩效分析会,加强能耗及主题性项目管理和考核。

二是打造绿色低碳生产工艺。调整港口功能布局,抓好源头节能。通过设计视频监控、信息监控、码头调流方案,将前湾港区保税区内三期码头和非保税区二期码头堆场通道贯通,大幅提升码头操作效率,降低能耗成本。打造专业化低碳生产工艺。结合智慧港口建设,全面梳理散货生产智能化堆场系统、混矿流程工艺、散杂货卸船作业工艺等40个港口生产主要工艺流程,总结提炼节能效果,推广生产工艺节能作业模式。青岛港建设绿色循环低碳港口项目中有9项为低碳生产工艺项目。其中,散杂货码头智能化调度管理系统获得山东省政府评选的省优秀成果奖;集装箱码头作业流程管理智能化技术应用,于2014年获得中国港口协会科学技术奖二等奖;通过优化董家口矿石码头生产工艺,年替代标准油5530.9吨。

三是推进绿色低碳技术创新。青岛港在建设绿色循环低碳港口过程中,积极采用绿色低碳技术,组织实施了港口能耗综合平台、集装箱轮胎吊混合动力技术改造、轨道吊自动化技术改造等27项重点项目。其中,大型矿石生产能效分析系统于2015年获得中国港口协会科学技术奖二等奖。另外,集团整体电力系统正在实施改造,2016年3月份改造完成后将实现集团电能在线监测等实时功能;2016年集团将实现燃油消耗在线监测功能。采用锂电池储能的RTG混合动力节能系统从根本上消除转场操作中的安全隐患,它是轮胎吊节能减排技术的持续创新的必然结果,该项目于2015年获得中国港口协会科学技术奖三等奖。规划建设的自动化码头可停靠目前世界上最大的1.9万TEU和未来2.4万TEU集装箱船舶,设计效率达到每小时40个自然箱,建成后自动化程度将超过鹿特丹港,成为亚洲首个全自动集装箱码头,并且是世界自动化程度最高、装卸效率最快的集装箱码头。在该项技术研究过程中,青岛港已申请发明及实用新型专利20项。

四是推进绿色低碳标准化操作。引导广大员工不断提高操作技能、优化操作工艺。每年组织技术人员脱产培训、考工晋级和操作技术大比武。总结提炼机械节能操作法和岗位绝活329项,极大降低了单车能耗。

(三)天津港

1.实施情况

为切实推进绿色循环低碳交通运输体系建设,2011年6月天津市授予天津港“天津市建设低碳交通运输体系试点单位”,天津港陆续组织开展了一系列绿色循环低碳港口建设重点工程。在前期绿色循环低碳港口建设取得了一定成效的基础上,2012年1月,天津港又被交通运输部列为交通运输节能减排专项资金“绿色循环低碳港口建设”主题性管理试点单位。2013年4月,交通运输部组织了项目专家审查会,对项目进行了公示,天津港正式启动绿色港口建设工作。天津港以科学发展观为指导,贯彻落实节约资源和保护环境的基本国策,以全面建设绿色循环低碳港口为目标,坚持管理创新与技术进步并重、能源结构调整与能耗强度降低并重、污染防治与生态保护并重的天津港创建绿色港口项目总结报告工作思路,构建以“三三四五六”(即三项基本原则、三步实施阶段、建设四大示范工程、确保五项措施、完成六项任务)为核心的管理模式,强化绿色循环低碳顶层设计,优化港口功能布局、优化产业结构、优化生产方式、优化资源配置,加大绿色循环低碳技术研发与推广,实现规划设计、施工建设、运营生产全过程的节能与环境监管,已基本建设成为布局合理、集约高效、绿色环保、港城和谐的绿色港口。根据《天津港建设绿色循环低碳港口主题性项目实施方案》,计划实施的重点支撑项目共计30项,其中绿色循环低碳港口基础设施建设项目4项、清洁与可再生能源利用5项、低碳装卸运输装备与工艺改造7项、绿色循环低碳港口信息化工程7项、能源管理手段创新3项、环境保护项目4项。经3年建设,天津港重点支撑项目和目标完成良好,考核等级优秀。

2.实施效果

一是推动了一批节能减排技术的推广和应用。如地源热泵技术、油改电技术、无油转场技术、太阳能分布式能源、LNG 清洁能源应用等。

二是进行了天津港节能减排基础能力的体系建设。推动能源审计、能源管理体系建设、温室气体碳排放审定核查、节能减排中长期规划工作等。

三是培养了一支行业节能减排专业技术队伍。天津港目前拥有能源管理师队伍 100 余人,活跃在天津港节能减排的各岗位中。

四是调动了全行业开展节能减排工作的积极性。各单位每年都有节能减排项目的实际实施。

五是形成了较高的节能减排能力。目前天津港实施项目为六大类 30 项共计 300 余个项目,年节能量 2.05 万吨标准煤,替代燃油量 0.72 万吨标准油。

六是促进知识型港口建设,在节能管理信息化过程中进行技术创新,引入知识管理的理念,使信息化平台从“助手”转型为“伙伴”,使其发挥最大管理效能。

七是天津港的绿色循环低碳项目的建设基本达到了节能减排、释氧固碳、增湿降噪、滞尘防污,港区绿化展现生态绿色新姿,水资源利用率显著提升,享受更多绿色福利。

3.示范经验

一是必须组建强有力的领导机构。绿色港口建设涉及公司运营的各方面,得到公司高层领导的重视。绿色港口建设期间,天津港为加强组织领导,成立了绿色低碳港口建设领导小组,具体负责绿色低碳港口建设的各项组织实施工作,实行各部门、单位一把手负责制,对重点建设项目负责。项目建设过程各职责部门贯彻落实目标责任制、项目巡查制、绩效评估制度,确保重点建设项目按时高质量完成。

二是需要实现节能减排体系化管理。绿色港口建设期间,天津港完成了集团母公司及下属 10 余家独立法人单位能源管理体系认证工作,有力促进了能源管理工作体系化、规范化、制度化。

三是需要积极探索新的节能减排投融资手段。绿色港口建设期间,天津港大力推进合同能源管理方式,制定了《天津港实施合同能源管理项目暂行办法》,明确了对节能服务公司管理、节能量审核机构管理、合同能源管理项目管理、合同能源管理项目财政奖励资金管理、节能量审核相关要求,完成了集团办公楼空调系统、绿色照明等合同能源管理项目,降低了资金压力。

附　　录

附录 1　2016 年度绿色交通大事记

①2016 年 5 月，交通运输部印发了《交通运输节能环保“十三五”发展规划》（交规划发〔2016〕94 号）。

②2016 年 5 月，交通运输部规划司陆续组织开展了交通运输节能减排区域性主题性试点验收。

③2016 年 6 月，交通运输部办公厅印发《关于组织开展交通运输行业 2016 年全国节能宣传周和全国低碳日活动的通知》（交办规划函〔2016〕557 号）。

④2016 年 6 月，交通运输部组织召开交通运输节能减排和环境保护工作电视电话会议。

⑤2016 年 6 月，交通运输部党组书记、部长杨传堂发表关于交通运输行业践行绿色发展理念的署名文章《践行绿色发展理念，建设美丽中国》。

⑥2016 年 7 月，交通运输部办公厅印发《关于实施绿色公路建设的指导意见》（交办公路〔2016〕93 号）。

⑦2016 年 11 月，交通运输部部长李小鹏在联合国全球可持续交通大会专题论坛发言——《积极探索中国交通运输绿色低碳转型发展之路》。

⑧2016 年 12 月，交通运输部办公厅印发《绿色交通标准体系（2016）》。

⑨2016 年 12 月，交通运输部办公厅印发《交通运输部办公厅关于全面推进公交都市建设等有关事项的通知》（交办运〔2016〕157 号）。

附录2 2016年度绿色交通主要政策文件

践行绿色发展理念，建设美丽中国

交通运输部部长 杨传堂

建设生态文明，是关系人民福祉、关乎民族未来的大计，是实现中华民族伟大复兴中国梦的重要内容。党的十八大和十八届三中、四中全会对生态文明建设作出了顶层设计和部署，十八届五中全会提出"必须牢固树立并切实贯彻创新、协调、绿色、开放、共享的发展理念"，绿色发展作为五大理念之一被纳入治国方略。绿色是永续发展的必要条件和人民对美好生活追求的重要体现，"绿水青山就是金山银山""良好的生态环境是最公平的公共产品，是最普惠的民生福祉"等理念已经深入人心，绿色发展理念在未来一个时期将融入经济社会发展各领域各环节。

交通运输是国家节能减排和应对气候变化的重点领域之一，交通运输应该做且也有条件做绿色发展的先行官。交通运输部始终高度重视节能减排和环境保护工作，把发展绿色交通作为行业践行绿色发展理念和加强生态文明建设的战略举措，作为加快推进"四个交通"发展战略的重要组成。"十二五"时期，交通运输部严格落实国家节能减排、环境保护法规政策，加强战略谋划和宏观统筹，制定了《交通运输行业应对气候变化行动方案》等一系列行动计划和方案。着力完善行业节能环保制度和标准，出台绿色港口等级评价等20余项绿色交通标准和规范。加快节能环保运输装备和节能减排科技研发应用，严格执行营运车辆燃料消耗量限值准入制度。推进能耗环境监测体系建设，在4个省级交通运输部门和83家重点企业开展能耗统计监测试点。广泛开展绿色交通试点示范，先后推出62个绿色交通试点项目和6批共130个部级节能减排示范项目。行业节能环保水平全面提升，运输装备清洁化进程明显加快，"十二五"规划设定的能耗和碳排放强度降低目标顺利完成，营运车辆和营运船舶单位运输周转量二氧化碳排放分别下降15.9%和20%，绿色循环低碳发展已经成为全行业的共同目标和价值取向。

"十三五"时期是我国全面建成小康社会的决胜阶段，也是交通运输转型升级的关键时期，依然繁重的交通运输发展任务与日益刚性的资源环境约束之间的矛盾将会愈加凸显，交通运输节能减排任务十分艰巨。交通运输不仅要做发展的先行官，更应做绿色发展的先行官。"十三五"时期，交通运输发展要按照全面建成小康社会和加快推进生态文明建设的总体要求，把绿色发展理念融入交通运输发展的各方面和全过程，以绿水青山、永续发展为目标追求，着力提升交通生态环境保护品质，通过制度设计、技术进步、结构调整等手段，促进资源集约节约循环高效利用，实现交通运输与经济社会和自然环境的协调发展，回应人民群众期盼。

加快推进综合交通运输结构调整。通过结构调整拓展绿色发展空间。着眼于经济社会发展全局，统筹考虑铁路、公路、水运、民航、邮政等多种运输方式的特点，加快推进各层级综合交通运输规划，优化基础设施布局，改变不合理运输分担方式。加快综合交通运输枢纽建设，推动建立统一规划、一体设计、协同管理的工作机制，拓展客运枢纽多元化服务功能，提升货运枢纽集约发展水平。落实公交优先发展战略，全面实施公交都市创建，推进旅客联程联运发展，提高公共客运出行便捷化水平和吸引力。发展高效运输组织方式,积极推进甩挂运输、多式联运、城市共同配送等发展,提高物流集约化水平。

加快绿色交通新理念新技术新能源应用。将绿色发展和生态保护理念贯穿交通运输基础设施规划、建设、运营和养护的全过程。综合应用先进的生态工程技术降低交通运输基础设施对陆域、水生动植物及其生境的影响。推进一批生态友好型公路、港口、航道等交通基础设施建设,鼓励针对早期建设中不能满足环保要求的基础设施开展生态修复。加快推进交通运输信息化和智能化建设,促进智慧交通与绿色交通的深度融合。推进运输装备专业化、标准化和大型化,推广应用高效、节能、环保的车辆装备。优化交通运输能源消费结构,推广应用新能源和清洁能源车船,推动靠港船舶使用岸电。支持加气配套设施在交通运输领域的规划与建设。

加快提高绿色交通治理能力水平。进一步明确交通运输绿色发展的职责定位和目标要求,加强绿色交通宏观战略谋划和绿色交通重大政策储备,不断提升交通运输绿色发展的科学性和系统性。健全政策、法规、标准、监测、评价制度体系,通过制度设计引导绿色发展,形成良性机制。建立健全交通运输绿色发展标准体系,有序推动节能降碳、生态保护、污染防治、监测监管等标准的制定。加强交通运输行业环境监测能力建设,研究制定交通运输环境监测和能耗监测统计制度。建立交通运输绿色发展目标考核及问责制度,合理确定节能降碳和污染防治目标,强化督查问责。积极加强与国际组织、国外企业和咨询机构等的合作,加强与节能减排、环境保护、资源管理等主管部门和地方政府的合作,搭建绿色交通发展交流平台,协同推进绿色交通发展。

努力营造绿色交通发展环境和氛围。加大绿色交通发展理念、节能环保先进技术和管理的教育培训力度,提升企业和行业从业人员的节能环保意识。继续开展绿色交通示范工程,全面提升节能环保示范的深度和广度,依托绿色交通示范项目,广泛宣传绿色交通理念,推广节能低碳、生态环保技术等。加强宣传引导,结合世界环境日、全国节能宣传周、全国低碳日等,组织开展有行业特色和地域特征的主题宣传活动,广泛宣传交通运输绿色发展理念,倡导绿色出行方式,营造“绿色交通,人人有责”的良好氛围。

交通运输系统将深入贯彻绿色发展理念,树立大局观、长远观、整体观,加大力度,攻坚克难,全面推进绿色交通发展,不断提高交通运输发展质量和效益,为推进美丽中国建设、满足人民群众对良好生态环境的期待做出更大贡献。

交通运输节能环保“十三五”发展规划

（交规划发〔2016〕94 号）

前言

党的十八届五中全会明确提出把“绿色发展”作为五大理念之一，推动形成绿色发展方式和生活方式，协同推进人民富裕、国家富强、中国美丽。绿色交通是交通运输行业加强生态文明建设和实现绿色发展的战略举措，是落实小康社会建设要求的具体实践，是“四个交通”战略的重要组成部分，对于推进交通运输现代化具有引领作用。节能环保是转变交通运输发展方式的重要抓手，是绿色交通发展的核心内容。

“十三五”期是我国交通运输业转型升级、提质增效的关键时期，面对日益趋紧的资源环境约束，交通运输发展必须依靠结构调整、技术进步和制度创新，不断提升节能环保工作的科学性和系统性，全面落实绿色发展理念。

依据《综合交通运输“十三五”发展规划》，部组织编制了《交通运输节能环保“十三五”发展规划》。本规划涵盖公路、水路、城市客运等领域，包括节能降碳、生态保护、污染防治、资源循环、监测监管等内容，是指导“十三五”期交通运输绿色发展的纲领性文件，将为推进交通运输行业生态文明建设发挥重要的基础性指导作用。

一、现状与形势

（一）发展基础

1.主要成效

“十二五”期间，交通运输行业全面落实科学发展观，深入贯彻生态文明建设理念，把绿色发展作为转变发展方式的主攻方向，严格贯彻落实国家节能减排、环境保护法规政策，交通运输基础设施绿色建设、绿色运营和绿色养护管理水平有效提升，运输装备清洁化进程明显加快，交通运输组织化水平和运行效率不断提高，智能化信息化技术广泛应用，节能环保管理能力建设明显加强，行业节能环保水平全面提升，“十二五”规划设定的能耗和碳排放强度降低目标顺利实现，化学需氧量（COD）排放强度降低目标和单位长度码头岸线通过能力提高目标提前完成，为构建绿色交通运输体系奠定了坚实基础。

（1）绿色交通发展理念显著提升

全面推进试点示范工作。实施了 56 个交通运输环保试点建设项目，涵盖交通运输环境监测网络、重大交通基础设施生态建设和保护、高速公路服务区清洁能源与水循环利用等方面。确定了 26 个低碳交通运输体系建设试点城市，并组织开展了经验总结交流。先后组织开展了江苏、浙江、山东、辽宁 4 个绿色交通省，北京、厦门等 27 个绿色交通城市，天津港、青岛港等 11 个绿色港口，广东广中江高速公路、云南麻昭高速公路等 20 条绿色公路，共计 62 个绿色交通试点项目，逐步形成了一套绿色低碳交通运输区域性和主题性试点管理模式。先后推出了六批共 130 个部级节能减排示范项目。这些试点示范工作的深入开展，对于行业绿色交通建设起到了良好的引领带动作用，显著提高了行业节能环保意识，有力推动形成了行业节能环保的新格局。

切实加强宣传部署。组织召开了绿色循环低碳交通运输体系建设试点示范推进会、交通运输行业节能减排降碳工作电视电话会议、交通运输“十二五”环境保护重点建设项目座谈会、交通运输环境监测网规划编制工作启动暨经验交流会等专题工作会议，积极配合“全国节能宣传周”“全国低碳日”及“世界环境保护日”等开展了主题宣传活动，充分调动了行业开展节能环保工作的积极性。

积极开展交流合作。交通运输部与环境保护部共同签署了《关于促进交通运输绿色发展 共同加强环境保护合作备忘录》，联合印发了《关于进一步加强公路水路交通运输规划环境影响评价工作的通知》。强化了与地方政府部门在绿色交通建设的合作，与北京、江苏、山东等省市签署了合作备忘录，共同推进绿色交通发展。积极参与了《联合国气候变化框架公约》和国际海事组织框架下的气候变化和绿色航运谈判。

(2)行业节能降碳工作取得实效

加快节能环保交通运输装备应用。严格实行营运车辆燃料消耗量准入制度，制定实施了营运车辆燃料消耗量限值标准，累计发布30余批达标车型。印发了《关于进一步深化城际道路运输推广天然气汽车试点工作的意见》，推进辽宁、江苏、宁夏、山东、山西、广东等地开展天然气汽车应用试点。印发了《关于加快推进新能源汽车在交通运输行业推广应用的实施意见》，指导各地加快推广新能源汽车在城市公共交通及城市配送等领域应用。发布了《关于推进水运行业应用液化天然气工作的指导意见》和《水运行业应用液化天然气试点示范工作实施方案》，公布了水运行业应用液化天然气首批试点示范项目名单，核准了一批液化天然气动力船舶进行试点运营。印发了《原油成品油码头油气回收试点工作实施方案》。深入开展了“车、船、路、港”千家企业低碳交通运输专项行动，增强了企业节能减排主体意识，提高了企业节能减排水平，发挥了先进企业在行业示范效应。

推进集约高效运输组织网络建设。充分应用互联网技术，加快公众出行信息服务系统、公共物流信息平台、出租车智能电召系统等建设与应用，提升交通运输效率和节能减排效能。实施了客运运力调控政策，严格控制新增班线和运力。着力开展公路甩挂运输试点，发布了144个甩挂运输推荐车型，在中央财政资金支持下，确定了148个国家甩挂运输试点项目，推动山东、江苏、福建、广东等省(区、市)启动了省级甩挂运输试点。

(3)交通运输环境友好程度逐步改善

加强交通基础设施生态保护。开展了一批生态型公路、港口和航道建设，加大了围填海区域较为集中的环渤海、长三角、珠三角等区域的生态环境保护和恢复力度。组织实施了以边坡、取弃土场和围填海区修复为主要内容的公路港口生态修复试点工程23个，修复总里程近1300公里，修复总面积超过5000万平方米，促进了荒漠区、高寒区、围填海区域交通基础设施生态修复技术的探索和创新。

重视交通运输行业污染防治。全国公路附属设施污水处理设备已达到4000余套、港口污水处理设施超过700套，污水年处理能力超过2亿吨。全国煤炭运输的上下水港、重点矿石运输港口普遍采取了粉尘污染控制措施，青岛港等部分油品运输重点港口安装了码头油气回收装置。连云港港等港口实施了船舶靠泊使用岸电工程减少大气污染物排放。

全面加强溢油应急能力建设。组织编制了《国家重大海上溢油应急能力建设规划》。在沿海地区建设了国家级溢油应急设备库18个，高风险集中海域已基本覆盖；在长江干线建设了7个国家级溢油应急设备库。

推进资源集约节约利用。组织实施了13个高速公路服务区清洁能源和水资源循环利用类试点项目。重点开展了废旧路面材料、建筑垃圾等资源循环利用技术的研究与应用,路面材料循环利用率达到40%。全面加强疏浚土综合利用,部分沿海主要港口已实现疏浚土的全部利用。

(4)节能环保法规标准体系初步建立

重视行业节能环保法规规划。印发了行业节能减排和环境保护专项规划,发布了《建设低碳交通运输体系指导意见》《加快推进绿色循环低碳交通运输发展指导意见》等指导性文件。联合环境保护部印发了港口总体规划及公路网规划环境影响评价技术要点。部分省份、城市和企业编制了绿色交通相关规划或实施方案。

着力完善行业节能环保制度和标准。修订了《交通运输行业公路、水路环境统计报表制度》,制定了《交通运输行业公路水路环境监测网成员单位资格管理办法》。出台了绿色港口等级评价标准等20余项绿色交通标准和规范,并研究建立绿色交通制度框架和指标体系。

(5)行业节能环保管理水平稳步提升

有效提升行业节能环保监管能力。印发了《全国公路水路交通运输环境监测网规划》,开展了行业环境数据中心和20个省级行业环境监测网试点工程建设,初步形成了行业环境监测网总体架构。在4个省级交通运输主管部门和83家重点企业开展了能耗统计监测试点工作,初步建立了交通运输能耗统计监测系统。发布绿色循环低碳交通运输发展年度报告。绿色交通统计数据已被纳入《中国环境状况公报》《中国近岸海域环境质量公报》等。

逐步加大行业节能环保财政资金支持力度。"十二五"期,中央财政累计投入交通运输节能减排资金32.5亿元、环境保护试点项目资金5亿元,江苏、山东、湖北等省份也设立了相应的省级交通运输节能减排专项资金,有效带动了绿色交通工作的深入推进。

2.存在的主要问题

经过"十二五"期间的努力,交通运输节能环保工作在行业节能减排、溢油应急等几个领域取得了显著成效,但总体上仍处于起步阶段,推动方式上还主要依靠局部试点示范和中央财政资金引导,工作的深度和广度还有待提升,仍然存在一些突出问题,主要体现在以下四个方面:

(1)清洁能源应用比重偏低,能源利用效率尚需提高

交通运输行业清洁能源使用比重不足5%,运输装备和机械设备的能源清洁化水平有待提升。各种运输方式缺乏有效衔接,高效运输组织推广缓慢,节能低碳技术和产品应用范围不够,影响了行业整体能效的提升。

(2)交通基础设施建设生态问题仍然突出

交通基础设施建设与生态保护的矛盾时有发生,新建交通基础设施的土地、岸线利用效率有待提高。虽然交通基础设施生态保护日益受到重视,但早期已建基础设施受当时理念、政策、技术等条件制约,生态保护力度不足、生态恢复效果不明显。

(3)行业污染控制压力依然较大

交通基础设施建设和运营过程的污染防治压力较大,船舶垃圾和污水、营运车船大气污染已成为社会关注的焦点环境问题。船舶污染事故应急能力不足,应急设备库管养水平仍需提高。行业资源循环利用总体水平依然较低。

(4)绿色交通监管能力薄弱

交通运输节能环保监测统计能力薄弱,基础数据匮乏,导致底数不清,相关决策与管理缺乏有效支撑。能源资源节约、生态保护等绿色交通方面的标准规范体系尚不健全,绿色交通考核体系尚未建立。行业节能环保监管手段缺乏,相关市场机制的引入推广缺少配套政策支持。

(二)形势需求

1.推进生态文明建设要求交通运输实现绿色发展

党的十八大和十八届三中、四中、五中全会对生态文明建设做出了顶层设计和总体部署,将生态文明建设纳入中国特色社会主义事业"五位一体"总体布局,提出"把生态文明建设放在突出地位,融入经济建设、政治建设、文化建设、社会建设各方面和全过程,努力建设美丽中国,实现中华民族永续发展"。《中共中央　国务院关于加快推进生态文明建设的意见》提出到2020年资源节约型和环境友好型社会建设取得重大进展,要求协同推进新型工业化、城镇化、信息化、农业现代化和绿色化,努力在生态文明建设的重要领域和关键环节取得突破,加快推动生产方式绿色化和生活方式绿色化。《中华人民共和国国民经济和社会发展第十三个五年规划纲要》将坚持绿色发展列为五大发展理念之一,将绿色发展定位为实现"十三五"时期发展目标的必由之路。交通运输是发展的"先行官",同时又是资源消耗型和污染排放型行业。在坚持绿色发展的主题下,人与自然和谐、节约高效利用资源、环境治理和生态安全等要求均为交通运输行业发展模式转变指出了方向,推进交通运输低碳循环发展更是具有明确要求。在推进生态文明建设、实现社会经济发展绿色化的进程中,交通运输行业需要勇于担责,率先作为,通过制度设计、技术进步和结构调整,促进资源节约循环高效利用、加大自然生态系统和环境保护力度,以交通运输绿色发展全面支撑国家生态文明建设和经济发展绿色化。

2.应对气候变化新目标要求交通运输低碳发展

交通运输是能源消耗和温室气体排放的重要领域,而我国已成为全球最大的二氧化碳(CO_2)排放国,国际气候变化谈判形势日益严峻,减排压力不断加大。我国向联合国提交的《强化应对气候变化行动——中国国家自主贡献》已确定了到2030年左右CO_2排放达到峰值并争取尽早达峰的目标,并提出到2030年非化石能源占一次能源消费比重提高到20%左右。目前我国仅公路水路运输能耗就占全国石油及制品消费总量的30%以上,根据当前趋势预测,交通运输CO_2排放到2030年难以达到峰值。因此,为支撑保障国家2030年达峰目标的实现,交通运输业在未来一段时间将需要承担艰巨的减排任务,必须采取更加有力的管理措施和更加有效的技术手段,不断优化用能结构,节约燃油消耗,减少温室气体排放,加快低碳化进程,有效支撑国家应对气候变化战略。

3.国家污染防治计划要求交通运输实现清洁发展

当前我国的环境质量形势十分严峻,大气、水和土壤污染问题已严重威胁人民群众健康和社会稳定发展。对此,中央明确提出要向污染宣战,铁腕治污。新《环境保护法》对污染治理提出了更为严格的排放控制要求和责任追究制度。国务院已经发布的《大气污染防治行动计划》《水污染防治行动计划》以及即将发布的《土壤污染防治行动计划》也明确要求要在"十三五"期间实现大气、水和土壤污染防治行动各项关键目标和主要任务的关键性突破。交通运输行业的机动车尾气排放、船舶与港口污染防治等已列入国家污染防治行动计划,行业污染治理责任十分重大、任务繁重艰巨。为此,交通运输行业必须强化责任感和使命感,着力强化监督管理,建立健全绿色交通发展制度,重点完善污染防治设施建设，努力实现清洁运输，确保全面完成国家污染防治计划确定的目标和重点任务。

4.行业转型升级要求将节能环保作为战略重点

随着“十三五”期间我国经济社会发展全面进入新常态，交通固定资产投资在稳增长方面的作用依然重要，运输服务提质增效也成为全面建成小康社会的必然要求，我国交通运输基础设施、运输装备和运输服务需求都将在原有规模基础上继续维持较高增长速度，2020 年行业能耗和碳排放总量可能较 2015 年增长 20%以上，资源占用和污染物排放也将呈现总量巨大且持续增长态势。依然繁重的交通运输发展任务与日益刚性的资源环境约束之间的矛盾将会愈加凸显。为此，部党组在“四个交通”战略任务中将“绿色交通”作为引领，并明确提出加快发展绿色交通是转变交通运输发展方式的重要途径，是实现交通运输与资源环境和谐发展的应有之义。为主动适应和引领经济新常态，部提出大力推进供给侧结构性改革，加快提升综合交通运输的服务品质，构建绿色智能的现代综合交通运输体系。强化交通运输行业节能减排和环境保护工作，是发展“绿色交通”、实施供给侧改革的关键内容和重要手段，只有全面推动节能环保技术研究和应用，加快建立行业节能环保管理制度体系，才能确保绿色交通发展目标的实现，从而引领行业发展转型升级、提质增效。

二、总体思路

（一）指导思想

全面贯彻党的十八大和十八届三中、四中、五中全会精神，按照全面建成小康社会和加快推进生态文明建设的总体要求，把绿色发展理念融入交通运输发展的各方面和全过程，着力提升交通生态环境保护品质，突出理念创新、科技创新、管理创新和体制机制创新，坚持交通运输与节能环保协调发展，大力推进交通运输节能降碳，重点强化基础设施生态保护，全面开展污染综合防治，提升污染应急处置能力，积极推广资源节约集约利用，建立健全绿色交通制度体系，切实加强统计监测和监督考核，有效发挥政府引导作用，充分发挥企业主体作用，加强公众绿色交通文化培育，加快建成绿色交通运输体系。

（二）基本原则

绿色引领、全面推进。坚持交通运输绿色循环低碳发展，注重强化治理能力建设，加强监管约束和激励引导作用，确保交通运输节能环保发展水平与全面建成小康社会、生态文明建设、污染防治行动计划及应对气候变化等目标相匹配。根据交通运输能源消耗与污染排放特征，从节能降碳、生态保护、污染控制、资源节约和监管考核等方面全面提出发展目标和主要任务。

协调平衡、重点突破。妥善处理交通运输发展与节能环保的关系，统筹考虑近期与长远发展需求，并与区域、城乡交通运输发展水平相协调；聚焦当前社会关注度高的交通运输节能环保问题，主动服务国家“三大战略”，确定关键领域和重点区域，促进绿色交通发展取得突破性进展。

创新驱动、示范带动。着力培育绿色交通发展新动力，通过理念、技术、体制机制和管理服务的全面创新，充分挖掘交通运输行业节能环保潜力；全面提升节能环保试点示范的深度和广度，进一步完善专项行动、示范创建等方式，实现由以工程项目和企业试点为主向区域和领域示范为主的转变。

开放合作、共享发展。充分发挥市场对交通运输资源配置的决定性作用，调动企业作为市场主体的积极性和创造性，推动绿色交通治理能力和治理体系现代化。积极参与应对全球气候变化国际合作，注重提升国际国内交流合作水平，强化部与各级地方政府之间、与相关部门之间的协同合作，形成绿色交通发展合力，共享绿色青山、碧水蓝天。

（三）发展目标

1.总体目标

到2020年，适应全面建成小康社会要求的绿色交通运输体系建设取得显著进展。行业能源利用效率不断提高，能源消费结构得到明显改善；生态保护取得明显成效，国家各项污染防治行动要求得到全面落实，污染事故应急处置能力进一步加强；资源节约集约与循环利用水平全面提升；行业节能环保管理体制机制更加完善，监管与服务能力显著增强。

——行业能源和碳排放强度进一步下降。与2015年相比，营运客车单位运输周转量能耗和CO_2排放分别下降2.1%和2.6%，营运货车单位运输周转量能耗和CO_2排放分别下降6.8%和8%，营运船舶单位运输周转量能耗和CO_2排放分别下降6%和7%，城市客运单位客运量能耗和CO_2排放分别下降10%和12.5%，港口生产单位吞吐量综合能耗和CO_2排放均下降2%，新能源和清洁能源车辆占比显著提高。

——行业生态保护取得明显成效。生态保护全面纳入交通建设工程全过程管控，促进交通建设供给品质的有效提升，基本实现交通基础建设与生态环境承载能力相适应，交通基础设施建设和运营对生态环境的影响得到有效缓解。

——行业污染物排放得到有效控制。京津冀、长三角、珠三角区域船舶硫氧化物（SO_x）、氮氧化物（NO_x）和颗粒物（PM）排放总量在2015年基础上分别下降65%、20%和30%。沿海和内河港口具备船舶含油污水、化学品洗舱水和垃圾接收处置能力，国家溢油应急设备库布局完善。

——行业资源集约循环利用水平明显提高。港口岸线资源、土地资源及通道资源的利用效率明显提升，路面材料、疏浚土、港口及高速公路服务区污水的循环利用率进一步提高。

——行业节能环保监管考核能力显著增强。交通运输环境监测网建设有效推进，对国家高速公路、沿海及内河主要港口、长江干线航道等重点监测对象的覆盖率明显提高。交通运输能耗与碳排放统计监测考核体系建设取得明显进展，绿色交通制度和标准规范体系进一步完善。

2.具体目标

交通运输节能环保“十三五”发展具体目标详见表1。

交通运输节能环保“十三五”发展具体目标　　表1

所属领域	指标类型	指标名称	2020年目标值	指标属性
节能降碳	能耗和碳排放强度	1.营运客车单位运输周转量能耗和二氧化碳（CO_2）排放在2015年基础上下降率（%）	能耗2.1 CO_2排放2.6	预期性
		2.营运货车单位运输周转量能耗和二氧化碳（CO_2）排放在2015年基础上下降率（%）	能耗6.8 CO_2排放8	预期性
		3.营运船舶单位运输周转量能耗和CO_2排放在2015年基础上下降率（%）	能耗6 CO_2排放7	预期性
		4.城市客运单位客运量能耗和CO_2放在2015年基础上下降率（%）	能耗10 CO_2排放12.5	预期性
		5.港口生产单位吞吐量综合能耗和CO_2排放在2015年基础上下降率（%）	能耗2 CO_2排放2	预期性

续上表

所属领域	指标类型	指标名称	2020年目标值	指标属性
节能降碳	能源结构	6.道路运输清洁燃料车辆保有量在2015年基础上增长率(%)	50	预期性
		7.内河运输船舶能源消耗中液化天然气(LNG)比例在2015年基础上增长率(%)	200	预期性
污染防治	主要污染物排放	8.京津冀、长三角、珠三角等区域船舶硫氧化物(SO_x)、氮氧化物(NO_x)、颗粒物(PM)年排放总量在2015年基础上下降率(%)	SO_x为65 NO_x为20 PM为30	预期性
	污染应急处置能力	9.我国沿海距岸50海里水域一次溢油综合清除控制能力(吨)	1000,高风险水域1万	预期性

三、主要任务

(一)推进交通运输节能降碳

继续推进交通运输结构调整。优化交通基础设施布局,充分发挥不同运输方式的比较优势和组合效率,推进现代综合交通运输体系建设。优先发展公共交通,鼓励完善城市慢行交通系统,促进城乡客运绿色发展。大力发展多式联运、甩挂运输和共同配送等高效运输组织模式,推动绿色货运发展。发展智能交通系统,鼓励利用"互联网+"提升交通运输系统运行效率。

提升交通运输装备能效水平。推进运输装备专业化、标准化和大型化。鼓励淘汰老旧高能耗车辆、船舶和作业机械,推广应用高效、节能、环保的车辆装备,加快推进内河船型标准化。实施道路运输车辆和营运船舶燃料消耗量限值准入制度。

优化交通运输能源消费结构。加大新能源和清洁能源在城市公共交通和客货运输领域的应用。继续推进水运行业应用液化天然气,在港口装卸机械和运输装备中优先使用电能或天然气等作为动力。大力推动靠港船舶使用岸电,加快港口和船舶使用岸电设备设施建设。支持加气、充换电等配套设施在交通运输领域的规划与建设。鼓励太阳能、风能、地热能等可再生能源在交通基础设施建设运营中的应用。

深化节能降碳制度创新与技术应用。继续组织开展绿色交通示范创建。探索合同能源管理、碳交易、第三方治理等市场机制在行业内的应用,促进交通运输行业节能降碳。制定发布交通运输行业重点节能低碳技术和产品推广目录,优先支持重点节能低碳技术和产品的推广应用。推广应用交通运输装备节能驾驶、节能操作和绿色维修技术。

专栏1 "十三五"交通运输节能降碳重点推进工作

绿色交通示范创建。贯彻落实国家节能减排要求,在已有工作基础上,继续开展绿色交通省、城市、公路、港口、航道及绿色交通运输企业等示范创建工作。

靠港船舶使用岸电。优先推进港作船舶、公务船舶靠泊使用岸电,重点在沿海及长江干线的集装箱、客滚和邮轮专业化码头建设船舶岸电设施,降低港区大气污染物排放。

(二)强化基础设施生态保护

加强新建交通基础设施生态保护。在交通基础设施规划和建设过程中全面落实国家环保相关法律法规要求，严格履行环保程序，实施严格的围填海总量控制和自然岸线控制制度。将生态友好理念贯穿于交通基础设施规划、建设、运营和养护的全过程。积极倡导生态选线、生态环保设计，尽量减少对自然保护区等生态敏感区域的切割影响。综合应用先进适用的生态工程技术，最大限度降低交通基础设施对陆域、水生动植物及其生境的影响，严格落实生态保护和水土保持措施，加强植被保护与恢复，全面提升交通基础设施景观服务品质。推进一批生态友好型公路、港口、航道等交通基础设施的建设。

继续推进已建基础设施生态修复工程。在"十二五"生态修复试点的基础上，针对早期建设由于理念和技术原因导致不能满足环保要求的交通基础设施，鼓励开展生态修复。公路方面，重点推进边坡和取弃土场植被恢复、动物通道和湿地生态修复等；水运方面，重点推进人工渔礁、过鱼设施、生态护岸等。

专栏2　"十三五"交通运输生态保护重点推进工作

交通基础设施生态修复。重点在高寒高海拔、水土流失重点治理区、水源涵养生态功能区等生态脆弱区域开展公路生态修复，在环渤海、长三角、珠三角等区域开展港口生态修复，在长江航道、京杭运河、西江航道等开展航道生态修复。

（三）全面开展污染综合防治

加强行业大气污染防治工作。设立珠三角、长三角、环渤海（京津冀）水域船舶排放控制区，控制船舶 SO_x、NO_x 和 PM 排放。开展干散货码头粉尘专项治理，全面推进主要港口大型煤炭、矿石码头堆场建设防风抑尘设施或实现封闭储存。推进原油成品油码头油气回收治理。推进运输枢纽场站、长大隧道空气污染防治。加快淘汰营运黄标车，鼓励出租车每年更换高效尾气净化装置，提倡公交车、出租车缩短报废年限。鼓励采用温拌沥青等先进工艺，减少交通基础设施建设过程中的废气排放。

组织开展行业水污染防治。鼓励节能环保型船舶建造和既有船舶实施污水储存处置设施改造。推动船舶含油污水、生活污水、化学品洗舱水等污染物的接收处置设施建设，做好船港之间、港城之间污染物转运处置设施的衔接。规范拆船行为，禁止冲滩拆解。按照已加入的国际公约要求，对进入我国水域的国际航行船舶实施压载水管理。大力推进港口、运输枢纽、高速公路服务区污水处理和循环利用。

进一步提升污染事故应急能力。健全海上溢油应急指挥机制，完善各级海上溢油应急预案，推动《国家重大海上溢油应急处置预案》出台，建设畅通的应急通信系统和高效的溢油应急信息服务体系。强化溢油监视能力建设，提高溢油监视预警能力。加强溢油清除能力和水上危险化学品泄漏应急处置能力建设，落实《国家重大海上溢油应急能力建设规划（2015—2020年）》建设任务，提高国家溢油应急设备库运行维护水平。推动重大海上溢油事故应急处置部际联动。加强污染事故应急队伍建设，进一步扶持和规范社会应急清污力量发展。

专栏3　"十三五"交通运输污染综合防治重点推进工作

船舶与港口污染防治。全面落实《船舶与港口污染防治专项行动实施方案（2015—2020年）》，分阶段、分步骤实施《珠三角、长三角、环渤海（京津冀）水域船舶排放控制区实施方案》，推进原油成品油码头油气回收治理、港口作业污染专项治理、船舶结构调整、船舶污染物接收处置设施建设、LNG燃料应用等工作。

（四）推进资源节约循环利用

推进资源节约集约利用。统筹集约利用综合运输线位、运输枢纽、跨江跨海通道等资源。大力推行适应节约土地要求的交通运输工程技术，提高交通建设用地效率。因地制宜采取有效措施减少耕地和基本农田占用。合理有序开发港口岸线资源，发展集约化、现代化和专业化港区，进一步提升港口岸线资源利用效率。

加强资源综合循环利用。积极推动废旧路面、沥青等材料再生综合利用，以及钢材、水泥等主要建材的循环利用。扩大粉煤灰、煤矸石、矿渣、废旧轮胎等工业废料和疏浚土、建筑垃圾在交通基础设施建设运营中的无害化处理和综合利用。鼓励交通建设企业加入区域资源再生综合交易系统，行业内外协同提升资源循环利用水平。

专栏4　“十三五”交通运输资源循环利用重点推进工作

废旧路面材料循环利用。积极引导并大力推广公路路面材料循环利用技术，综合考虑公路等级、工程性质及规模、路面旧料类型及质量、施工环境、交通与气候条件等因素，合理选用路面材料循环利用技术，面层材料与基层材料原则上应分别回收与循环利用，确保高价值的路面旧料得以科学高效的循环利用。

（五）加强节能环保监督管理

健全绿色交通制度和标准体系。研究制定绿色交通发展制度体系框架，全面涵盖交通运输绿色发展的政策、法规、标准等制度。有序推进绿色交通领域各项相关制度的制修订工作，并加强实施效果评估，形成推动绿色交通发展的长效机制。发布《绿色交通标准体系》，研究制定交通运输用能设备、设施、企业能耗和碳排放强度，交通运输环保和能耗统计分析，交通运输污染防治技术与环保产品，交通运输环境监测和能耗监测等方面的标准。

强化行业节能环保管理。在交通运输基础设施建设过程中严格执行国家环保“三同时”制度和节能评估制度，严格遵守监管所有污染物排放的环境保护管理制度。继续开展交通运输规划和建设项目环境影响评价、项目节能评估工作。鼓励各省、城市及企业结合自身情况编制交通运输绿色发展专项规划，加强节能环保管理体系建设。

加强节能环保统计监测。全面实施《全国公路水路交通运输环境监测网总体规划》，有序推进行业环境监测网建设和监测工作开展，提升交通运输环境监测能力。继续推进交通运输环境数据中心建设，逐步完善交通运输行业环境数据报送与共享机制。完善交通运输行业能耗统计平台，继续组织开展营运车辆、船舶能耗监测统计工作，继续推进交通运输重点用能单位开展能耗监测，有序推进省级能耗统计监测考核体系的建设实施。

专栏5　“十三五”交通运输环保监管监测重点推进工作

绿色交通运输标准体系建设。明确绿色交通标准化工作重点，制定绿色交通标准体系推进方案。深化既有绿色交通标准研究成果，有序推动节能降碳、生态保护、污染防治、监测监管等标准的制定，逐步建立健全绿色交通标准体系。

交通运输行业环境监测能力建设。在充分利用社会资源的基础上，完善交通运输环境监测手段,有序推进行业环境监测工作,逐步掌握覆盖国家高速公路、沿海及内河主要港口、长江干线航道重点监测对象和省级高速公路、沿海及内河地区性重要港口一般监测对象的环境监测数据。

交通运输行业能耗监测统计平台建设。在京津冀、长三角和珠三角等重点区域,以及部分有条件的中西部地区,鼓励建设包含行业重点用能单位能耗排放数据、营运车船能耗排放数据的能耗综合监测统计平台。

(六)服务国家发展重大战略

支撑京津冀一体化绿色交通发展。大力推进京津冀区域大气污染防治工作,大力推广新能源和清洁能源车辆应用,推动北京、天津、石家庄、保定等重点城市绿色交通城市、公交都市示范创建活动。推进环渤海(京津冀)水域船舶大气污染物排放控制区建设,开展干散货码头粉尘专项治理,推进原油成品油码头油气回收治理工作。组织开展京津冀协同发展交通一体化规划环境影响评价,建设京津冀一体化交通运输环境监测与能耗监测系统,定期组织开展行业能耗和环境统计和调查,跟踪落实国家和京津冀区域相关节能环保要求。

推进长江经济带绿色综合立体交通走廊建设。组织开展长江经济带综合交通立体走廊战略环评,进一步科学规划长江干线港口岸线利用,规模化、集约化利用港口岸线资源。推进长江干线生态航道建设,将生态与环保理念融入长江干线航道设计、施工、养护等全过程,推进长江航道生态修复工作。落实《船舶与港口污染防治专项行动实施方案(2015—2020年)》,推进长三角水域船舶大气污染物排放控制区建设,全面推进内河船型标准化,完善船舶污染物接收、转运处置体系。加强跨江沿江通道建设及营运过程中的水污染防治和水生态保护,强化环境风险防范及应急能力建设。推进长江经济带高等级航道环境监测网建设,探索建立长江经济带交通运输能源消耗和碳排放统计监测制度。提高长江航道环境风险防范能力,加强船舶溢油风险防范和危险化学品运输监管。

构建"一带一路"交通运输绿色发展管理体系。在"一带一路"交通运输发展过程中,全面落实绿色交通发展理念,逐步建立适应不同地区要求的绿色交通标准规范体系和建设管理体系。在公路、港口、航道等交通基础设施的规划、设计、建设、养护过程中,采用严格的生态环保标准规范体系,有效提高生态环保水平。尤其对位于生态脆弱区的交通基础设施工程,强化建设过程中的生态保护,落实建设完成后的生态修复。降低远洋船舶污染物排放水平,探索研究与其他国家和地区共同建立船舶排放控制区的可行性。提高交通运输节能减排技术水平,逐步提高船舶燃料消耗量限值标准。

四、保障措施

(一)完善制度建设

通过制度设计引导行业绿色发展,提高行业节能环保管理的规范化与制度化。切实强化规划实施的组织领导,对规划目标任务进行分解,并定期开展规划执行情况检查与评估工作,切实落实各部门责任分工。建立节能环保工作监督考核机制,探索将绿色交通发展绩效考核纳入部门、单位年度工作考核体系。各地区、各单位结合自身实际制定本地区、本单位的相应节能环保专项规划或实施意见,强化规划引领和指导作用。建立定期培训制度,提升节能环保管理水平。

(二)拓展资金来源

积极推动争取地方财政设立交通运输节能环保或绿色发展专项资金,强化各级财政资金的引导作用。积极利用市场机制，研究探索设立绿色交通产业发展基金，促进交通运输行业应用绿色信贷、绿色债券、绿色保险等创新金融工具，拓宽绿色交通发展融资渠道。鼓励企业加大节能环保资金投入，积极探索政府与社会资本合作模式（PPP）。

（三）加强科技创新

积极支持重点方向科研能力建设，支持相关科研院所提升交通运输节能环保科研条件。加大科技研发力度，重点开展绿色交通基础设施和装备、区域性交通运输能源和环境监测、码头油气回收等方面的专题研究。以重大科研课题为依托，以行业重点科研平台为基地，推进科研人才培养。

（四）培育绿色文化

加大绿色交通发展理念、节能环保先进技术与管理的培训教育力度，提升企业和行业从业人员的节能环保意识和能力。依托绿色交通示范项目，广泛宣传绿色交通理念，推广节能低碳、生态环保技术和产品。组织开展绿色交通相关主题宣传活动，引导社会公众绿色出行。

（五）强化合作机制

继续利用多双边渠道，加强与国际组织、国外企业和研究咨询机构等的交流合作，积极吸收借鉴国际先进经验。继续参与国际海运温室气体减排合作，为我国交通运输行业发展和参与国际竞争创造良好的外部条件。继续加强与节能减排、环境保护、资源管理等主管部门和地方政府的合作，搭建绿色交通发展交流平台，促进先进技术推广和经验交流，协同推进绿色交通发展。

《交通运输部办公厅关于实施绿色公路建设的指导意见》

（交办公路〔2016〕93号）

为践行绿色交通，完成《交通运输节能环保“十三五”发展规划》目标，推进绿色公路建设，现提出以下意见：

一、总体要求

（一）指导思想

深入贯彻党的十八大和十八届二中、三中、四中、五中全会精神，牢固树立创新、协调、绿色、开放、共享五大发展理念，落实“四个交通”发展要求，促进公路发展转型升级，建设以质量优良为前提，以资源节约、生态环保、节能高效、服务提升为主要特征的绿色公路，实现公路建设健康可持续发展。

（二）基本原则

坚持可持续发展。高度重视公路、环境、社会各方面、各要素的关系，提高资源和能源利用率，发挥公路先导性和基础性作用，实现在发展中保护、在保护中发展。

坚持统筹协调。统筹公路规划、设计、建设、运营、管理、服务全过程，强调均衡协调，突出建、管、养、运并重，降低全寿命周期成本。

坚持创新驱动。大力推动理念创新、技术创新、管理创新和制度创新，强化创新的驱动与支撑作用，为公路建设注入强大动力。

坚持因地制宜。准确把握区域环境和工程特点，明确项目定位，确定突破方向，开展有特色、有亮点、有品位的工程设计，因地制宜建设绿色公路。

（三）建设目标

到2020年，绿色公路建设标准和评估体系基本建立，绿色公路建设理念深入人心，建成一批绿色公路示范工程，形成一套可复制、可推广的经验，行业推动和示范效果显著，绿色公路建设取得明显进展。

二、主要任务

（一）统筹资源利用，实现集约节约

1.集约利用通道资源。按照“统筹规划、合理布局、集约高效”原则，统筹利用运输通道资源。鼓励公路与铁路、高速公路与普通公路共用线位。改扩建公路要充分发挥原通道资源作用，安全利用原有设施。

2.严格保护土地资源。科学选线、布线，避让基本农田，禁止耕地超占，减少土地分割。积极推进取土、弃土与改地、造地、复垦综合施措，高效利用沿线土地。因地制宜采用低路堤和浅路堑方案，保护土地资源。统筹布设公路施工临时便道、驻地、预制场、拌和站等，做到充分利用，减少重复建设。

3.积极应用节能技术和清洁能源。加强隧道等设施节能设计，推进节能通风与采光等技术应用。推广应用供配电系统节能技术、LED 节能灯具、照明智能控制系统、温拌沥青技术和冷补养护技术等新技术与新设备。加快淘汰高能耗、高排放的老旧工程机械。因地制宜推广太阳能、风能、地热能、天然气等清洁能源应用。

4.大力推行废旧材料再生循环利用。积极推行废旧沥青路面、钢材、水泥等材料再生和循环利用。推广粉煤灰、煤矸石、矿渣、废旧轮胎等工业废料的综合利用。开展建筑垃圾的无害化处理与利用。积极应用节水、节材施工工艺,实现资源高效利用。

(二)加强生态保护,注重自然和谐

5.推行生态环保设计。加强生态选线,依法避绕自然保护区、水源地保护区等生态环境敏感区。推行生态环保设计和生态防护技术,重点加强对自然地貌、原生植被、表土资源、湿地生态、野生动物等方面的保护。增强公路排水系统对路面和桥面径流的消纳与净化功能。

6.严格施工环境保护。加强施工过程中的植被与表土资源保护和利用,落实环境保护、水土保持要求,做好临时用地的生态恢复。完善施工现场和驻地的污水垃圾收集处理措施,加强施工扬尘与噪声监管,推进公路施工、养护作业机械尾气处理。在环境敏感区域施工,应制定生态环保施工专项方案,严格落实环保措施,降低施工对环境的影响。

7.加强运营期环境管理。加强各类环保设施的维护与运行管理,探索推行环境管理的市场服务机制,确保排放达标。全面推进沿线附属设施污水处理和利用,实现垃圾分类收集和无害化处置。强化穿越敏感水体路段的径流收集与处置。

(三)着眼周期成本,强化建养并重

8.突出全寿命周期成本理念。将公路运营和维护纳入工程设计与建设一并考虑,突出全寿命,强调系统性,强化结构设计与养护设施的统一。推进钢结构桥梁的应用,发挥其在全寿命周期成本方面的比较优势。积极应用高性能混凝土,保证结构使用寿命,有效降低公路运营养护成本。

9.全面实施标准化施工。建立标准化施工长效机制,实现工地标准化、工艺标准化和管理标准化。鼓励工程构件生产工厂化与现场施工装配化,注重工程质量,提高工程耐久性,实现工程内外品质的全面提升。

10.提高养护便利化水平。以科学养护为统领,注重公路设计与建设的前瞻性,统筹考虑后期养护管理的功能性需要,合理设置检修通道,做到可达、可检、可修、可换,提高日常检测维修工作的便利性与安全性。

(四)实施创新驱动,实现科学高效

11.加强绿色公路技术研究。大力开展绿色公路关键技术研发,加快研究湿地保护、动物通道设置、能源高效利用及节能减排、路域生态防护与修复、公路碳汇建设等新技术,开展绿色公路国际技术合作与交流,助力绿色公路发展。

12.大力推进建设管理信息化。基于"互联网+"理念,加快云计算、大数据等现代信息技术应用,有效提升建设管理智能化水平。逐步建立智能联网联控的公路建设信息化管理系统,推进质量检验检测数据实时互通共享技术,促进信息技术在公路建设管理中的应用。

13.总结推广建设管理新经验。鼓励应用建筑信息模型(BIM)新技术,探索应用健康、安全和环境三位一体(HSE)管理体系,积极推广合同能源管理,稳步推进建设与运营期能耗在线监测管理。鼓励代建制、设计施工总承包等管理模式的创新与应用,营造绿色公路建设市场发展环境。

14.探索设置多元化服务设施。结合社会发展和消费升级，充分利用公路养护工区、场站等用地，科学设置服务区、停车场，探索增设观景台、汽车露营地、旅游服务站等特色设施，为公众个性化出行提供便利。鼓励在公路服务区内设置加气站和新能源汽车充电桩，积极做好相关设备安装的配合工作，为节能减排创造条件。

15.丰富公路综合服务方式。继续推进高速公路联网不停车收费与服务系统（ETC）建设，扩大ETC覆盖范围，提高路网整体通过能力；鼓励拓展ETC技术应用业务，逐步实现ETC在通行、停车、加油、维修、检测等环节的深度应用。利用短信平台、门户网站、微信、微博等新媒体手段，构建公益服务与个性化定制服务相结合的公路出行信息服务体系。

（五）完善标准规范，推动示范引领

16.制定绿色公路标准规范。充分总结公路建设经验，修订绿色公路建设相关标准规范，出台《绿色公路建设技术指南》，完善建立绿色公路建设评价指标体系，明确技术要求，全面指导绿色公路建设。鼓励各地制定具有当地区域特色的绿色公路评价标准。

17.开展五大专项行动。组织实施“零弃方、少借方”“实施改扩建工程绿色升级”“积极应用建筑信息模型（BIM）新技术”“推进绿色服务区建设”“拓展公路旅游功能”等五大专项行动，以行动促转型，以行动促落实，推进工程无痕化、智能化建设，实现工程填挖方的有效统筹，加强改扩建工程的资源节约与循环利用，推行服务区污水治理、建筑节能、清洁能源、垃圾处理等新技术应用，因地制宜拓展完善公路服务和旅游功能，推进绿色公路建设的全面实施。

18.打造示范工程。以绿色公路建设专项行动为依托，继续推进试点示范，打造公路建设新亮点。各省级交通运输主管部门应结合已有工作创建1～2个绿色公路示范工程，丰富绿色公路新内涵，强化绿色公路设计、建设、运营等各环节的指导，组织开展绿色公路建设专项技术咨询，及时总结经验，以点带面，实现全行业绿色公路快速发展。

三、保障措施

19.加强组织领导。建立健全部、省联动机制，加强行业指导，充分发挥各级交通运输主管部门积极性，建立协调机制，形成有利于推进绿色公路建设的工作格局。

20.加强制度建设。省级交通运输主管部门应制定本地区的绿色公路建设激励约束机制，建立健全绿色公路建设综合评价制度，完善绿色公路评价指标，构建绿色公路建设可控、可量化、可考核的制度体系。

21.加强行业协同。省级交通运输主管部门应加强与国土、环保、林业、旅游等相关部门的沟通与协调，建立多方联动、协同共享、有效管理的工作机制，形成合力，实现共赢。

22.加强专家指导。动员各方面力量，加强组织遴选，成立绿色公路建设典型示范工程专家组，对绿色公路的勘察设计、建设施工、运营管理等全过程进行技术指导和咨询。

23.加强宣传推广。开展绿色公路系列宣传活动，加大绿色公路建设理念的宣传力度，在政府交通门户网站开辟绿色公路建设专栏，组织开展绿色公路设计、建设技术研讨和交流，推广经验，宣传成果，统一思想，形成共识，促进绿色公路建设深入人心。

交通运输部办公厅关于发布《绿色交通标准体系(2016年)》的通知

(交办科技〔2016〕191号)

各省、自治区、直辖市、新疆生产建设兵团及计划单列市、经济特区交通运输厅(局、委),部管各社团,部属各单位,交通运输各专业标准化技术委员会,部内各司局:

经交通运输部同意,现将《绿色交通标准体系(2016年)》印发你们。各单位要高度重视绿色交通领域的标准化工作,及时反馈标准体系实施过程中的意见建议。

交通运输部办公厅
2016年12月30日

附:《绿色交通标准体系(2016)》

《绿色交通标准体系(2016)》

一、绿色交通标准体系结构图

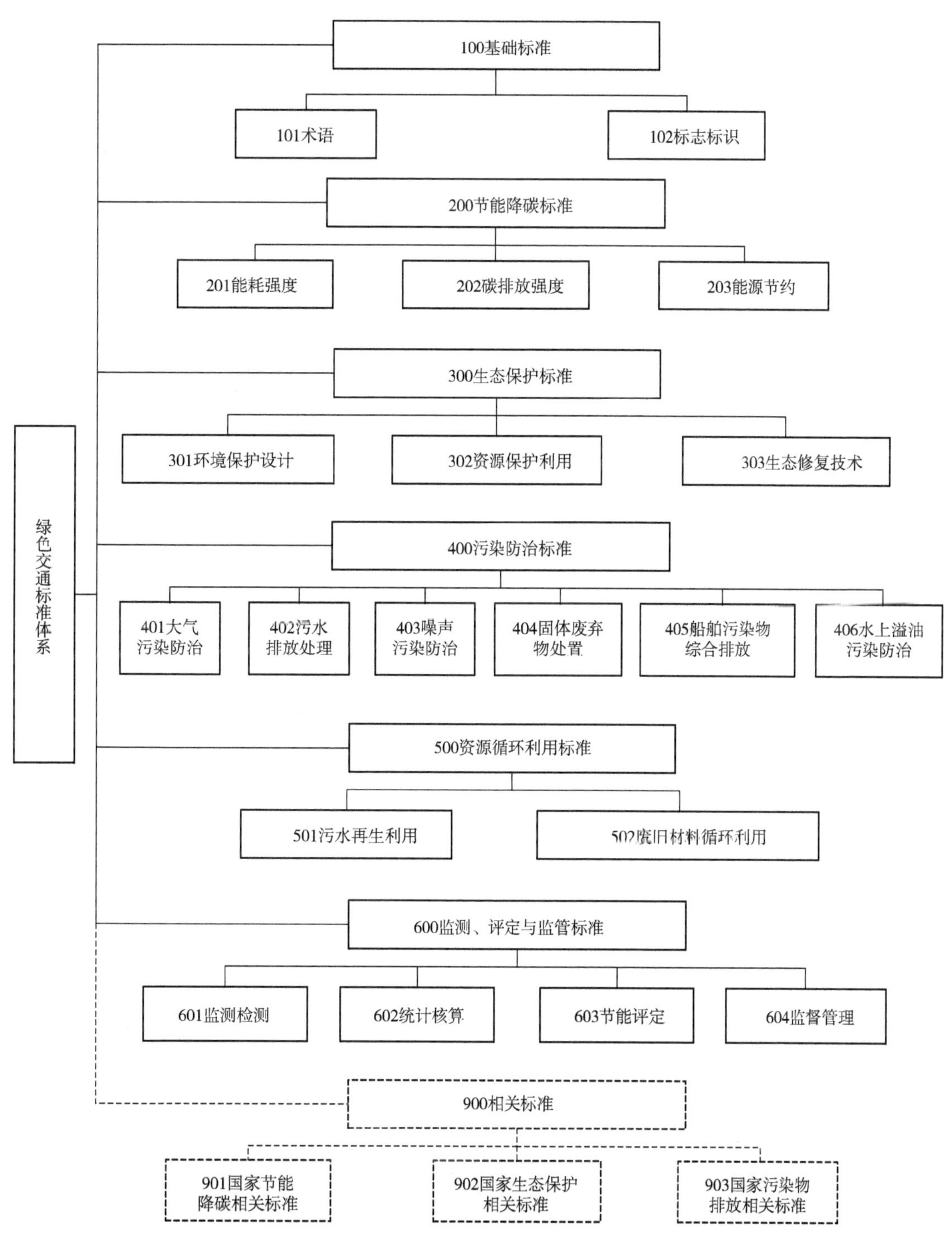

注:标准体系类别说明

100 基础标准

分类号	标 准 类 别	标准内容说明
101	术语	公路、水运节能环保领域涉及的术语标准
102	标志标识	公路、水运节能环保领域涉及的标志标识标准

200 节能降碳标准

分类号	标 准 类 别	标准内容说明
201	能耗强度	单位客运货运过程的能源消耗限值,运输工具、施工装载机械和其他设施设备的能耗强度与限值标准
202	碳排放强度	车辆船舶等运输工具,港口码头等枢纽设施的二氧化碳排放强度与限值标准
203	能源节约	公路、水运工程节能设计,运输工具节能操作规范和相关节能设施设备技术条件等标准

300 生态保护标准

分类号	标 准 类 别	标准内容说明
301	环境保护设计	公路、水运工程建设环境保护设计标准
302	资源保护利用	施工期对植物、水、表土等资源的保护与利用技术标准
303	生态修复技术	植被恢复、水生动物种群恢复等生态修复技术标准和相关材料产品标准

400 污染防治标准

分类号	标 准 类 别	标准内容说明
401	大气污染防治	公路、水运工程建设运营过程中大气污染物环保处理技术和作业要求,以及相关处理装置标准
402	污水排放处理	公路、水运工程设施污水、生产废水的收集方法,环保处理技术和相关收集处理设备标准
403	噪声污染防治	公路、水运工程建设和运营过程中的噪声污染防治技术标准和产品标准
404	固体废弃物处置	公路、水运工程建设运营过程中产生的固体废弃物、沉船切割打捞的环保处置技术和收集处理设施设备技术要求标准
405	船舶污染物综合排放	船舶污染物综合排放环保处置能力要求和相关污染物处置设施标准
406	水上溢油污染防治	与水上溢油污染应急处置相关的防治技术、应急处置设备标准

500 资源循环利用标准

分类号	标 准 类 别	标准内容说明
501	污水再生利用	对污水进行循环处理、再生利用的技术标准
502	废旧材料循环利用	对废旧材料进行加工处理,循环利用的技术标准

600 监测、评定与监管标准

分类号	标 准 类 别	标准内容说明
601	监测检测	公路、水运工程建设运营过程中的环境监测技术、能耗检测方法标准
602	统计核算	公路、水运工程建设运营过程中的环境保护统计、能耗统计分析方法、船舶污染物排放清单和碳排放核算方法标准
603	节能评定	交通运输行业和相关企业,以及相关交通设施和运输设备的节能评定方法标准
604	监督管理	绿色交通设施评价、交通运输建设运营环境影响评价和节能降碳监督管理等标准

900 相关标准

分类号	标 准 类 别	标准内容说明
901	国家节能降碳相关标准	与交通运输行业相关的能耗要求、监测计算和评估验证方法国家标准
902	国家生态保护相关标准	与交通运输生产建设项目环境影响评价、水土流失防治要求相关的国家和行业标准
903	国家污染物排放相关标准	与交通运输建设运营相关的污染物排放要求以及运输工具排放限值国家标准

二、绿色交通标准体系明细表

100　基础标准

101　术语

序号	体系编号	标　准　号	标 准 名 称	宜定级别	实施日期	国际国外标准号及采用关系	被代替标准号或作废	备注（归口标委会，立项计划编号）
1	101.1	JT/T 643.1—2016	《交通运输环境保护术语　第1部分：公路》		2016-04-10		JT/T 643—2005，JT/T 644—2005	环保
2	101.2	JT/T 643.2—2016	《交通运输环境保护术语　第2部分：水路》		2017-01-01			环保

102　标志标识

序号	体系编号	标　准　号	标 准 名 称	宜定级别	实施日期	国际国外标准号及采用关系	被代替标准号或作废	备注（归口标委会，立项计划编号）
3	102.1		《船舶污染物应急设备器材标识》	JT/T				航海安全

200　节能降碳标准

201　能耗强度

201.1　运输效率能耗

序号	体系编号	标　准　号	标 准 名 称	宜定级别	实施日期	国际国外标准号及采用关系	被代替标准号或作废	备注（归口标委会，立项计划编号）
4	201.1.1	GB 31823—2015	《集装箱码头单位产品能源消耗限额》		2016-07-01			港口
5	201.1.2	GB 31827—2015	《干散货码头单位产品能源消耗限额》		2016-07-01			港口
6	201.1.3		《液体散货码头单位产品能源消耗限额》	GB				港口，计划号：20120030-Q-469

201.2　运输工具能耗

序号	体系编号	标　准　号	标 准 名 称	宜定级别	实施日期	国际国外标准号及采用关系	被代替标准号或作废	备注（归口标委会，立项计划编号）
7	201.2.1	GB/T 4352—2007	《载货汽车运行燃料消耗量》		2008-06-01		GB/T 4352—1984	道路运输
8	201.2.2	GB/T 4353—2007	《载客汽车运行燃料消耗量》		2008-06-01		GB/T 4353—1984	道路运输

续上表

序号	体系编号	标准号	标准名称	宜定级别	实施日期	国际国外标准号及采用关系	被代替标准号或作废	备注（归口标委会，立项计划编号）
9	201.2.3	JT 711—2008	《营运客车燃料消耗量限值及测量方法》		2008-09-01			道路运输
10	201.2.4	JT 719—2008	《营运货车燃料消耗量限值及测量方法》		2008-09-01			道路运输
11	201.2.5	JT/T 826—2012	《营运船舶燃料消耗限值及验证方法》		2012-09-01			环保
12	201.2.6		《天然气营运货车燃料消耗量限值及测量方法》	GB				道路运输
13	201.2.7		《天然气营运客车燃料消耗量限值及测量方法》	GB				道路运输

201.3 施工装载机械能耗

序号	体系编号	标准号	标准名称	宜定级别	实施日期	国际国外标准号及采用关系	被代替标准号或作废	备注（归口标委会，立项计划编号）
14	201.3.1		《港口设备能源消耗评价方法　第1部分：岸边集装箱起重机》	GB/T				港口，计划号：20140999-T-348
15	201.3.2		《港口设备能源消耗评价方法　第2部分：轨道式集装箱门式起重机》	GB/T				港口，计划号：20141000-T-348
16	201.3.3		《港口设备能源消耗评价方法　第3部分：桥式抓斗卸船机》	GB/T				港口，计划号：20141001-T-348
17	201.3.4		《港口设备能源消耗评价方法　第4部分：散货装船机》	GB/T				港口，计划号：20141002-T-348
18	201.3.5		《港口设备能源消耗评价方法　第5部分：港口牵引车》	GB/T				港口，计划号：20141003-T-348
19	201.3.6		《集装箱码头装卸设备能效等级及评定方法　第1部分：集装箱门座起重机》	JT/T				港口，计划号：JT 2015-44
20	201.3.7		《集装箱码头装卸设备能效等级及评定方法　第2部分：轮胎式集装箱门式起重机》	JT/T				港口，计划号：JT 2015-45

201.4 其他设施设备能耗

序号	体系编号	标准号	标准名称	宜定级别	实施日期	国际国外标准号及采用关系	被代替标准号或作废	备注（归口标委会，立项计划编号）
21	201.4.1	JT/T 938—2014	《汽车喷烤漆房能源消耗量限值及能源效率等级》		2015-04-05			汽车维修
22	201.4.2		《公路用 LED 照明灯具能效等级及评定方法》	JT/T				交通工程，计划号：JT 2016-57
23	201.4.3		《公路外场监控摄像机能效等级及评定方法》	JT/T				交通工程
24	201.4.4		《LED 车道控制标志能效等级及评定方法》	JT/T				交通工程
25	201.4.5		《收费车道交通信号灯能效等级及评定方法》	JT/T				交通工程
26	201.4.6		《公路隧道通风能效限定值及能效等级》	JT/T				交通工程
27	201.4.7		《公路 LED 可变信息标志能效限定值及能效等级》	JT/T				交通工程

202 碳排放强度

序号	体系编号	标准号	标准名称	宜定级别	实施日期	国际国外标准号及采用关系	被代替标准号或作废	备注（归口标委会，立项计划编号）
28	202.1	JT/T 827—2012	《营运船舶 CO_2 排放限值及验证方法》		2012-09-01			环保
29	202.2		《营运货车能效和二氧化碳排放强度等级及评定方法》	JT/T				道路运输，计划号：JT 2016-55
30	202.3		《营运客车能效和二氧化碳排放强度等级及评定方法》	JT/T				道路运输，计划号：JT 2016-56
31	202.4		《干散货码头能效和 CO_2 排放强度等级及评定方法》	JT/T				港口
32	202.5		《港口企业生产能效和 CO_2 排放强度等级及评定方法》	JT/T				港口
33	202.6		《集装箱码头能效和 CO_2 排放强度等级及评定方法》	JT/T				港口

203 能源节约

序号	体系编号	标准号	标准名称	宜定级别	实施日期	国际国外标准号及采用关系	被代替标准号或作废	备注（归口标委会，立项计划编号）
34	203.1	GB/T 24716—2009	《公路沿线设施太阳能供电系统通用技术规范》		2010-04-01		JT/T 594—2004	交通工程
35	203.2	GB/T 25348—2010	《汽车节油产品使用技术条件》		2011-03-01		JT/T 306—2007	汽车维修
36	203.3	GB/T 27878—2011	《船舶节能产品使用技术条件》		2012-06-01			环保
37	203.4	JTS 150—2007	《水运工程节能设计规范》		2008-02-01		JTJ 228—2000	水运工程
38	203.5	JTS 155—2012	《码头船舶岸电设施建设技术规范》		2012-08-01			水运工程
39	203.6	JT/T 423—2000	《新建及购置运输船舶节能技术要求》		2000-12-01			环保
40	203.7	JT/T 807—2011	《汽车驾驶节能操作规范》		2011-06-15			道路运输
41	203.8	JT/T 814.1—2012	《港口船舶岸基供电技术条件　第1部分:高压上船》		2012-10-01			港口
42	203.9	JT/T 814.2—2012	《港口船舶岸基供电技术条件　第2部分:低压上船》		2012-10-01			港口
43	203.10	JT/T 815.1—2012	《港口船舶岸基供电系统操作技术规程　第1部分:高压上船》		2012-10-01			港口
44	203.11	JT/T 815.2—2012	《港口船舶岸基供电系统操作技术规程　第2部分:低压上船》		2012-10-01			港口
45	203.12	JT/T 1025—2016	《混合动力城市客车技术条件》		2016-04-10			客车
46	203.13	JT/T 1026—2016	《纯电动城市客车通用技术条件》		2016-04-10			客车
47	203.14	JT/T 1028—2016	《液化天然气客车技术要求》		2016-04-10			客车
48	203.15		《靠港船舶岸电系统技术条件　第1部分:高压上船》	GB/T				港口,计划号:20131730-T-348
49	203.16		《靠港船舶岸电系统技术条件　第2部分:低压上船》	GB/T				港口,计划号:20131731-T-348
50	203.17		《公路沿线风光互补供电系统》	GB/T				交通工程
51	203.18		《公路工程节能设计规范》	JTG				公路工程

300　生态保护标准

301　环境保护设计

序号	体系编号	标准号	标准名称	宜定级别	实施日期	国际国外标准号及采用关系	被代替标准号或作废	备注（归口标委会，立项计划编号）
52	301.1	JTG B04—2010	《公路环境保护设计规范》		2010-07-01		JTJ/T 006—1998	公路工程
53	301.2	JTS 149-1—2007	《港口工程环境保护设计规范》		2008-02-01		JTJ 231—1994	水运工程
54	301.3	JT/T 647—2005	《公路绿化设计制图》		2006-01-01			环保

302　资源保护利用

序号	体系编号	标准号	标准名称	宜定级别	实施日期	国际国外标准号及采用关系	被代替标准号或作废	备注（归口标委会，立项计划编号）
55	302.1		《公路施工表土资源保护与利用技术要求　第1部分：保护技术》	JT/T				环保
56	302.2		《公路施工表土资源保护与利用技术要求　第2部分：利用技术》	JT/T				环保
57	302.3		《公路施工期雨洪管理技术要求》	JT/T				环保
58	302.4		《公路施工原生植被保护技术要求　第1部分：总体要求》	JT/T				环保
59	302.5		《公路施工原生植被保护技术要求　第2部分：植物就地保护》	JT/T				环保
60	302.6		《公路施工原生植被保护技术要求　第3部分：植物异地保护》	JT/T				环保
61	302.7		《公路施工原生植被保护技术要求　第4部分：草皮保护》	JT/T				环保

303　生态修复技术

序号	体系编号	标准号	标准名称	宜定级别	实施日期	国际国外标准号及采用关系	被代替标准号或作废	备注（归口标委会，立项计划编号）
62	303.1		《公路路域植被恢复　第1部分：植物材料》	JT/T				环保，计划号：JT 2014-38

续上表

序号	体系编号	标准号	标准名称	宜定级别	实施日期	国际国外标准号及采用关系	被代替标准号或作废	备注（归口标委会，立项计划编号）
63	303.2		《公路路域植被恢复　第2部分：辅助材料》	JT/T				环保，计划号：JT 2014-39
64	303.3		《航电枢纽过鱼设施技术要求》	JT/T				环保
65	303.4		《水运工程生态修复技术规范》	JT/T				环保

400　污染防治标准

401　大气污染防治

序号	体系编号	标准号	标准名称	宜定级别	实施日期	国际国外标准号及采用关系	被代替标准号或作废	备注（归口标委会，立项计划编号）
66	401.1	JTS 156—2015	《煤炭矿石码头粉尘控制设计规范》		2016-05-01			水运工程
67	401.2		《码头油气回收设施建设技术规范》	JTS				水运工程
68	401.3		《码头油气回收安全技术及管理要求》	JT/T				港口

402　污水排放处理

序号	体系编号	标准号	标准名称	宜定级别	实施日期	国际国外标准号及采用关系	被代替标准号或作废	备注（归口标委会，立项计划编号）
69	402.1	JT/T 802—2011	《高速公路服务区生物接触氧化法污水处理成套设备》		2011-09-01			交通工程
70	402.2		《船舶洗舱作业安全与防污染技术要求》	JT/T				航海安全
71	402.3		《港口及航道施工生产废水处理技术要求》	JT/T				环保
72	402.4		《公路服务区污水处理设备　膜生物反应器》	JT/T				环保，计划号：JT 2015-54
73	402.5		《公路服务区污水处理设备　人工湿地处理系统》	JT/T				环保，计划号：JT 2015-55
74	402.6		《原油洗舱作业安全技术要求》	JT/T				航海安全
75	402.7		《载运危险货物船舶的排放压载水、洗舱水作业要求》	JT/T				航海安全

403　噪声污染防治

序号	体系编号	标　准　号	标 准 名 称	宜定级别	实施日期	国际国外标准号及采用关系	被代替标准号或作废	备注（归口标委会，立项计划编号）
76	403.1	GB 5980—2009	《内河船舶噪声级规定》		2009-11-01		GB 5980—2000	内河船
77	403.2	JT/T 646.1—2016	《公路声屏障　第 1 部分：分类》		2016-04-10			环保
78	403.3	JT/T 646.2—2016	《公路声屏障　第 2 部分：总体技术要求》		2016-04-10			环保
79	403.4	JT/T 646.4—2016	《公路声屏障　第 4 部分：声学材料技术要求和检测方法》		2016-04-10		JT/T 646—2005	环保
80	403.5	JT/T 781—2010	《船舶噪声控制设计规程》		2010-08-01			内河船
81	403.6		《公路声屏障　第 3 部分：声学设计方法》	JT/T				环保，计划号：JT 2014-45
82	403.7		《公路声屏障　第 5 部分：降噪效果检测方法》	JT/T				环保，计划号：JT 2014-46

404　固体废弃物处置

序号	体系编号	标　准　号	标 准 名 称	宜定级别	实施日期	国际国外标准号及采用关系	被代替标准号或作废	备注（归口标委会，立项计划编号）
83	404.1		《沉船切割解体打捞污染防治要求》	JT/T				救捞
84	404.2		《港口码头船舶固体废物接收设施技术要求》	JT/T				环保
85	404.3		《港口码头固体废物处理技术要求》	JT/T				环保

405　船舶污染物综合排放

序号	体系编号	标　准　号	标 准 名 称	宜定级别	实施日期	国际国外标准号及采用关系	被代替标准号或作废	备注（归口标委会，立项计划编号）
86	405.1	JT/T 673—2006	《船舶污染物接收和船舶清舱作业单位接收处理能力要求》		2007-03-01			环保
87	405.2	JT/T 787—2010	《船舶修造和拆解单位防污染设施设备配备及操作要求》		2010-11-01			环保
88	405.3		《封闭通航水域船舶污染物接收要求》	JT/T				航海安全，系列标准
89	405.4		《油料补给服务（作业）单位防污染设备、器材配备要求》	JT/T				航海安全

406　水上溢油污染防治

406.1　水上溢油污染防治技术

序号	体系编号	标　准　号	标 准 名 称	宜定级别	实施日期	国际国外标准号及采用关系	被代替标准号或作废	备注（归口标委会,立项计划编号）
90	406.1.1	GB/T 16559—2010	《船舶溢油应变部署表》		2011-03-01		GB/T 16559—1996	航海安全
91	406.1.2	JT/T 451—2009	《港口码头溢油应急设备配备要求》		2009-05-01			航海安全
92	406.1.3	JT/T 458—2001	《船舶油污染事故等级》		2001-12-01		JT/T 2011—1991	航海安全
93	406.1.4	JT/T 862—2013	《水上溢油快速鉴别规程》		2013-10-01			航海安全
94	406.1.5	JT/T 877—2013	《船舶溢油应急能力评估导则》		2014-01-01			航海安全
95	406.1.6		《船舶溢油清污技术要求》	GB/T				航海安全
96	406.1.7		《沉船溢油回收要求》	GB/T				救捞
97	406.1.8		《港口码头溢油事故污染防治》	GB/T				环保,系列标准
98	406.1.9		《水上溢油同位素鉴定规程》	JT/T				航海安全,计划号:JT 2014-36
99	406.1.10		《船舶污染应急设备库配置要求》	JT/T				航海安全
100	406.1.11		《水上加油站安全与防污染技术要求》	JT/T				航海安全

406.2　水上溢油污染防治设备

序号	体系编号	标　准　号	标 准 名 称	宜定级别	实施日期	国际国外标准号及采用关系	被代替标准号或作废	备注（归口标委会,立项计划编号）
101	406.2.1	GB 18188.1—2000	《溢油分散剂　技术条件》		2001-10-01		JT 2013—1989	航海安全,修订计划号:20150434-T-348
102	406.2.2	GB 18188.2—2000	《溢油分散剂　使用准则》		2001-10-01		JT 2007.2—1984	航海安全
103	406.2.3	JT/T 465—2001	《围油栏》		2002-05-01		JT 2022.1—1992, JT 2022.2—1992, JT 2022.3—1992, JT 2022.4—1992, JT 2022.5—1992, JT 2022.6—1992	航海安全

续上表

序号	体系编号	标准号	标准名称	宜定级别	实施日期	国际国外标准号及采用关系	被代替标准号或作废	备注（归口标委会，立项计划编号）
104	406.2.4	JT/T 560—2004	《船用吸油毡》		2004-09-01			航海安全
105	406.2.5	JT/T 863—2013	《转盘/转管/转刷式收油机》		2013-10-01			航海安全
106	406.2.6	JT/T 864—2013	《吸油拖栏》		2013-10-01			航海安全
107	406.2.7	JT/T 865—2013	《溢油分散剂喷洒装置》		2013-10-01			航海安全
108	406.2.8	JT/T 866—2013	《应急卸载装置》		2013-10-01			航海安全
109	406.2.9	JT/T 910—2014	《水面溢油跟踪浮标系统技术要求》		2014-09-01			航海安全
110	406.2.10	JT/T 1042—2016	《堰式收油机》		2016-04-10			航海安全
111	406.2.11	JT/T 1043—2016	《浮动油囊》		2016-04-10			航海安全
112	406.2.12		《带式收油机》	JT/T				航海安全，计划号:JT 2014-35
113	406.2.13		《化学吸附剂技术条件》	JT/T				航海安全，计划号:JT 2014-31
114	406.2.14		《溢油污染治理油水分离系统》	JT/T				航海安全，计划号:JT 2014-37
115	406.2.15		《溢油沉降剂》	JT/T				航海安全
116	406.2.16		《溢油凝聚剂》	JT/T				航海安全
117	406.2.17		《油拖网》	JT/T				航海安全

500　资源循环利用标准

501　污水再生利用

序号	体系编号	标准号	标准名称	宜定级别	实施日期	国际国外标准号及采用关系	被代替标准号或作废	备注（归口标委会，立项计划编号）
118	501.1	JT/T 645.1—2016	《公路服务区污水再生利用　第1部分:水质》		2016-04-10			环保
119	501.2	JT/T 645.2—2016	《公路服务区污水再生利用　第2部分:处理系统技术要求》		2016-04-10			环保
120	501.3	JT/T 645.3—2016	《公路服务区污水再生利用　第3部分:处理系统操作管理要求》		2016-04-10			环保
121	501.4		《港口码头污水再生利用》	JT/T				环保，系列标准

502 废旧材料循环利用

序号	体系编号	标准号	标准名称	宜定级别	实施日期	国际国外标准号及采用关系	被代替标准号或作废	备注（归口标委会，立项计划编号）
122	502.1	JTG F41—2008	《公路沥青路面再生技术规范》		2008-07-01			公路工程
123	502.2	JTG/T F31—2014	《公路水泥混凝土路面再生利用技术细则》		2014-06-01			公路工程
124	502.3	JT/T 797—2011	《路用废胎硫化橡胶粉》		2011-09-01			交通工程，修订计划号:JT 2014-136
125	502.4	JT/T 798—2011	《公路工程废胎胶粉橡胶沥青》		2011-09-01			交通工程，修订计划号:JT 2014-135
126	502.5	JT/T 819—2011	《公路工程水泥混凝土用机制砂》		2012-04-01			交通工程
127	502.6	JT/T 1086—2016	《道路沥青混凝土用钢渣》		2017-01-01			交通工程
128	502.7		《水运工程疏浚底泥环境处理与工程利用规范》	JTS				水运工程
129	502.8		《道路用生物沥青》	JT/T				交通工程，计划号:JT 2015-156
130	502.9		《公路工程用建筑废弃物再生骨料及制品标准》	JT/T				交通工程
131	502.10		《公路绿化养护废弃植生材料循环利用技术要求》	JT/T				环保

600 监测、评定与监管标准

601 监测检测

601.1 环境监测技术

序号	体系编号	标准号	标准名称	宜定级别	实施日期	国际国外标准号及采用关系	被代替标准号或作废	备注（归口标委会，立项计划编号）
132	601.1.1	GB/T 4595—2000	《船上噪声测量》		2001-07-01		GB/T 4595—1984	内河船，修订计划号:20160749-T-348
133	601.1.2	GB/T 4964—2010	《内河航道及港口内船舶辐射噪声的测量》		2011-06-01		GB 4964—1985	内河船
134	601.1.3	JT/T 409—1999	《船舶机舱舱底水、生活污水采样方法》		1999-12-31	MARPOL73/78 NEQ		航海安全
135	601.1.4	JT 464—2001	《港口矿石粉尘浓度控制指标及测试方法》		2002-05-01			港口
136	601.1.5		《船舶污染物排放监测技术要求　大气污染物》	JT/T				航海安全，计划号:JT 2016-59
137	601.1.6		《船舶污染物排放监测技术要求　水污染物》	JT/T				航海安全，计划号:JT 2016-60
138	601.1.7		《港口煤粉尘浓度控制指标及测试方法》	JT/T				港口，计划号:JT 2013-30

601.2　能耗检测方法

序号	体系编号	标　准　号	标 准 名 称	宜定级别	实施日期	国际国外标准号及采用关系	被代替标准号或作废	备注（归口标委会，立项计划编号）
139	601.2.1	GB/T 17751—1999	《运输船舶能源利用监测评价方法》		1999-12-01			环保
140	601.2.2	GB/T 18566—2011	《道路运输车辆燃料消耗量检测评价方法》		2012-03-01		GB/T 18566—2001	道路运输
141	601.2.3	JT/T 12—2004	《运输船舶油耗计量仪表配备技术要求》		2004-09-01		JT 0012—1985	环保
142	601.2.4	JT/T 291—1995	《海港船舶燃料供应行业船舶能耗计算方法》		1996-10-01			港口
143	601.2.5	JT/T 314—2009	《港口电动式起重机能源利用效率检测方法》		2010-04-01		JT/T 314.1—1997，JT/T 314.2—1997	港口
144	601.2.6	JT/T 326—2009	《港口带式输送机能源利用效率检测方法》		2009-11-01		JT/T 326—1997	港口
145	601.2.7	JT/T 340—2009	《船舶动力装置能量平衡测量与计算方法》		2009-11-01		JT/T 134—1994，JT/T 239—1995，JT/T 340—1995，JT/T 384—1998	内河船
146	601.2.8	JT/T 491—2014	《港口固定资产投资项目装卸生产设计可比能源单耗评估》		2015-04-05		JT/T 491—2003	港口
147	601.2.9		《港口连续装卸船机械能源利用效率检测方法》	JT/T				港口
148	601.2.10		《港口内燃机驱动起重机能源利用效率检测方法》	JT/T				港口
149	601.2.11		《天然气和石油液化气游艇能耗测量方法》	JT/T				内河船

602　统计核算

602.1　环境保护统计

序号	体系编号	标　准　号	标 准 名 称	宜定级别	实施日期	国际国外标准号及采用关系	被代替标准号或作废	备注（归口标委会，立项计划编号）
150	602.1.1		《交通运输环境保护统计指标与核算方法　第1部分：主要污染物统计指标及核算方法》	JT/T				环保，计划号：JT 2014-42
151	602.1.3		《交通运输环境保护统计指标与核算方法　第2部分：环境保护投资统计指标及核算方法》	JT/T				环保

602.2 能耗统计分析

序号	体系编号	标准号	标准名称	宜定级别	实施日期	国际国外标准号及采用关系	被代替标准号或作废	备注（归口标委会，立项计划编号）
152	602.2.1	GB/T 7187.1—2010	《运输船舶燃油消耗量　第 1 部分：海洋船舶计算方法》		2011-02-01		GB/T 7187.1—1987	环保
153	602.2.2	GB/T 7187.2—2010	《运输船舶燃油消耗量　第 2 部分：内河船舶计算方法》		2011-07-01		GB/T 7187.2—2001，GB/T 7187.3—2001	内河船
154	602.2.3	GB/T 21339—2008	《港口能源消耗统计及分析方法》		2008-07-01			港口，修订计划号：20160751-T-348
155	602.2.4	GB/T 21392—2008	《船舶运输能源消耗统计及分析方法》		2008-08-01			环保
156	602.2.5	GB/T 21393—2008	《公路运输能源消耗统计及分析方法》		2008-08-01			道路运输
157	602.2.6		《船舶大气污染物排放清单编制技术指南》	JT/T				航海安全，计划号：JT 2016-61
158	602.2.7		《船舶二氧化碳排放核算方法技术规范》	JT/T				航海安全，计划号：JT 2016-62
159	602.2.8		《交通运输行业温室气体排放清单编制技术要求》	JT/T				环保

603 节能评定

序号	体系编号	标准号	标准名称	宜定级别	实施日期	国际国外标准号及采用关系	被代替标准号或作废	备注（归口标委会，立项计划编号）
160	603.1	GB/T 14951—2007	《汽车节油技术评定方法》		2007-08-01		GB/T 14951—1994，GB/T 17752—1999，GB/T 17753—1999	道路运输
161	603.2	GB/T 27874—2011	《船舶节能产品评定方法》		2012-06-01			环保
162	603.3	JT/T 25—2009	《港口企业能量平衡导则》		2009-11-01		JT/T 0025—1992，JT/T 202—1995	港口
163	603.4	JT/T 856—2013	《道路运输行业节能评价方法》		2014-01-01			道路运输
164	603.5	JT/T 857—2013	《道路运输企业节能评价方法》		2014-01-01			道路运输
165	603.6	JT/T 868—2013	《汽车客运站节能评价方法》		2014-01-01			道路运输
166	603.7	JT/T 869—2013	《汽车货运站（场）节能评价方法》		2014-01-01			道路运输
167	603.8		《城市公共交通企业节能评价技术》	JT/T				城市客运
168	603.9		《汽车维修企业节能环保评价规范》	JT/T				汽车维修

604 监督管理

604.1 绿色交通设施评价

序号	体系编号	标准号	标准名称	宜定级别	实施日期	国际国外标准号及采用关系	被代替标准号或作废	备注（归口标委会,立项计划编号）
169	604.1.1	JTS/T 105-4—2013	《绿色港口等级评价标准》		2013-06-01			水运工程
170	604.1.2		《绿色交通设施评估技术要求　第1部分:绿色公路》	JT/T				环保,计划号:JT 2015-51
171	604.1.3		《绿色交通设施评估技术要求　第2部分:绿色服务区》	JT/T				环保,计划号:JT 2015-52
172	604.1.4		《绿色交通设施评估技术要求　第4部分:绿色航道》	JT/T				环保,计划号:JT 2016-63
173	604.1.5		《绿色交通设施评估技术要求　第5部分:绿色客货运场站》	JT/T				环保

604.2 环境影响评价

序号	体系编号	标准号	标准名称	宜定级别	实施日期	国际国外标准号及采用关系	被代替标准号或作废	备注（归口标委会,立项计划编号）
174	604.2.1	JTG B03—2006	《公路建设项目环境影响评价规范》		2006-05-01		JTJ 005—1996	公路工程
175	604.2.2	JTJ 227—2001	《内河航运建设项目环境影响评价规范》		2002-01-01			水运工程
176	604.2.3	JTS 105-1—2011	《港口建设项目环境影响评价规范》		2011-09-01		JTJ 226—1997	水运工程
177	604.2.4		《交通运输专项规划环境影响评价技术规范　第1部分:公路网规划》	JT/T				环保,计划号:JT 2014-40
178	604.2.5		《交通运输专项规划环境影响评价技术规范　第2部分:沿海港口总体规划》	JT/T				环保,计划号:JT 2014-41
179	604.2.6		《交通运输专项规划环境影响评价技术规范　第3部分:公路运输枢纽规划》	JT/T				环保
180	604.2.7		《交通运输专项规划环境影响评价技术规范　第4部分:内河航道和港口布局规划》	JT/T				环保,计划号:JT 2016-66

续上表

序号	体系编号	标准号	标准名称	宜定级别	实施日期	国际国外标准号及采用关系	被代替标准号或作废	备注（归口标委会，立项计划编号）
181	604.2.8		《交通运输专项规划环境影响评价技术规范 第5部分：救助打捞基地规划》	JT/T				环保
182	604.2.9		《交通运输专项规划环境影响评价技术规范 第6部分：综合运输体系规划》	JT/T				环保

604.3 节能降碳监管

序号	体系编号	标准号	标准名称	宜定级别	实施日期	国际国外标准号及采用关系	被代替标准号或作废	备注（归口标委会，立项计划编号）
183	604.3.1		《港口能源管理通则》	GB/T				港口
184	604.3.2		《港口企业能源审计技术导则》	JT/T				港口
185	604.3.3		《港口企业碳排放核查技术导则》	JT/T				港口

900 相关标准

901 国家节能降碳相关标准

序号	体系编号	标准号	标准名称	实施日期	国际国外标准号及采用关系	被代替标准号或作废	备注
186	901.1	GB/T 2589—2008	《综合能耗计算通则》	2008-06-01		GB 2589—1990	
187	901.2	GB/T 3484—2009	《企业能量平衡通则》	2009-11-01		GB/T 3484—1993	
188	901.3	GB/T 13234—2009	《企业节能量计算方法》	2009-11-01		GB/T 13234—1991	
189	901.4	GB/T 15316—2009	《节能监测技术通则》	2009-11-01		GB/T 15316—1994	
190	901.5	GB/T 15320—2001	《节能产品评价导则》	2001-07-01		GB/T 15320—1994	
191	901.6	GB/T 17166—1997	《企业能源审计技术通则》	1998-10-01			
192	901.7	GB/T 23331—2012	《能源管理体系　要求》	2013-10-01		GB/T 23331—2009	
193	901.8	GB/T 24489—2009	《用能产品能效指标编制通则》	2010-05-01			
194	901.9	GB/T 24915—2010	《合同能源管理技术通则》	2011-01-01			
195	901.10	GB/T 28750—2012	《节能量测量和验证技术通则》	2013-01-01			

续上表

序号	体系编号	标　准　号	标准名称	实施日期	国际国外标准号及采用关系	被代替标准号或作废	备　注
196	901.11	GB/T 29456—2012	《能源管理体系　实施指南》	2013-10-01			
197	901.12	GB 50189—2015	《公共建筑节能设计标准》	2015-10-01		GB 50189—2005	

902　国家生态保护相关标准

序号	体系编号	标　准　号	标准名称	实施日期	国际国外标准号及采用关系	被代替标准号或作废	备　注
198	902.1	GB 50433—2008	《开发建设项目水土保持技术规范》	2008-07-01			
199	902.2	GB 50434—2008	《开发建设项目水土流失防治标准》	2008-07-01			
200	902.3	HJ 2.1—2011	《环境影响评价技术导则　总纲》	2012-01-01		HJ/T 2.1—1993	
201	902.4	HJ 2.2—2008	《环境影响评价技术导则　大气环境》	2009-04-01		HJ/T 2.2—1993	
202	902.5	HJ/T 2.3—1993	《环境影响评价技术导则　地面水环境》	1994-04-01			
203	902.6	HJ 2.4—2009	《环境影响评价技术导则　声环境》	2010-04-01		HJ/T 2.4—1995	
204	902.7	HJ 19—2011	《环境影响评价技术导则　生态影响》	2011-09-01		HJ/T 19—1997	
205	902.8	HJ/T 169—2004	《建设项目环境风险评价技术导则》	2004-12-11			
206	902.9	HJ/T 394—2007	《建设项目竣工环境保护验收技术规范　生态影响类》	2008-02-01			
207	902.10	HJ 436—2008	《建设项目竣工环境保护验收技术规范　港口》	2008-08-01			
208	902.11	HJ 552—2010	《建设项目竣工环境保护验收技术规范　公路》	2010-04-01			
209	902.12	HJ 610—2016	《环境影响评价技术导则　地下水环境》	2016-01-07		HJ 610—2011	

903　国家污染物排放相关标准

序号	体系编号	标　准　号	标准名称	实施日期	国际国外标准号及采用关系	被代替标准号或作废	备　注
210	903.1	GB 3096—2008	《声环境质量标准》	2008-10-01		GB 3096—1993，GB/T 14623—1993	
211	903.2	GB 3552—1983	《船舶污染物排放标准》	1983-10-01			

续上表

序号	体系编号	标　准　号	标 准 名 称	实施日期	国际国外标准号及采用关系	被代替标准号或作废	备　注
212	903.3	GB 3847—2005	《车用压燃式发动机和压燃式发动机汽车排气烟度排放限值及测量方法》	2005-07-01	ECE R24—2003 法规 MOD 96/96/EC NEQ	GB/T 3846—1993，GB 3847—1999，GB 14761.6—1993，GB 14761.7—1993，GB 18285—2000 部分，GB 3847—1983	
213	903.4	GB 8978—1996	《污水综合排放标准》	1998-01-01		GB 8978—1988；GB 3545—1983，GB 3546—1983，GB 3549—1983，GB 3550—1983，GB 3553—1983，GB 4281—1984，GB 5469—1985	
214	903.5	GB 12348—2008	《工业企业厂界环境噪声排放标准》	2008-10-01		GB 12348—1990，GB 12349—1990	
215	903.6	GB 12523—2011	《建筑施工场界环境噪声排放标准》	2012-07-01		GB 12523—1990，GB 12524—1990	
216	903.7	GB 14892—2006	《城市轨道交通列车噪声限值和测量方法》	2006-08-01		GB 14892—1994，GB/T 14893—1994	
217	903.8	GB 17691—2005	《车用压燃式、气体燃料点燃式发动机与汽车排气污染物排放限值及测量方法（中国Ⅲ、Ⅳ、Ⅴ阶段）》	2007-01-01	1999/96/EC MOD 2001/27/EC MOD	GB 17691—2001，GB 14762—2002 部分	
218	903.9	GB 18285—2005	《点燃式发动机汽车排气污染物排放限值及测量方法（双怠速法及简易工况法）》	2005-07-01		GB/T 3845—1993，GB 14761.5—1993，GB 18285—2000 部分	
219	903.10	GB 20950—2007	《储油库大气污染物排放标准》	2007-08-01			
220	903.11	GB 20951—2007	《汽油运输大气污染物排放标准》	2007-08-01			
221	903.12	GB 26877—2011	《汽车维修业水污染物排放标准》	2012-01-01			

三、绿色交通标准体系统计表

代码	分类	已发布项目数		拟制定项目数		合计
		国标	行标	国标	行标	
100	基础标准	0	2	0	1	3
101	术语	0	2	0	0	2
102	标志标识	0	0	0	1	1
200	节能降碳标准	7	16	11	14	48
201	能耗强度	4	4	8	8	24
202	碳排放强度	0	1	0	5	6
203	能源节约	3	11	3	1	18
300	生态保护标准	0	3	0	11	14
301	环境保护设计	0	3	0	0	3
302	资源保护利用	0	0	0	7	7
303	生态修复技术	0	0	0	4	4
400	污染防治标准	4	21	3	24	52
401	大气污染防治	0	1	0	2	3
402	污水排放处理	0	1	0	6	7
403	噪声污染防治	1	4	0	2	7
404	固体废弃物处置	0	0	0	3	3
405	船舶污染物综合排放	0	2	0	2	4
406	水上溢油污染防治	3	13	3	9	28
500	资源循环利用标准	0	9	0	5	14
501	污水再生利用	0	3	0	1	4
502	废旧材料循环利用	0	6	0	4	10
600	监测、评定与监管标准	11	17	1	25	54
601	监测检测	4	8	0	6	18
602	统计核算	5	0	0	5	10
603	节能评定	2	5	0	2	9
604	监督管理	0	4	1	12	17
绿色交通标准合计		22	68	15	80	185
900	相关标准	26	10	0	0	36
901	国家节能降碳相关标准	12	0	0	0	12
902	国家生态保护相关标准	2	10	0	0	12
903	国家污染物排放相关标准	12	0	0	0	12
相关标准合计		26	10	0	0	36
总计		48	78	15	80	221

四、编制说明

(一)编制目的。

加强绿色交通标准化工作的统筹规划,合理提出绿色交通领域的标准制修订需求,建立绿色交通标准体系,便于更好地指导有关单位有计划、有步骤地开展绿色交通标准化工作,充分发挥标准化在规范公路、水路交通运输节能降碳、生态保护、污染防治、资源循环利用、监督管理等方面的支撑作用，全面落实绿色发展理念，为交通运输主管部门科学、规范管理提供依据。

（二）编制依据

绿色交通是交通运输行业加强生态文明建设和实现绿色发展的战略措施，是“四个交通”战略的重要组成部分。交通运输部高度重视绿色交通标准化工作，对绿色交通标准体系建设及标准制修订工作进行了重要部署。

《交通运输部办公厅关于加强交通运输标准化工作的意见》（厅科技字〔2013〕237 号）提出了建立绿色交通标准体系的重点工作任务，包括“组织开展绿色交通标准体系研究工作，重点加强节能减排、资源节约、环境保护、循环利用等方面的标准制修订，提高交通运输绿色发展的水平”。《加快推进绿色循环低碳交通运输发展指导意见》（交政法发〔2013〕323 号）明确提出“积极推进绿色循环低碳交通运输法律法规和标准体系建设，着力改善法制环境，建立健全目标责任制和考核评价制度，加强监督检查，加大奖惩力度，增强绿色循环低碳发展的目标责任与制度约束”。《交通运输标准化“十三五”发展规划》（交科技发〔2016〕15 号）推荐性标准制修订任务中，设置了“节能环保重点领域”，明确了绿色交通标准的制修订发展方向。《交通运输节能环保“十三五”发展规划》（交规划发〔2016〕94 号）明确了“绿色交通制度和标准规范体系进一步完善”的发展目标，并提出了发布《绿色交通标准体系》的工作任务。

根据上述相关文件要求及指示精神，通过系统研究分析我国公路水路交通运输节能环保领域的发展现状和行业需求，制定《绿色交通标准体系》，该标准体系按照《标准体系表编制原则和要求》（GB/T 13016—2009）的有关要求进行编制。

（三）编制原则

绿色交通标准体系制定的编制原则如下：

1.协调性原则。

绿色交通标准体系的制定必须服从于国家和行业相关法律法规，确保节能环保标准与法律法规相衔接，为交通运输法律、法规的实施提供技术支撑。

2.先进性原则。

绿色交通标准体系的制定必须适应综合交通运输现代化发展，满足行业节能环保工作的需要，促进节能环保新材料、新技术的应用，提高标准体系的先进性。

3.系统性原则。

绿色交通标准体系的制定必须全面体现各交通运输方式节能环保标准的发展要求，框架合理、层次清晰、内容完整、数量精简，形成标准间相互协调、相互补充的有机整体。

4.指导性原则。

绿色交通标准体系的制定必须适应交通环境保护和节能减排工作要求，体现各交通运输方式的特点，重点突出环保技术、能耗要求、节能核算等标准，增强对绿色交通标准化工作的指导、监督、管理。

（四）绿色交通标准化需求

交通运输部一贯重视绿色交通标准化工作，近年来在公路、水运领域制修订了多项环境保护、节能减排标准，这些标准在交通基础设施建设、公路运输、水路运输等各领域均有涉及，对推广应用先进的节能环保产品、技术发挥了重要作用,一定程度上降低了环境影响,提高了能源利用效率,改善了交通运输能源结构,促进了交通基础设施建管养运的绿色化。

但是总体上看,我国绿色交通标准化工作还不能全面支撑行业环境保护和节能减排工作发展的需要。一是亟待制定交通基础设施建设生态方面的标准,为提高交通基础设施土地、岸线利用效率,保护交通基础设施周边生态环境等提供技术支撑;二是亟须加强行业污染控制有关标准化工作,制定交通基础设施建设运营过程的污水及固废防治标准、营运车辆船舶燃料消耗限值等有关标准;三是亟待制定交通运输节能环保监督管理有关标准并加强实施,为建立行业节能环保监测考核体系提供技术支撑。

"十三五"期是我国交通运输业转型升级、提质增效的关键时期,行业发展面临日益趋紧的资源环境约束,必须依靠科技进步和行业治理能力建设,不断提升绿色交通标准化水平。今后绿色交通标准化应着眼于以下几个方面,开展相关工作,完善绿色交通标准体系:

1.完善交通运输用能设备、设施的能效和碳排放管理标准,如营运车辆能效与 CO_2 排放强度等级及评定方法系列标准,码头单位产品能源消耗限额和 CO_2 排放强度等级及评定方法系列标准,集装箱码头装卸设备能效等级及评定方法系列标准,港口节能产品技术评定方法,港口企业能源审计、碳排放核查技术导则等。

2.完善交通运输资源循环利用标准,如制定港口码头污水再生利用标准,废弃轮胎橡胶、隧道洞渣、建筑废弃物、废弃植生材料循环利用标准,加强公路沥青路面、水泥混凝土路面再生技术标准的应用。

3.完善交通运输污染防治标准,研究制定码头油气回收安全操作技术和管理要求,港口码头溢油事故污染防治系列标准,港口船舶污水处理技术要求和废弃物处置技术要求,封闭通航水域船舶污染物接收要求等标准。

4.完善交通运输节能环保评定与统计标准,如交通运输节能评定、能耗统计分析标准,交通运输专项规划环境影响评价技术规范,绿色交通设施评估技术要求,交通运输环境保护统计指标与核算方法等标准。

(五)标准体系构成

绿色交通标准体系包括了交通运输部负责制定的公路水路节能环保领域的产品和服务标准和工程建设标准。

绿色交通标准体系设计综合考虑了《交通运输节能环保"十三五"发展规划》的节能环保主要任务、《交通运输标准化"十三五"发展规划》节能环保重点领域标准制修订的技术分类,并参考了环境保护部标准体系,针对公路水路交通运输节能环保工作的技术和管理的标准化需求,按照《标准体系表编制原则和要求》(GB/T 13016—2009),将体系表结构划分为基础标准 100,节能降碳标准 200,生态保护标准 300,污染防治标准 400,资源循环利用标准 500,监测、评定与监管标准 500,相关标准 900。

基础标准 100 包括术语、标志标识两个方面。

节能降碳标准 200 包括能耗强度、碳排放强度和能源节约三个方面。

生态保护标准 300 包括环境保护设计、资源保护利用和生态修复技术三个方面。

污染防治标准 400 包括大气污染防治、污水排放处理、噪声污染防治、固体废弃物处置、船舶污染物综合排放和水上溢油污染防治六个方面。

资源循环利用标准500包括污水再生利用、废旧材料循环利用两个方面。

监测、评定与监管标准600包括监测检测、统计核算、节能评定和监督管理四个方面。

相关标准900包括与交通运输建设运营生态保护、节能降碳和污染物排放相关的国家标准。

绿色交通标准体系共包括标准221项,其中基础标准3项,节能降碳标准48项,生态保护标准14项,污染防治标准52项,资源循环利用标准14项,监测、评定与监管标准54项,国家节能环保相关标准36项。

(六)其他

1.标准体系明细表中级别表示如下:

GB——强制性国家标准;

GB/T——推荐性国家标准;

JT——强制性交通运输行业标准;

JT/T——推荐性交通运输行业标准;

JTG——强制性公路工程标准;

JTG/T——推荐性公路工程标准;

JTS——强制性水运工程标准;

JTS/T——推荐性水运工程标准;

HJ——强制性环境保护行业标准;

HJ/T——推荐性环境保护行业标准。

2.标准体系明细表的标准排列顺序遵循以下原则:

——国家标准在前,行业标准在后;

——现行标准在前,拟制定标准在后;

——不同行业标准按行标代号首字母顺序排列;

——同级别标准按照标准号从小到大排列。

3.标准明细表中,备注栏列出了标准归口标准化技术委员会简称、计划号或规划年度。

明细表中标准归口标准化技术委员会简称表示如下:

公路工程——中国工程建设标准化协会公路分会;

水运工程——中国工程建设标准化协会水运专业委员会;

内河船——全国内河船标准化技术委员会;

港口——全国港口标准化技术委员会;

道路运输——全国道路运输标准化技术委员会;

交通工程——全国交通工程设施(公路)标准化技术委员会;

客车——全国汽车标准化技术委员会客车分技术委员会;

城市客运——全国城市客运标准化技术委员会;

环保——交通运输环境保护标准化技术委员会;

救捞——交通运输救捞与水下工程标准化技术委员会;

航测——交通运输航测标准化技术委员会;

航海安全——交通运输航海安全标准化技术委员会。

4.国际国外标准采用关系说明：

IDT——等同采用；

MOD——修改采用；

NEQ——非等效。

交通运输部办公厅关于做好 2016 年度公路甩挂运输试点专项资金申报工作的通知

（交办函运〔2015〕1057 号）

各省、自治区、直辖市、新疆生产建设兵团交通运输厅（局、委）：

按照财政部、交通运输部、商务部联合印发的《车辆购置税收入补助地方资金管理暂行办法》（财建〔2014〕654 号）的要求，为做好 2016 年度公路甩挂运输试点专项资金申报工作，有序推进公路甩挂运输试点工作开展，现就有关事项通知如下：

一、申报专项资金的项目范围

申报 2016 年度甩挂运输专项资金的项目包括：《交通运输部办公厅　财政部办公厅关于确定公路甩挂运输第二批试点项目的通知》（厅运字〔2012〕225 号）、《交通运输部办公厅　财政部办公厅关于确定公路甩挂运输第三批试点项目的通知》（厅运字〔2013〕199 号）确定的试点项目中，已通过省级交通运输主管部门验收审查的项目。

二、申报专项资金的项目验收审查要求

请各省（区、市）交通运输主管部门，积极协调省级财政主管部门，按照《交通运输部办公厅关于印发国家公路甩挂运输试点项目验收与专项资金申请工作指南的通知》（厅运字〔2013〕144 号，以下简称《指南》）的要求，对第二批、第三批甩挂运输试点中已经完成项目建设内容、符合验收条件的试点项目，尽快组织专家进行验收审查。

为保证各批试点项目的有序滚动推进，第二批、第三批试点项目应于 2016 年 3 月底前完成验收审查工作，对于到期仍达不到验收条件、无法完成验收审查的项目，试点项目承担单位需向省级交通运输主管部门申请延期，并由省级交通运输主管部门将延期批复文件报送交通运输部备案；需终止试点的试点项目，由省级交通运输主管部门审查核实后向部申请终止试点。

三、申报专项资金的材料要求

1.请各省（区、市）交通运输主管部门，按照《指南》的要求，组织区域内具备专项资金申报条件的试点项目承担单位，准备专项资金申报的相关材料，并联合省级财政主管部门，组织专家对申报材料进行省级初审后，报交通运输部和财政部。

2.申报公路甩挂运输车辆补助的试点项目承担单位，除按照《指南》要求提供相关材料外，还需提供牵引车“道路运输车辆燃料消耗量达标车型（牵引车）车辆参数表”。对于未纳入公路甩挂运输推荐车型目录范围，拟申报专项资金的甩挂运输车辆，除按照《指南》要求提供相关材料外，另需补充提供的材料见附件（材料需加盖申报单位公章，以光盘形式提供材料电子版）。

交通运输部将组织专家对未纳入推荐车型目录范围的甩挂运输车辆申报材料进行审核，并视情进行现场核查。经审核符合《道路甩挂运输车辆技术要求》（JT/T 886—2014）的车辆，纳入专项资金补助范围。

四、时间要求

请各省(区、市)交通运输主管部门,按照要求做好试点项目的验收和专项资金申报工作,于2016年3月31日前将专项资金申报材料报送交通运输部和财政部。交通运输部将于4月上旬联合财政部,对资金申报材料进行部级审查。

交通运输部办公厅关于增补交通运输行业甩挂运输专家库专家名单的通知

（交办运〔2016〕47 号）

各省、自治区、直辖市、新疆生产建设兵团交通运输厅（局、委），部属有关单位，有关行业协会：

为加快推进公路甩挂运输发展，2013 年我部建立了“交通运输行业甩挂运输专家库”（以下简称专家库）。3 年来，专家库专家认真参与甩挂运输发展的政策咨询、试点项目的审查论证、试点进展的督导检查等各项工作，发挥了重要的咨询和参谋作用。

随着甩挂运输试点范围逐步扩大，试点项目逐步增多，项目审查论证、工作督导等任务也越来越重，为更好地发挥行业专家在推进甩挂运输发展中的支撑作用，促进道路货运行业的转型升级，部决定增补部分专家进入专家库。在各单位推荐的基础上，经评选研究，现确定增补选聘杨松发等 85 名同志列入专家库。

请专家所在单位给予支持配合，为专家参与各项工作提供方便条件。希望各位专家准确把握新形势下甩挂运输发展的新任务、新要求，按照部推进甩挂运输发展的各项要求，认真履行专家职责，运用专业知识和工作经验，做好试点项目的审查、论证、督导及验收工作，积极参与调查研究及培训交流活动，为推进公路甩挂运输发展，促进货运物流业提质增效和转型升级做出积极贡献。

交通运输部办公厅关于全面推进公交都市建设等有关事项的通知

（交办运〔2016〕157号）

为进一步贯彻落实《国务院关于城市优先发展公共交通的指导意见》（国发〔2012〕64号）等有关文件精神，按照《城市公共交通“十三五”发展纲要》（交运发〔2016〕126号）有关部署，经交通运输部同意，决定“十三五”期重点面向全国地市级以上城市推进公交都市建设，力争到“十三五”末建成一批具有特色主题的公交都市城市。部将对公交都市创建城市内相关综合客运枢纽建设给予支持。现将全面推进公交都市建设有关事项通知如下：

一、创建主题

以实现城市与城市交通可持续发展为落脚点，突出“推进城市绿色出行、提高城市运行效率”发展思路，注重城市交通的综合管理，营造绿色出行环境和氛围，围绕“规划引领、智能公交及互联网+、快速通勤、综合衔接、绿色出行、都市圈交通一体化、城市交通综合管理”等主题开展公交都市建设，推动城市公共交通优先发展战略全面深入落实。

二、申报条件

申报“十三五”期公交都市创建城市，原则上应当满足以下条件：

（一）地级市、地级行政单位（含地区、自治州和盟）政府所在地，适当兼顾城区常住人口在50万人以上的县级市。

（二）城市人民政府高度重视城市公共交通优先发展，已编制或出台城市公共交通支持政策及专项规划等。

（三）城市具备一定的公共交通优先发展和绿色出行基础，基本能够满足市民出行需求。

三、申报程序

（一）城市申报。省级交通运输主管部门组织辖区内各有关城市进行申报。符合条件的城市人民政府，可按照本通知的相关要求，结合城市发展特点认真组织编制公交都市建设实施方案，报省级交通运输主管部门。

公交都市建设实施方案应主要包括以下内容：城市发展概况和创建公交都市优势；城市公共交通发展现状；申报年城市公共交通发展水平评价指标及计算方法；公交都市建设总体思路和建设周期；公交都市创建主题及特色；公交都市创建目标和评价指标体系的创建目标值；创建期内拟在基础设施、政策规范、智能化、体制机制、综合管理等方面开展的各项工作、进度安排和职责分工；年度督导考核评价机制和管理机构设置；涉及组织领导、土地、资金相关的保障措施等。

（二）省级推荐。各省级交通运输主管部门应遵循公平、公正、公开的原则，对申报城市材料进行审核，形成审核报告，并按照推荐的优先顺序对相关申报城市排序后，填写《××××省（区、市）申报公交都市建设情况汇总表》，相关材料于2017年3月10日前一并报交通运输部。

（三）部择优确定。交通运输部对各省上报的审核报告和城市申报材料等进行综合评价，择优确定相关城市列入公交都市主题创建备选城市，并分批对外公布。

四、动态推进公交都市建设

（一）对各创建城市情况进行动态监测评估。创建期间，部将组织专家组开展城市实地调研、督促检查，推进创建工作。各省级交通运输主管部门指导各创建城市按时开展年度自评工作，并汇总本省各有关城市创建工作情况，于每年12月20日前报部。创建工作结束后，部将组织专家组开展评估工作，对达到创建要求的确定为公交都市主题创建城市。

（二）开展全国城市公共交通发展指数发布工作。部将研究制定城市公共交通发展指数相关评价指标体系，组织开展全国城市公共交通发展水平评价工作，重点监测城市交通绿色出行分担率、公共交通站点覆盖率、公共汽电车运营线路网覆盖率、公共汽电车进场率、公交专用道建设完成率、公共交通正点率等指标。推进实施城市公共交通发展水平数据上报制度，依托"公交都市发展监测与考核评价系统"部级平台和互联网技术，多渠道采集数据，探索发布创建城市公共交通发展指数，推动各地更好落实城市公交优先发展战略。

五、工作要求

（一）提高思想认识。各级交通运输主管部门要牢固树立并贯彻落实"创新、协调、绿色、开放、共享"发展理念，深入贯彻和推动落实城市公共交通优先发展战略，坚持"科学规划、统筹发展，政府主导、示范带动，因地制宜、分类推进"的原则，全面推进公交都市建设，提升城市交通综合治理能力，进一步确立公共交通在城市交通中的主体地位，促进公共交通与城市建设协调发展，让城市交通更顺畅、更安全、更便捷、更经济、更舒适。

（二）加强组织保障。各省级交通运输主管部门和公交都市创建城市要高度重视和积极推进公交都市建设专项行动。省级交通运输主管部门要组织做好本辖区内公交都市建设的相关工作，进一步加强对城市交通运输主管部门的指导，督促各城市按照建设实施方案认真做好公交都市建设工作。各创建城市交通运输主管部门要在城市人民政府的统一领导下，会同有关部门加强工作联动，建立协作机制，牵头做好公交都市建设专项行动的任务分解和督促落实，确保创建工作稳步推进。

（三）完善支持政策。各省级交通运输主管部门要将创建城市的重大交通基础设施建设纳入交通固定资产投资计划，指导和支持有关城市加快推进创建工作。各创建城市交通运输主管部门要按照创建工作要求，积极争取城市人民政府的支持，加快建立完善规划、用地、路权、资金、财税扶持等方面的配套政策。对于建设过程中出现的新情况、新问题及相关政策建议，要及时上报。

（四）加强宣传交流。各级交通运输主管部门要积极利用网络、电视、报纸、新媒体等渠道，以及部网站公交都市建设示范工程专栏、微信公众号等平台，加大宣传力度，提高公众参与度，为全面推进公交都市建设创造良好的社会舆论氛围。要及时总结、推广创建经验，不断增强公共交通对促进城市经济社会发展的保障作用。

交通运输部关于印发《珠三角、长三角、环渤海（京津冀）水域船舶排放控制区实施方案》的通知

（交海发〔2015〕177号）

各有关省、自治区、直辖市交通运输厅（委），各直属海事机构：

现将《珠三角、长三角、环渤海（京津冀）水域船舶排放控制区实施方案》印发给你们，请认真贯彻落实。

交通运输部

2015年12月2日

附：《珠三角、长三角、环渤海（京津冀）水域船舶排放控制区实施方案》

珠三角、长三角、环渤海(京津冀)水域船舶排放控制区实施方案

为贯彻实施《中华人民共和国大气污染防治法》,推进绿色航运发展和船舶节能减排,减少船舶在我国重点区域的大气污染物排放,制定本实施方案。

一、工作目标

通过设立船舶大气污染物排放控制区(以下简称“排放控制区”),控制我国船舶硫氧化物、氮氧化物和颗粒物排放,改善我国沿海和沿河区域特别是港口城市的环境空气质量,为全面控制船舶大气污染奠定基础。

二、设立原则

(一)突出国家大气污染联防联控重点区域。

(二)维护区域港口公平竞争,鼓励核心港区先行先试。

(三)兼顾区域船舶活动密集程度与经济发展水平。

(四)遵守国际法和国内法律法规要求。

三、适用对象

本方案适用于在排放控制区内航行、停泊、作业的船舶,军用船舶、体育运动船艇和渔业船舶除外。

四、排放控制区范围

基于以上目标和原则,设立珠三角、长三角、环渤海(京津冀)水域船舶排放控制区,确定排放控制区内的核心港口区域,具体如下:

(一)珠三角水域船舶排放控制区。

海域边界:下列 A、B、C、D、E、F 六点连线以内海域(不含香港、澳门管辖水域)。

A:惠州与汕尾大陆岸线交界点

B:针头岩外延 12 海里处

C:佳蓬列岛外延 12 海里处

D:围夹岛外延 12 海里处

E:大帆石岛外延 12 海里处

F:江门与阳江大陆岸线交界点

内河水域范围为广州、东莞、惠州、深圳、珠海、中山、佛山、江门、肇庆 9 个城市行政管辖区域内的内河通航水域。

本排放控制区内的核心港口区域为深圳、广州、珠海港。

(二)长三角水域船舶排放控制区。

海域边界:下列 A、B、C、D、E、F、G、H、I、J 十点连线以内海域。

A:南通与盐城大陆岸线交界点

B:外磕脚岛外延 12 海里处

C:佘山岛外延 12 海里处

D:海礁外延 12 海里处

E:东南礁外延 12 海里处

F:两兄弟屿外延 12 海里处

G:渔山列岛外延 12 海里处

H:台州列岛(2)外延 12 海里处

I:台州与温州大陆岸线交界点外延 12 海里处

J:台州与温州大陆岸线交界点

内河水域范围为南京、镇江、扬州、泰州、南通、常州、无锡、苏州、上海、嘉兴、湖州、杭州、绍兴、宁波、舟山、台州 16 个城市行政管辖区域内的内河通航水域。

本排放控制区内的核心港口区域为上海、宁波—舟山、苏州、南通港。

(三)环渤海(京津冀)水域船舶排放控制区。

海域边界:大连丹东大陆岸线交界点与烟台威海大陆岸线交界点的连线以内海域。

内河水域范围为大连、营口、盘锦、锦州、葫芦岛、秦皇岛、唐山、天津、沧州、滨州、东营、潍坊、烟台 13 个城市行政管辖区域内的内河通航水域。

本排放控制区内的核心港口区域为天津、秦皇岛、唐山、黄骅港。

五、控制要求

(一)自 2016 年 1 月 1 日起,船舶应严格执行现行国际公约和国内法律法规关于硫氧化物、颗粒物和氮氧化物的排放控制要求,排放控制区内有条件的港口可以实施船舶靠岸停泊期间使用硫含量≤0.5%m/m 的燃油等高于现行排放控制要求的措施。

(二)自 2017 年 1 月 1 日起,船舶在排放控制区内的核心港口区域靠岸停泊期间(靠港后的一小时和离港前的一小时除外,下同)应使用硫含量≤0.5%m/m 的燃油。

(三)自 2018 年 1 月 1 日起,船舶在排放控制区内所有港口靠岸停泊期间应使用硫含量≤0.5%m/m的燃油。

(四)自 2019 年 1 月 1 日起,船舶进入排放控制区应使用硫含量≤0.5%m/m 的燃油。

(五)2019 年 12 月 31 日前,评估前述控制措施实施效果,确定是否采取以下行动:

1.船舶进入排放控制区使用硫含量≤0.1%m/m 的燃油。

2.扩大排放控制区地理范围。

3.其他进一步举措。

(六)船舶可采取连接岸电、使用清洁能源、尾气后处理等与上述排放控制要求等效的替代措施。

六、保障措施

(一)加强组织领导。

各级交通运输主管部门应加强组织领导和协调,细化任务措施,明确职责分工;积极协调国家有关部门和地方政府出台相关政策,制定技术标准;推进信息共享,开展联合执法,建立监督管理联动机制,共同推动排放控制区方案的有效实施。

(二)强化监督管理。

海事管理机构应组织开展船舶大气污染监测技术研究，不断提高监测能力，推进船舶大气污染监测工作；建立监督检查管理工作机制，推进检测装备与能力建设；加强船舶防止空气污染证书和油类记录簿、燃油供应单证及燃油质量的检查；督促船舶检验机构提高船舶发动机等相关船用产品检验质量；开展对替代措施有效性的核查。

（三）发挥政策引导作用。

各级交通运输主管部门应积极协调国家有关部门和地方政府出台相关激励政策和配套措施，加强低硫燃油的生产和供应，对船舶使用低硫燃油、岸电，船舶改造升级和应用清洁能源等实施资金补贴、便利运输等优惠措施。

（四）建立与港澳联动机制。

建立和完善与香港、澳门特别行政区沟通协调机制，加强珠三角水域船舶排放控制区工作与港澳的联动，协调排放控制标准和实施时间，交流排放控制措施应用和监督管理经验，推动与港澳船舶排放控制行动一体化。

交通运输部办公厅关于做好2017年度中央财政奖励资金支持靠港船舶使用岸电项目申请工作的预通知

（交办规划函〔2016〕835号）

各省、自治区、直辖市、新疆生产建设兵团、计划单列市交通运输厅（局、委），部属各单位，中国远洋海运集团有限公司、招商局集团有限公司、中国交通建设集团有限公司：

经国务院批准，中央财政拟对靠港船舶使用岸电项目进行奖励支持。为指导奖励资金申请工作规范、高效、有序开展，确保中央财政奖励资金申请与审核的公开、公平、公正，提高奖励资金使用效益，根据财政部有关要求，结合交通运输节能减排工作实际，现通知如下：

一、基本要求

（一）奖励对象。

2016年1月1日—2016年12月31日期间完成交工验收的靠港船舶使用岸电项目，包括沿海和内河港口岸电设备设施建设或改造、船舶受电设备设施建设或改造的项目。纳入交通运输部岸电示范项目名单的项目优先奖励。

（二）奖励方式。

奖励资金的使用原则上采取以奖代补方式，由财政部、交通运输部根据项目设备购置费投资额以及生产的社会效益综合确定奖励额度，给予一次性奖励。2016年完成项目奖励额度不超过项目设备购置费投资总额的60%，2017—2018年完成项目奖励额度将逐年递减，2018—2019年度中央财政奖励资金支持靠港船舶使用岸电项目申请工作的通知将另行发布。

（三）项目需经第三方机构审核。

项目的设备购置费投资额作为奖励资金安排的重要依据，须经第三方审核机构审核。奖励资金申请单位应在交通运输部《关于公布交通运输节能减排第三方审核机构名单的通知》（交政发〔2013〕4号）公布的第三方审核机构名单中选择审核机构。

（四）项目设备购置费投资额的核算依据为《靠港船舶使用岸电技术应用项目投资额核算技术细则（2016年版）》（以下简称《核算细则》）。

（五）各省、自治区、直辖市以及计划单列市交通运输主管部门（以下简称省、区、市级交通运输主管部门）应依据交通运输部《交通运输节能环保“十三五”发展规划》（交规发〔2016〕94号）和《船舶与港口污染防治专项行动实施方案（2015—2020年）》（交水发〔2015〕133号）等有关文件精神和任务，组织编制辖区2016—2018年靠港船舶使用岸电建设计划并负责推进计划任务落实。建设计划应列明拟建项目、建设单位、建设方案、投资概算、进度计划、保障措施等内容。中央交通运输企业由集团总部组织编制本集团公司2016—2018年靠港船舶使用岸电建设计划并负责推进计划任务落实。

二、申请条件

（一）申请单位。

从事港口岸电设备设施建设（改造）或船舶受电设备设施建设（改造）的交通运输企事业单位。

（二）申请单位条件。

1.具有独立法人资格。

2.管理规范，具有健全的财务管理制度。

3.能源管理机构健全，具有完善的能源计量、统计和管理体系。

（三）申请项目条件。

1.具有完整的项目审批实施手续，且在2016年1月1日—2016年12月31日期间完成交工验收。

2.符合国家或行业相关建设标准规范。

3.项目设备设施可正常使用。

4.项目无权属纠纷。

5.建设或改造受电设施设备的船舶应具有有效的国内或国际船舶营运证书，且船舶所有人为中资企业或中资控股的中外合资企业。

三、申请与审核程序

（一）符合条件的项目，由申请单位填写《靠港船舶使用岸电（港口或船舶）项目奖励资金申请书》及相关证明材料，并将材料装订成册连同第三方审核报告报省、区、市级交通运输主管部门。相关证明材料如下：

1.单位证明材料。申请单位企业法人营业执照或事业单位机构代码证复印件、中资企业及中资控股证明复印件；申请单位能源管理机制和财务管理制度情况等（包括机构、制度和人员，需加盖单位公章）。

2.项目证明材料，包括批准的项目工程可行性报告、初步设计文件、交工验收证明文件，项目专项决算审计报告及申请项目的照片、视频、运行数据等证明。船舶还应提供船舶所有权登记证书、船舶注册证明书及相应船舶资产权属证明、船舶营运证书、近期抵/离港报文记录的复印件。

3.电子版材料。将申请书、单位证明材料、项目证明材料等申请材料刻录光盘。

（二）省、区、市级交通运输主管部门收到申请单位提交的申请材料后，会同同级财政主管部门对申请材料进行初审。初审通过后，由省、区、市级交通运输主管部门将申请材料（3套纸质版+1套电子版），连同2016—2018年靠港船舶使用岸电项目建设计划（1套纸质版+1套电子版）报交通运输部。中央交通运输企业的项目，由集团总部负责对项目申请材料进行初审后报交通运输部。

（三）交通运输节能减排项目管理中心受理申请材料，并组织专家对项目设备购置费投资额进行审核，提出奖励资金安排方案，经交通运输部审查公示等程序后，报财政部审批。财政部审批后，将奖励资金下达到申请单位。

四、其他事项

项目材料报部时间：2017年1月1日—2月28日

受理机构：交通运输节能减排项目管理中心

邮寄地址：北京市朝阳区惠新里240号交通运输部科学研究院624房间

邮政编码：100029

联系人:陈建营　刘芳　刘宝双　程悦
联系电话:010-58278688、58278664、58278671、58278689
传真:010-58278668
电子邮箱:jtjnjp@ motcats.com.cn

附件及《核算细则》下载网址:

交通节能网 http://jtjnw.mot.gov.cn/

项目管理中心:http//jnzx.mot.gov.cn/

交通运输部办公厅关于组织开展交通运输行业 2016 年全国节能宣传周和全国低碳日活动的通知

（交办规划函〔2016〕557 号）

各省、自治区、直辖市、新疆生产建设兵团交通运输厅（局、委），部属各单位，部管各社团，部内各司局：

国家发展改革委、交通运输部等 14 个部门近日联合印发了《关于 2016 年全国节能宣传周和全国低碳日活动安排的通知》（发改环资〔2016〕1179 号，以下简称《通知》），确定今年 6 月 12 日至 18 日为全国节能宣传周，6 月 14 日为全国低碳日。今年全国节能宣传周活动的主题是“节能领跑　绿色发展”，全国低碳日活动主题为“绿色发展　低碳创新”。《通知》明确了交通运输部门的宣传重点，强调要以“绿色交通　低碳出行”为主线，组织开展节能低碳宣传活动。为贯彻落实《通知》要求，现将有关具体事项通知如下：

一、围绕主题，周密组织

各级交通运输部门和企事业单位要充分认识全国节能宣传周和全国低碳日活动的重要性和必要性，围绕国家和部节能宣传主题主线，结合行业特色和地域特征，深入进行交通运输行业节能降碳宣传教育，认真组织多种形式的实践活动，广泛动员交通运输职工、企事业单位共同参与，确保活动取得良好宣传效果。

（一）认真学习和贯彻落实党中央、国务院生态文明建设等相关文件精神。组织学习《中共中央国务院关于加快推进生态文明建设的意见》等文件精神，深刻领会和把握精神实质。学习《交通运输节能环保“十三五”发展规划》（交规划发〔2016〕94 号），切实把生态文明建设融入交通运输各方面和全过程，增强交通行业绿色发展意识。

（二）大力宣传绿色交通示范工程。各级交通运输部门要组织宣传交流水运能效、清洁能源利用、绿色交通省份（城市、公路、港口）等试点示范工作建设成果，宣传推广交通运输行业节能减排示范项目，推广应用交通运输节能减排新技术新工艺，推动交通运输行业新能源和清洁能源应用，加强船舶港口防污染控制，提升行业节能减排监管和服务能力。

节能宣传周期间部将组织召开交通运输节能减排和环境保护工作电视电话会，贯彻落实国务院节能减排和生态保护目标，总结交流“十二五”期绿色交通发展成效经验，部署“十三五”期交通运输节能减排降碳和生态环境保护工作。

（三）组织开展“车、船、路、港”践行绿色交通活动。各级交通运输部门和有关单位要充分发挥高速公路收费站（服务区）、公交地铁站、港口码头等公共场所及车辆、船舶的宣传阵地作用，以“车、船、路、港”千家企业低碳交通运输专项行动的参与企业以及绿色交通项目实施单位为重点，利用多种媒体通过多种形式宣传交通运输低碳发展理念，推广节能减排技术和产品，引导社会公众绿色低碳出行。在公共交通工具、客货运站场张贴节能减排宣传标语标识，推广清洁能源和新能源车船的试点和应用，组织节能驾驶技术学习或技能大赛；在高速公路收费站、服务区、办公区等场所集中展示绿色公路发展理念和经验，推广照明、通风、监控等节能技术及绿色节能施工技术；在港口码头展示绿色港口发展理念和经验，推广港口机械节能技术、靠港船舶使用岸电技术、集装箱码头 RTG“油改电”、原油成品油码头油气回收等技术。

（四）开展公共机构低碳体验活动。在部机关及交通运输企事业单位办公场所开展能源紧缺体验活动和绿色低碳出行活动，除信息机房等特殊单位和场所外，倡导办公区域空调、公共区域照明在全国低碳日停开一天，高层建筑电梯分段运行或隔层停开；倡导绿色低碳的办公模式和出行方式，减少一次性办公用品消耗，鼓励乘坐公共交通工具、骑自行车或步行上下班，在全国低碳日掀起节能降碳新高潮。

二、创新宣传，营造氛围

各级交通运输部门要发挥广播、电视和报刊等传统媒体优势，积极运用微信等新兴媒体，开设专栏宣传党中央国务院生态文明建设战略部署，宣传试点示范成果经验，宣传接地气和贴近性强的交通节能低碳技术。

（一）做好交通运输行业“节能宣传周”主题活动宣传，营造良好舆论环境。各地交通运输部门要积极利用各中央媒体、行业媒体、地方主流媒体，充分利用微博、微信和短视频、动漫等新媒体手段，大力宣传绿色交通进“车、船、路、港”活动，以新兴的视角和多手段的宣传方式表现发展绿色交通，共建美丽中国的决心和成效。

（二）做好“绿色交通”成果展示和典型报道。杨传堂部长将在节能宣传周期间发表署名文章。《中国交通报》将配合部“节能宣传周”活动总体安排，以“绿色交通　你我共建”为主题，编辑出版“交通运输行业节能宣传周特别报道”特刊，对交通运输各领域、各系统、各单位节能减排、生态保护、污染防治各项工作的新理念、新经验、新成效进行总结宣传；对部重点支持的试点示范项目及相关收效好、有特色的节能减排、环境保护重点项目进行大力宣传。各地交通运输主管部门要积极配合《中国交通报》等媒体，推荐、总结、宣传好“绿色交通”建设成果和节能减排突出亮点，提供鲜活的新闻素材和稿件，配合记者进行采访报道。

三、厉行节约，反对浪费

各级交通运输部门和企事业单位要坚决贯彻执行中央八项规定精神和部有关要求，既要保证宣传活动有声势有影响，又要坚持勤俭节约办活动。

活动结束后，各省级交通运输主管部门要对本地区本年度节能宣传周和全国低碳日活动情况进行认真总结，并于 7 月 15 日前将书面总结材料及电子版报部。

联系人：部综合规划司（环境保护处）杨建刚　王靖添

电话：010-65293773、65292996、65292996（传真）

邮箱：ghshbc@ 163.com

交通运输部办公厅关于做好2016年度公路甩挂运输试点专项资金申报工作的通知

（交办函运〔2015〕1057号）

各省、自治区、直辖市、新疆生产建设兵团交通运输厅（局、委）：

按照财政部、交通运输部、商务部联合印发的《车辆购置税收入补助地方资金管理暂行办法》（财建〔2014〕654号）的要求，为做好2016年度公路甩挂运输试点专项资金申报工作，有序推进公路甩挂运输试点工作开展，现就有关事项通知如下：

一、申报专项资金的项目范围

申报2016年度甩挂运输专项资金的项目包括：《交通运输部办公厅财政部办公厅关于确定公路甩挂运输第二批试点项目的通知》（厅运字〔2012〕225号）、《交通运输部办公厅　财政部办公厅关于确定公路甩挂运输第三批试点项目的通知》（厅运字〔2013〕199号）中确定的试点项目中，已通过省级交通运输主管部门验收审查的项目。

二、申报专项资金的项目验收审查要求

请各省（区、市）交通运输主管部门，积极协调省级财政主管部门，按照《交通运输部办公厅关于印发国家公路甩挂运输试点项目验收与专项资金申请工作指南的通知》（厅运字〔2013〕144号，以下简称《指南》）的要求，对第二批、第三批甩挂运输试点中已经完成项目建设内容、符合验收条件的试点项目，尽快组织专家进行验收审查。

为保证各批试点项目的有序滚动推进，第二批、第三批试点项目应于2016年3月底前完成验收审查工作，对于到期仍达不到验收条件、无法完成验收审查的项目，试点项目承担单位需向省级交通运输主管部门申请延期，并由省级交通运输主管部门将延期批复文件报送交通运输部备案；需终止试点的试点项目，由省级交通运输主管部门审查核实后向部申请终止试点。

三、申报专项资金的材料要求

1.请各省（区、市）交通运输主管部门，按照《指南》的要求，组织区域内具备专项资金申报条件的试点项目承担单位，准备专项资金申报的相关材料，并联合省级财政主管部门，组织专家对申报材料进行省级初审后，报交通运输部和财政部。

2.申报公路甩挂运输车辆补助的试点项目承担单位，除按照《指南》要求提供相关材料外，还需提供牵引车"道路运输车辆燃料消耗量达标车型（牵引车）车辆参数表"。对于未纳入公路甩挂运输推荐车型目录范围，拟申报专项资金的甩挂运输车辆，除按照《指南》要求提供相关材料外，另需补充提供的材料见附件（材料需加盖申报单位公章，以光盘形式提供材料电子版）。

交通运输部将组织专家对未纳入推荐车型目录范围的甩挂运输车辆申报材料进行审核，并视情进行现场核查。经审核符合《道路甩挂运输车辆技术要求》（JT/T 886—2014）的车辆，纳入专项资金补助范围。

四、时间要求

请各省(区、市)交通运输主管部门,按照要求做好试点项目的验收和专项资金申报工作,于2016年3月31日前将专项资金申报材料报送交通运输部和财政部。交通运输部将于4月上旬联合财政部,对资金申报材料进行部级审查。